Understanding of Human Psychology

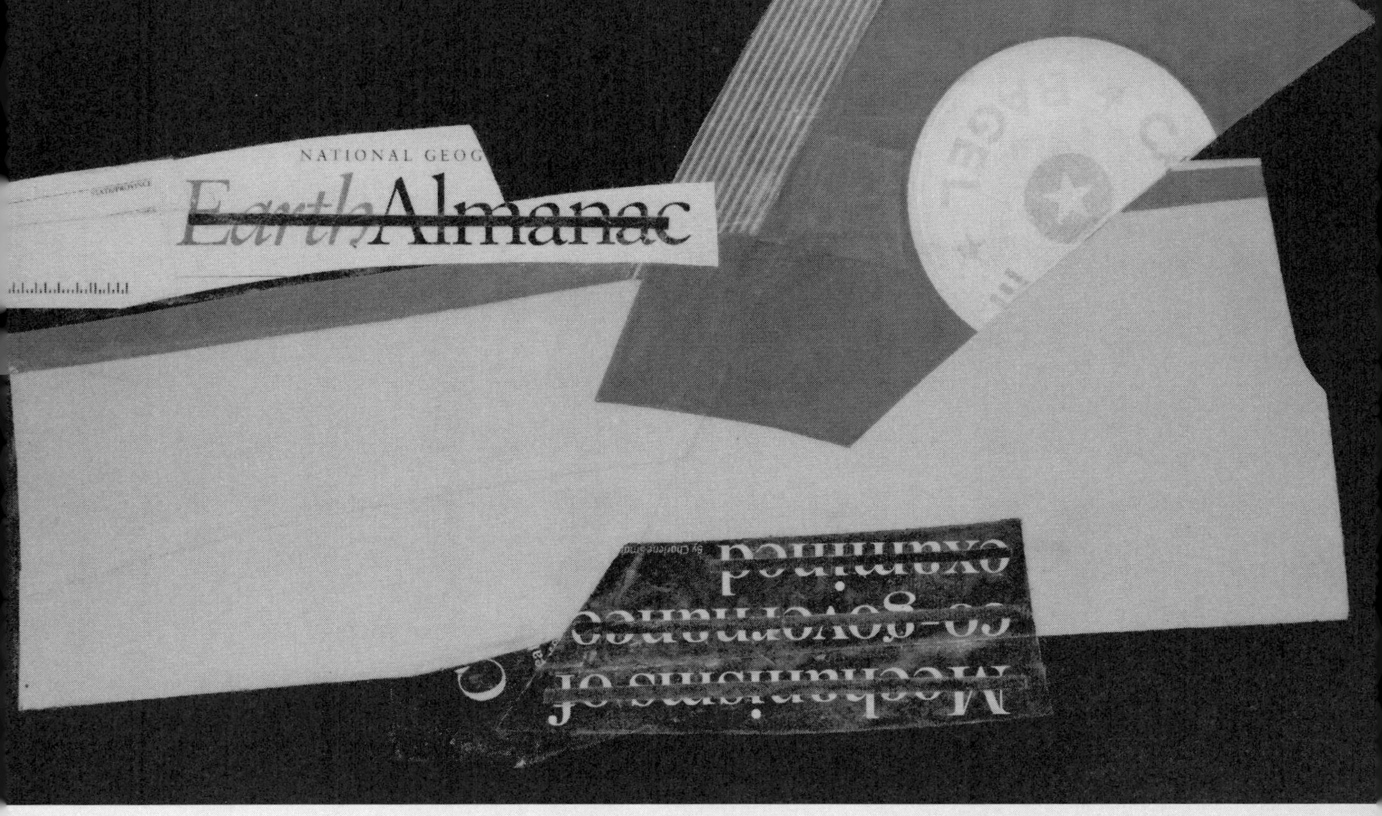

인간심리의 이해

박신희 · 고현 공저

도서출판 학이당

차례

Chapter 01 심리학의 본질 . 9

제1절 심리학의 개념 ······ 11

1. 심리학의 정의/ 11
2. 교육학과 심리학의 관계/ 13

제2절 심리학의 발달과정 ······ 14

1. 심리학의 태동배경/ 14
2. 심리학의 8대 관점/ 19

제3절 심리학의 분야 ······ 26

1. 이론심리학의 분야/ 26
2. 응용심리학의 분야/ 29

제4절 심리학의 연구방법 유형 ······ 30

1. 관찰법/ 31
2. 질문지법/ 38
3. 면접법/ 41
4. 표준화 검사법/ 42
5. 평정법/ 50
6. 투사법/ 51
7. 사회측정법/ 52
8. 사례연구법/ 56
9. 자서전법/ 59
10. 누가기록법/ 60

Chapter 02 심리학의 생물학적 기초 . 63

제1절 신경계의 기본단위 ······ 65

1. 뉴런과 신경/ 65
2. 신경충돌의 전달/ 66
3. 시냅스/ 67

제2절 신경계의 조직 ······ 67

1. 중추신경계/ 69
2. 말초신경계/ 75

제3절 신경계조직의 연결물질 ······ 77

1. 내분비계/ 78
2. 호르몬/ 78
3. 신경전도물질/ 83

Chapter 03 인간의 이해 • 87

제1절 인간의 문제 89
1. 인간이해의 방법/ 89
2. 인간관의 유형/ 90
3. 시대별 인간관/ 91
제2절 인간의 본성 92
1. 인간의 삼성/ 92
2. 인간에 대한 고찰/ 93
제3절 인간의 욕구 97
1. 욕구의 의미/ 97
2. 욕구의 분류/ 97
3. 욕구의 성질/ 104
4. 욕구만족의 과정/ 104

Chapter 04 학습 • 107

제1절 학습의 본질 109
1. 학습의 정의/ 110
2. 지도의 정의/ 111
3. 수업의 정의/ 113
제2절 학습이론 115
1. S-R이론/ 116
2. 인지이론/ 126

Chapter 05 발달 • 135

제1절 발달의 기초 137
1. 발달의 개념/ 137
2. 발달의 원리/ 139
3. 발달의 단계/ 141
제2절 인간학습의 3영역 149
1. 지적인 영역/ 149
2. 정의적 영역/ 155
3. 신체기능적 영역/ 160

Chapter 06 스트레스와 대처법 • 163

제1절 스트레스의 개념 ········ 165
1. 스트레스의 정의/ 165
2. 스트레스의 원인/ 166
제2절 스트레스의 반응 ········ 167
1. 신체적 반응/ 168
2. 심리적 반응/ 168
제3절 스트레스의 대처방법 ········ 170
1. 직접적인 대처/ 170
2. 방어적인 대처/ 171
제4절 스트레스와 성격유형 ········ 175
1. 애니어그램/ 175
2. 성격유형과 스트레스/ 178

Chapter 07 성격 • 183

제1절 성격과 성격이론 ········ 185
1. 성격의 개념/ 185
2. 성격의 형성/ 188
3. 성격의 이론/ 190
제2절 정신분석적 성격이론 ········ 199
1. 의식구조/ 201
2. 성격구조/ 207
3. 성격의 역동/ 211
4. 인간의 본성/ 214

Chapter 08 이상행동의 이해 • 219

제1절 이상행동의 개념과 기준 ········ 221
1. 이상행동의 개념/ 221
2. 이상행동의 기준/ 222
제2절 이상행동의 유형 ········ 224
1. 불안장애/ 225
2. 정동장애/ 226
3. 정신분열증/ 227
4. 성격장애/ 228
5. 신체형 장애/ 229
6. 해리성 장애/ 230
7. 정신성적장애/ 230

제3절 기질적 정신장애와 갈등행위 ······ 231
1. 기질적 정신장애/ 231
2. 갈등행위/ 235

Chapter 09 심리상담과 심리검사 • 239

제1절 심리상담 ······ 241
1. 심리상담의 의미/ 241
2. 심리상담의 이론/ 242
제2절 심리검사 ······ 246
1. 심리검사의 의미/ 247
2. 심리검사의 역사/ 248
3. 심리검사의 목적/ 249
4. 좋은 심리검사/ 250
5. 심리검사 개발/ 251
제3절 심리검사의 실제 ······ 253
1. 우울증/ 253
2. 불안장애/ 256
3. 인터넷 중독/ 258
4. 외상 후 스트레스장애/ 259
5. 집중력 검사/ 260
6. 경계선 성격장애/ 261
7. 상상력 테스트/ 262
8. 상담사례 실제/ 266

Chapter 10 적응기제 • 269

제1절 자기도피형 ······ 271
1. 고립/ 272
2. 억제/ 273
3. 고착/ 274
4. 퇴행/ 274
5. 백일몽/ 275
제2절 자기방어형 ······ 275
1. 주의 획득/ 276
2. 보상/ 276
3. 합리화/ 277
4. 동일시/ 277
5. 전이/ 278
6. 승화/ 278
7. 반작용/ 279
제3절 공격적 유형 ······ 279
1. 반항/ 279
2. 허언/ 280

3. 도벽/ 282
4. 마취행위/ 284
5. 자살/ 284

Chapter 11 학교심리 • 287

제1절 생활지도 ······ 289
1. 생활지도의 의의/ 289
2. 생활지도의 제 활동/ 301
제2절 인성지도 ······ 314
1. 퍼스낼리티의 개념/ 314
2. 퍼스낼리티의 이론/ 316
3. 퍼스낼리티의 형성/ 319
4. 퍼스낼리티의 검사/ 323
5. 퍼스낼리티의 지도/ 327
제3절 정서지도 ······ 330
1. 의의/ 330
2. 정서발달의 견해/ 331
3. 정서발달의 과정/ 333
4. 정서발달의 지도/ 336
제4절 사회성지도 ······ 338
1. 사회적 발달/338
2. 사회적 행동발달의 요인/ 339
3. 사회적 태도/ 341

Chapter 12 사회심리 • 345

제1절 사회의 본질 ······ 348
1. 사회의 개념/ 348
2. 사회의 특징/ 349
제2절 사회화의 과정 ······ 351
1. 사회화의 개념/ 351
2. 사회화의 기능과 목표/ 353
3. 사회화의 과정/ 354
제3절 사회심리의 제 문제 ······ 355
1. 사회적 지각/ 355
2. 사회적 관계/ 357
3. 사회적 영향/ 359
4. 사회적 행동/ 361

참고문헌/ 365

CHAPTER 01

심리학의 본질

제1절 심리학의 개념
제2절 심리학의 발달과정
제3절 심리학의 분야
제4절 심리학의 연구방법 유형

chapter 01 심리학의 본질

제1절 심리학의 개념

1. 심리학의 정의

심리학(Psychology)을 어원적인 측면에서 살펴보면 희랍어의 영혼·마음을 의미하는 프시케(Psyche)와 이성·과학법칙을 나타내는 로고스(Logos)의 합성어이다. 즉 영혼을 연구하는 것으로서 형태나 색채는 없지만, 그 존재를 느낄 수 있는 영혼을 대상으로 한다고 하여 19세기 이전까지는 철학의 일부로 여겨졌다.

19세기 이후 정신활동을 연구의 한 분야로 다루기 시작하면서 철학에서 독립하였으며, 객관적으로 측정할 수 있는 행동을 강조하면서 본격적으로 학문적인 독립이 이루어졌다고 할 수 있다.

오늘날에는 자연과학에서 물리학과 화학이 기초가 되는 것과 같이, 심리학은 인문사회의 학문에 기초가 된다는 인식까지 오게 되었다. 심리학은 인간의 행동과 정신과정을 과학적으로 연구하는 학문이다. 그러므로 인간행동과 정신과정에 관한 연구는 엄밀한 관찰과 실험 그리고 합리적인 추론을 요구한다.

인문사회과학의 여러 분야가 인간의 마음과 행동에 관심을 두고 있으나, 그중에서도 심리학은 인간의 마음에 총체적으로 관심을 두고 있고 개인에 초점을 맞추며 경험과학의 방법론에 의존한다는 점에서 다른 인간학들과 구별된다. 그리고 인간을 연구대상으로 하고 있어서 그 분야는 매우 다양하고 넓다. 즉 인간의 생물·생리학적 기능, 인지, 성격, 발달, 적응, 사회행동, 이상행동 등이 모두 심리학의 영역이 되는 것이다.

또한, 심리학은 자연학, 인문학, 사회학의 교차점에 위치하여 다양한 분야의 지식을 인간의 마음과 행동이라는 연구대상으로 종합하여 적용하는 동시에 심리학의 연구들에서 축적된 지식을 다시 여러 분야에 나누어 다양한 현상들의 이해를 도와준다. 따라서 심리학은 모든 인간학의 중심학문이라고 할 수 있다.

이러한 심리학은 인간의 기초심리과정을 다루는 기초심리학과 심리학적인 지식을 실제 장면에 적용하는 응용심리학으로 대별할 수가 있다.

학문 영역의 기초가 되는 분야로는 인간이 세상을 살아가는 과정을 연구하는 지각 심리학, 새로운 것을 배우는 과정을 연구하는 학습 심리학, 인간을 인간답게 하는 가장 중요한 구조물인 뇌의 구조와 신경 기능을 연구하는 생리 심리학, 인간의 사고 과정을 연구하는 인지 심리학, 언어 과정을 연구하는 언어 심리학, 발달 과정을 연구하는 발달 심리학, 사회 속의 행동을 연구하는 사회 심리학 등을 들 수 있다.

다음은 심리학자들의 심리학에 대한 정의를 소개하는 것이다.

- 제임즈(W. James: 1890) : 심리학은 정신생활에 관한 과학(the science of mental life)으로서 내적인 경험을 포함하는 의식을 연구하는 학문이다.
- 분트(W. Wunt: 1892) : 심리학은 자연과학의 주제를 이루는 외적인 경험의 대상과 구별되는 내적인 경험(감각, 감정, 사고, 의욕 등)을 연구한다.
- 와트슨(J. Watson: 1919) : 심리학은 인간행동을 주제로 삼는 자연과학의 일부이다.
- 코프카(K. Koffka: 1925) : 심리학의 문제는 생물이 외부세계와 접합 때에 나타내는 행동에 관한 과학적 연구라고 한다.
- 게이즈(A. Gates: 1931) : 심리학은 생체의 행동을 설명하는 일반법칙을 찾아내려고 한다.
- 보우링(E. Boring: 1939) : 인간이란 무엇인가? 심리학은 이 질문에 답변하려 한다.
- 마이어(R. Mayer: 1981) : 심리학은 인간의 행동을 이해하기 위하여 인간의 정신과정과 기억구조를 과학적으로 분석하는 학문이다. 이는 행동 자체보다는 행동에 영향을 미치는 인지 과정을 더 강조해서 연구해야 한다는 것을 의미한다.
- 모오건, 킹, 로빈슨(C. Morgan, R. King, N. Robinson: 1981) : 심리학은 인간과 동물의 행동을 연구하는 과학이며 이러한 순수한 연구 측면 외에 인간 문제 해결을 위

한 과학적 연구결과를 응용하는 학문이다.

그 밖에도 심리학에 관한 몇몇 대표적인 정의를 소개하면 다음과 같다.

- 심리학은 일반적으로 “행동에 관한 과학”이라고 정의된다. 그러나 이제는 행동의 의미를 확장하여 사고와 같은 내적인 행동까지 포함하고 있다.
- 심리학은 대개 행동에 관한 연구로서 정의되고 있다. 그 주제는 언어와 생리적 변화와 같은 관찰 가능한 행동적 과정들과 사고와 꿈과 같은 추리될 수밖에 없는 과정들이 포함된다.
- 심리학은 첫째, 행동에 관한 과학이다. 둘째, 과학적 연구에 기초한 학문이다. 셋째, 인간 복지향상의 수단이다.

2. 교육학과 심리학의 관계

심리학에서 다루는 중요한 영역을 살펴보면, 각각 행동의 생물학적인 특성에 기초한 생리심리학, 감각기관을 통해 외부자극 때문에 입력된 정보를 처리하고 구조화하며 기억하는 과정을 다루는 지각 · 인지심리학, 그리고 어떠한 기제가 인간의 학습에 영향을 미치며 어떻게 행동변화를 일어나게 하는가를 다루는 학습심리학, 개별적인 행동과는 달리 사회 상황에서의 행동적 특징을 다루는 사회심리학, 태아기에서 노년기에 이르기까지의 신체적 변화와 심리적 특성들을 다루는 발달심리학 등과 같은 학문 분야로 나누어 볼 수 있다.

또한, 실생활에서 일어나는 실용적인 문제를 다루는 이상행동이나 성격이상과 같은 정신병이나 신경증의 원인과 그것에 대한 치료법을 다루는 임상심리학, 정상인의 적응문제, 대인관계, 진로문제 등을 다루는 상담심리학, 학교장면에서 발생하는 여러 문제들을 파악하고 그에 대한 해결책을 제시하기 위한 학교심리학들이 있다.

그리고 심리학자가 과학자로서의 역할을 수행하고 이론을 형성하는 데는 자료수집 방법, 실험적인 조작, 그리고 그 결과에 대한 통계적 해석에서 과학적 방법론을 적용하는 심리통계학 분야도 있다.

이처럼 심리학에서 다루는 주제들에는 생리심리학, 지각 · 인지심리학, 학습심리학, 사회심리학, 발달심리학, 임상심리학, 상담심리학, 학교심리학, 그리고 심리통계학 등이 있다.

이들 모두는 학습과 사람됨을 추구하는 교육학의 측면에서 볼 때, 기초적이고 기본적인 행동원리를 과학적으로 뒷받침할 수 있는 긴밀한 관계에 있다. 즉 인간을 올바르게 이해하고 과학적으로 지도하기 위해서 한 개인에게 어떤 행동이 어떻게 일어나는가를 밝히는 심리학의 과학성은 교육학의 기초가 될 뿐만 아니라 상호보완적이 역할 관계에 있다고 할 수 있다.

제2절 심리학의 발달과정

1. 심리학의 태동배경

심리학의 역사적 근원은 철학과 과학에 있다. 19세기 후반, 유럽의 과학자들이 마음의 연구에 과학적인 방법을 사용하게 되면서 심리학은 비로소 하나의 독립적인 과학적 학문으로 자리 잡게 되었다. 철학자와 과학자들 모두는 지식의 원천을 찾기 위해서 체계적 관찰과 엄격한 추론을 사용하지만, 철학자가 상대적으로 추론적인 방법을 더 많이 이용한다. 즉, 철학자는 다른 사람의 행동 경향을 논할 때 추론을 사용하는 반면에 심리학자는 이 문제에 대해 행동하는 사람의 상황적 요인을 연구함으로써 접근하게 된다. 그럼에도 불구하고 심리학의 기원이 철학에 있다는 사실을 부정할 사람은 아무도 없다.

1) 철학적 근원

심리학의 철학적 근원은 플라톤(Platon)과 아리스토텔레스(Aristoteles)까지 거슬러 올라간다. 플라톤은 지식의 원천으로서의 감각을 의심하였다.

그는 우리 감각은, 곧은 막대가 물속에서 휘어 보이는 것처럼 우리를 속인다고 생각했으며, 또한 인간은 지식을 지니고 태어난다고 믿었다. 그는 추론이 이러한 지식에 접근할 수 있도록 한다고 믿었고, 이렇게 추론을 통해 지식을 획득하는 철학적 접근을 이성주의라고 불렀다. 플라톤은 꿈, 지각, 정신질환을 포함한 다양한 심리학적 주제를 연구하기 위해 이성을 사용하였다.

아리스토텔레스의 경우에는 비록 추론의 중요성을 받아들이기는 했으나, 경험주의라고 불리는 접근 방법을 택하였고, 지식의 원천으로서의 감각 경험을 플라톤보다 더 중요하게 받아들였다. 그러나 플라톤처럼 아리스토텔레스 역시 잘못된 결론에 도달하고 말았는데, 예를 들어 그는 강한 정서적인 경험을 하는 동안에는 뇌보다 심장이 더 민감하다고 생각했던것이다.

그러나 그의 부정확한 지식이나 방법 등에도 불구하고 아리스토텔레스를 심리학적으로 높이 평가하는 이유는 심리학적인 주제에 대해 형식을 갖추어서 깊이 생각한 최초의 사람이라는 점에서 찾을 수 있기 때문이다.

중세에는 철학자들보다 신학자들에 의해 심리학적인 질문이 연구되었다. 당시 이러한 질문에 가장 큰 관심을 가진 사람은 성 아우구스티누스라는 교부(敎父)였다.

그는 자서전인 '고백'에서 자기분석을 통해 기억과 정서, 동기에 대한 자기의 관점을 이야기하였고, 인간 이성과 동물적 열정, 특히 성욕 간의 지속적인 갈등에 대한 통찰을 프로이드보다 훨씬 더 먼저 제시하였다. 그러나 아우구스티누스는 이성을 심리학적인 과정을 연구하는데 사용하였으며, 과학적인 방법은 사용하지 않았다.

중세 시대에는 경험적인 연구를 수행하는 것은 매우 어려운 시기였다. 그러나 이러한 시대적 분위기를 극복하고 경험적인 방법을 사용하기 시작한 철학자가 바로 베이컨(Bacon)이다. 베이컨은 오감을 통해 지식을 획득하는 것을 강조한 아랍 과학자들에게서 영향을 받았고, 철학자들에게 있어 권위에 대항한 경험주의를 강조함으로써 결과적으로 종교학자들과 충돌하게 되었다.

14세기에서 16세기까지 지속되었던 르네상스 시기에는 중세와는 달리 인간이 다시 관심의 중심이 되었다. 르네상스 시대에 이르러서야 비로소 서구의 철학자 및 과학자들은 신학보다는 철학에 의존하여 심리학적인 물음에 대한 답변을 내어놓기 시작했다. 르네상스 정신은 프랑스의 위대한 철학자인 데카르트(Decartes)에게 커다란 영향을 미치게 된다.

최초의 현대적 이성주의자인 데카르트는 스스로의 추론으로 분명하게 증명되지 않는 모든 것은 의심해야 한다고 주장하였다. 실제로 그의 유명한 명제인 '나는 생각한다. 그러므로 나는 존재한다'라는 명제에서 그는 자신이 존재한다는 것을 증명하기 위해 극도의 추론을 사용하였다.

한편, 일부 지식인들은 이성주의보다 경험주의를 선호함에도 불구하고 데카르트와 마찬가지로 심리학적인 질문에 대한 신학자들의 답들을 인정하지 않게 되는데, 이런 지식인들 가운데 대표적 인물이 프란시스 베이컨(Francis Bacon)이다. 그는 증명, 체계적 관찰, 회의법 등을 사용하여 현대적인 과학의 틀을 잡게 된다.

영국의 철학자 로크(Locke) 역시 베이컨과 같이 경험주의 철학의 선구자가 된다. 로크는 인간은 감각을 통해 얻어진 인생 경험으로 채워 나가는 백지상태에서 태어난다고 생각하였다. 데카르트와 같은 이성주의자들은 지식이란 태어날 때부터 지닌 것이라고 믿는 반면에, 로크와 같은 경험주의자들은 지식이란 단지 인생 경험을 통해 얻어지는 것이라고 믿었던 것이다. 이러한 유전과 인생 경험의 상대적인 중요성에 관한 관심은 본성(nature)과 양육(nurture)의 논쟁으로 현재까지 지속되고 있다.

이성주의와 경험주의 사이의 절충은 독일의 철학자 칸트(Kant)에 의해 비로소 이루어지게 된다. 칸트는 지식이란 물리적 환경으로부터의 감각의 조직화와 이해의 생득적 정신기제에 의한 결과물이라고 생각하였다. 예를 들어, 비록 태어난 곳의 언어 경험에 의해 특정한 언어를 사용하지만 말하는 능력과 언어는 타고난 두뇌기제에 의존하므로, 동물은 언어를 학습할 수는 없지만, 말을 들을 수 있고 언어의 기제를 지닌 동물들은 경험을 통해 언어의 학습도 가능하다고 말하고 있다.

그러나 심리학적인 주제를 연구함에도 불구하고 칸트는 심리학이 과학일 수 있다는 사실을 부정하였다. 그는 정신은 직접 관찰하거나 측정하거나 조작할 수 있는 실체적인 것이 아니며, 더욱이 그 내용은 일정한 흐름에 있기 때문에 정신의 연구는 과학에서는 필수불가결한 객관성을 결코 지닐 수 없다고 주장하였다.

2) 과학적 근원

19세기 들어서 과학자들은 철학자들이 어려움을 가졌던 심리적 과정의 본질에 대한 질문에 대답을 하는 과정에서 과학이 심리적인 주제를 연구하는 데 있어 필수적인 것이라는 사실을 인식하게 된다. 예를 들어, 19세기 중반에 일반적인 추론에 근거한 믿음은 전기가 선을 통해 움직이는 것만큼이나 빠르게 신경자극도 신경을 따라 즉시 움직인다고 믿었다. 그러나 이러한 주장은 19세기 독일의 물리학자 헬름홀츠(Helmholtz)가 수행한 연구에 의해 부정된다.

신경자극 연구에서 헬름홀츠는 신경의 활동이 몇 분의 일 초 동안에 이루어진다는 사실을 동물과 인간에 대한 실험을 통해 발견하였다. 한 실험에서 인간 피험자들로 하여금 발이나 허벅지에 접촉이 느껴지는 순간 즉시 버튼을 누르도록 하였는데, 피험자들은 허벅지를 자극할 때보다 발을 자극할 때 더 느리게 반응하였다. 그는 이러한 차이가 척수를 거쳐 뇌에까지 연결되는 신경의 길이 때문이라고 생각하였다. 이것은 신경자극이 순간적인 것이 아니라는 것을 증명하는 하나의 사실이 되었다.

한편으로 헬름홀츠와 같은 시대를 살았던 과학자들은 뇌의 기능에 대한 여러 중요한 발견들을 하게 된다. 그중에서 주도적인 역할을 한 연구자는 프랑스의 생리학자인 플로렌스(Flourens)였다. 그의 연구는 동물을 이용하여 행동과 특정 뇌 부위의 손상과의 관계를 밝히는 것이었다. 특히, 대뇌의 손상이 운동기능의 부조화를 일으킨다는 것을 발견했다는 점 등이 이러한 연구의 결과였다.

이외에도 외과 의사이며 인류학자인 브로카(Broca)는 인간의 뇌 손상에 관해 유사한 연구를 수행하였다. 그는 뇌의 앞쪽의 왼쪽 부분이 손상을 입은 환자는 언어능력이 손상된다는 것을 발견하였으며, 그 영역이 바로 브로카 영역(Broca's Area)이라 불리는 곳이다.

다른 19세기의 과학자들은 뇌의 구조와 별개로 정신 과정의 과학적 연구에 관심을 두고 있었다. 가장 주목할 만한 과학자는 독일의 물리학자이자 철학자인 페흐너(Fechner)를 들 수 있다. 페흐너는 당시 과학자들의 주장을 신뢰하지 않았다. 오히려 베버(Weber)에 의해 만들어진 정신물리학이라고 불리는 방법을 사용하여 연구를 수행하였는데, 정신물리학은 페흐너로 하여금 물리적 자극과 정신적 경험 간의 관계를 측정할 수 있게 해주었다.

이러한 성취는 심리학을 과학적으로 연구할 수 없다고 믿었던 칸트(Kant)에게는 커다란 충격이었을 것이다. 정신물리학은 밝기의 변화를 경험하기 데 필요한 빛의 세기 변화는 어느 정도인가, 소음의 변화를 경험하는 데 필요한 소리의 정도 변화는 얼마나 되는가? 등 정신의 작용을 수리적으로 표현하여 보다 체계적인 연구결과를 얻기 위한 방법이었다.

정신물리학은 철학과 과학 사이에서 태어난 심리학이 독립된 학문으로 발전하는 데 크게 기여하였고, 지난 세기 동안 심리학에서 중요한 연구 방법의 하나로써 사용되어 왔다. 현대에도 여전히 정신물리학적인 실험을 통해 여러 가지 사실을 밝혀내는데, 예를 들면 TV의 화면을 개발한 연구자는 색, 밝기 같은 텔레비전 화면의 물리적 특성과 보는 사람의 정신의 질적 경험간의 관계를 결정하는 데 있어 정신물리학적인 방법을 사용하여 연구를 수행하게 된다.

19세기 후반의 심리학자들은 영국의 자연주의자인 찰스 다윈(Charles Darwin)이 주창한 진화 이론의 영향을 받게 된다. 다윈은 5년간 동식물을 관찰한 뒤 그 연구결과를 '종의 기원'에서 발표하였다. 고대 그리스에서도 동물은 그 선대로부터 진화되어 간다는 생각을 지니고 있었지만, 이러한 사실을 증명해낸 사람이 바로 다윈이다. 다윈의 이 이론은 그의 사촌인 갈톤(Galton)의 연구를 통해 심리학에 즉각적인 영향을 미치게 된다.

갈톤은 많은 분야에 관심을 지닌 훌륭한 과학자였다. 다윈의 진화 이론을 적용하는 데 있어서도 갈톤은 자연 선택이 인간 능력의 발달을 설명할 수 있다고 주장하였다. 더욱이 그는 고도로 능력이 발달된 개체는 생존할 가능성이 매우 높다고 이야기했다. 그의 이러한 주장들은 사람들 간의 지능, 성격, 물리적 특성 등의 다양성을 연구하는 개인차 심리학 분야의 등장으로 발전하게 된다.

개인차 심리학은 갈톤과 함께 연구를 수행했던 심리학자 카텔(Cattell)에 의해 미국에 소개되었다. 1890년에 카텔에 의해 시각, 청각, 물리적 기술 등 다양한 검사를 기술하는 데 사용된 정신검사라는 단어가 만들어졌다. 그는 1895년 미국심리학회(APA) 회장직을 수행하였고 심리학자로는 처음으로 국립 과학아카데미의 회원에 당선되기도 하였다. 카텔은 심리학을 과학적 방법에 의거해서 연구했을 뿐 아니라 독립학문으로서의 위상 확립에도 많은 영향을 준 사람이다.

3) 심리학의 성장

심리학의 역사에 있어 카텔(Cattell)은 최초의 심리학 교수라고 평가되어진다. 여기서도 볼 수 있듯이 최초의 교수가 기껏 100년 전에야 나올 정도로 과학으로서의 심리학의 발전은 아주 최근의 일이다. '심리학은 긴 과거를 지니고 있으나 그 역사는 짧다'고 한 에빙하우스(Ebbinghaus)의 표현대로 많은 지식인들이 고대 그리스시대로부터 심리학적인 주제에 관심을 두어왔으나, 심리학이 하나의 독립된 학문으로 분리된 것은 19세기 후반에 이르러서야 비로소 가능해졌던 것이다.

대부분 심리학자들은 이러한 새로운 학문으로서의 심리학의 출발점을 독일의 생리학자인 분트(Wundt)가 라이프찌히대학에 실험실을 개설한 시기로 보고 있다. 분트는 1874년 '생리 심리학의 원칙'이라는 역사적인 저서에서 과학적인 심리학을 위한 그의 생각을 밝혔다. 그의 책 제목에서 생리라는 용어를 사용한 이유는, 생리 심리학 자체가 주제라기보다는 인간의 생리적인 과정을 연구하기 위해 생리학자들이 사용하는 과학적인 방법을 적용했기 때문이다.

분트가 라이프찌히대학에 실험실을 개설한 지 꼭 100년 되는 해인 1979년, 심리학자들은 심리학 100주년을 기념하고 각종 행사 등을 통해 분트의 업적을 되새겼다. 철학적 근원으로부터 과학으로서의 심리학의 출발이라 할 수 있는 분트의 실험실은 심리학의 발전의 초석이 되었다.

2. 심리학의 8대 관점

1) 구성주의

최초의 심리학 학파인 구성주의는 19세기에 생겨났다. 구성주의자들은 물질을 분석하고 세포, 원자, 분자로 분류하는 생물학자, 화학자, 물리학자들의 영향을 받고 생겨났다. 이러한 영향으로 구성주의자들은 마음을 구성요소를 통해 분석하고 이러한 구성요소가 어떻게 상호 작용하는지 알아내려고 하였다.

구성주의는 분트(Wundt)의 제자인 티췌너(Titchener)에 의해 이름 붙여졌고 일반화되었다. 영국인인 티췌너는 코넬대학의 학부 교수가 되면서 미국에 구성주의를 소개하게 된다. 마음을 연구하기 위해서 그는 정신의 기본 요소라고 생각한 심상, 느낌, 감각의 세 가지 요소로써 복잡한 정신 경험을 분석하는 것을 목적으로 하는 분석적 내성법(analystic introspection)을 사용하였다.

내성법이란 자신의 마음속에 일어나는 것을 가만히 생각해 보게 하는 방법으로써 초창기의 심리학에서 많이 사용된 기법이다. 이것은 피험자가 그냥 자기 마음에서 무슨 일이 일어나는가를 보고하기만 하면 되는 것이다. 분석적 내성법을 이용한 연구에서 티췌너는 피험자에게 소리와 같은 자극을 제시한 후에 피험자로 하여금 그 소리로 인해 생겨나는 심상, 느낌, 감각에 대해 보고하도록 하였던 것이다. 이 방법을 활용한 미각 분석연구를 통해 티췌너는 미각이 짠맛, 쓴맛, 단맛, 신맛으로 구성된다는 것을 발견함으로써 학문에 크게 기여하기도 했다.

구성주의는 최초로 등장한 학파인 반면 형태주의의 비판으로 가장 먼저 모습을 감춘 학파이기도 하다. 그 이유는 연구가 연구실에만 제한이 되었고, 또한 이성적이고 언어적으로 능숙한 성인의 의식적인 정신적 경험을 연구하는데 제한된 내성법에 지나치게 의존하였기 때문이었다.

형태주의 심리학은 구성주의의 요소적인 심리학의 한계를 강조함으로써 이후 인지심리학의 발전에 지대한 공헌을 하였다. 그리고 많은 심리학자들은 특정한 자극에 대한 내성법적 보고가 자극의 변화에 대해 일관되지 못하기 때문에 내성법은 믿을 수 없는 것이라고 생각하였다. 내성법은 한 마디로 과학의 필수요건인 객관성이 충족되지 못했던 것이다.

비록 분석적 내성법의 단점이 구성주의자들의 소멸을 초래하기는 하였지만, 오늘날 많은 심리학자들은 피험자들의 정신과정에 대한 언어적 보고를 이용한 연구 절차에 상당히 의존하고 있다. 왜냐하면 인간의 마음속에서 일어나는 일을 자연과학처럼 완벽하게 객관적으로 관찰할 수는 없기 때문이다.

2) 기능주의

미국의 심리학파인 기능주의는 구성주의에 대한 대응으로 생겨났다. 기능주의 심리학자들은 정신의 구성 요소를 분석함에 있어서 구성주의 심리학자들이 많은 한계를 가지고 있음을 비판하였다. 즉, 어린이, 정신장애자, 동물 등은 대상에서 제외했고, 실험실에서의 연구에만 초점을 두었다는 것이 그것이다.

기능주의 심리학자들은 정신이 인간의 행동에 어떻게 영향을 미치느냐에 대하여 연구하였다. 만일 구성주의 심리학자들이 맛에 대한 정신적 요소를 연구한다면, 기능주의 심리학자들은 다른 맛을 구별하는 능력이 어떻게 행동에 영향을 미치는가에 대해서 연구할 것이다.

가장 유명한 기능주의 심리학자는 미국의 심리학자며 철학자인 윌리엄 제임스(William James)이다. 그는 여러 가지의 지능 분야에 대하여 연구하였다. 심리학에 대한 접근을 살펴보면 제임스는 정신을 별개의 조각들로 나누어질 수 없는 하나의 것으로 보았다. 그래서 그는 구성주의 심리학자들이 선호했던 일종의 분석적 연구는 정신의 의식의 흐름을 연구하는 데에는 적합하지 않다고 생각했다.

3) 행동주의

기능주의는 파블로프(Pavlov)와 손다이크(Thorndike)의 연구와 연결되면서 행동주의로 이어지게 되었다. 행동주의 심리학자들은 심리학을 자연 과학의 순수하게 객관적이고 실험적인 분야로 보고, 심리학의 이론적 목표를 인간의 행동을 예견하고 통제하는 것에 두었다. 그리고 그들은 내성법은 과학적 방법의 필수적인 부분을 형성하지 못할 뿐만 아니라, 의식에 의해서 그 자체에 제공하는 자료 또한 과학적 가치가 없다고 평가하였다.

대표적 행동주의 심리학자인 미국의 왓슨(Watson)은 기능주의 심리학자들과 구성주의 심리학자들이 공유했던 '정신'이 심리학의 적절한 연구대상이라는 점에 반대하였다. 왓슨과 파블로프 같은 심리학자들에게 심리학 연구의 올바른 대상은 관찰 가능한 행동이었으며, 정신의 경험과는 달리 행동은 측정되어지고 다른 과학자들에 의해서 증명되어 질수 있는 것이었다. 예를 들어, 다른 심리학자들이 배고픔에 대한 정신적 경험을 연구하려고 할 때, 행동주의 심리학자들은 그것 보다는 관찰 가능한 인간의 섭식 행동을 연구하려고 할 것이다.

비록 왓슨은 정신 과정이 행동을 야기시킨다는 것은 부정했지만, 정신의 존재를 부정하지는 않았다. 그래서 그는 배고픔이라고 불리는 정신적 경험을 인간이 가지고 있다는 것은 부정했던 반면에 섭식을 야기시키는 정신적 경험이 있다는 것은 부정하지 않았다. 그는 배고픈 느낌 같은 정신에서 섭식의 원인을 찾는 대신에 저혈당과 같은 신체 혹은 식욕을 자극하는 환경에서 원인을 찾아 설명하려고 하였다.

이와 같이 행동주의 심리학에서는 인간의 내면세계보다는 환경이나 행동에 초점을 맞추어 과학적인 연구를 진행하고자 하였으며 실제 인간 행동의 변화에 도움을 주고자 하였다. 1930년대부터 1960년대까지는 행동주의의 시대라고 해도 과언이 아닐 만큼 미국에는 행동주의가 성행하였다. 그러나 차츰 인간의 내부 정신과정에 관한 관심이 다시 일어나 새로운 학파가 등장하게 되었다.

4) 형태주의

마음을 구성 요소들로 분석해 내려는 구성주의 심리학자들의 시도와 인간을 환경적 반응에 대한 수동적인 반응자로 보려 했던 행동주의 심리학자들의 견해는 형태주의 혹은 게슈탈트(Gestalt) 심리학을 창시한 독일의 심리학자 베르트하이머(Wertheimer)에 의해 비판을 받게 된다.

베르트하이머는 인간이란 개별적 부분의 조합을 인식하기보다는 전체로 인식하는 존재라는 그의 믿음을 뒷받침하기 위하여 게슈탈트라는 말을 사용하게 되는데, 이는 영어에서의 Form 혹은 Pattern에 해당하는 것이다.

형태주의 혹은 게슈탈트 심리학에서는 "전체는 부분의 합이 아니다."라고 단언하였다. 이처럼 게슈탈트 심리학은 감각들을 의미 있는 지각들로 조직하면서 정신의 활동적 역할을 강조함으로써 심리학에 새로운 방향을 제시해 주게 되었다.

비록 게슈탈트 심리학이 베르트하이머에 의하여 주창되었지만 널리 알려지게 된 것은 그의 동료인 코프카와 쾰러에 의해서였다.

쾰러는 형태주의자들과 행동주의 심리학자들의 최고의 측면들을 포함한 심리학을 만들어 내야 한다고 했으며, 인지주의적 관점을 선호했던 심리학자들은 쾰러의 조언을 대부분 따랐다. 또한, 독일의 심리학자 레빈(Lewin)은 미국으로 이민한 후 게슈탈트 심리학을 더욱 연구하여 활성화 시키게 되었다.

5) 정신분석

다른 심리학파가 대학에서 시작되었던 것과는 달리 정신분석은 의학에서 그 기원을 찾을 수 있다. 정신분석의 창시자인 Sigmund Freud는 오스트리아 출신의 신경과 의사였다. 그는 스스로 정신의 정복자라고 말할 정도로 이 분야의 독보적인 사람이었다. 인류를 우선 동물로 보았던 프로이드의 견해는 다윈의 진화이론에 근거를 두고 있었다.

프로이드는 무의식을 심리학에 포함시킨 최초의 연구자였다. 그는 사람의 행동이 정상이건 비정상이건 간에 때로 우리가 의식하지 못하는 심리학적 동기들에 의해 영향을 받는다고 하였다.

그는 인간은 주로 성과 같은 무의식에 의하여 동기화 된다고 함으로써 대중에게 충격을 주었을 뿐만 아니라 아동 초기의 경험들이 성격 발달에 있어서 가장 중요한 요인이 된다고 하였다. 프로이드는 무의식에 저장된 아동 초기 경험의 기억들이 인생을 통하여 행동에 지속적으로 영향을 줄 것이라고 믿었으며, 이런 무의식적 영향은 많은 인간 행동의 비논리성과 심리학적 장애의 기원을 설명해 준다고도 하였다.

프로이드의 정신분석은 심리학이라는 학문에 많은 영향을 주었으며 그는 심리학 역사상 가장 영향력 있는 인물 중 한 명으로 간주되고 있지마는, 한편으로는 비평가들로부터 무의식이 아무런 명확한 원인이 없는 행동을 설명하는 데 너무 쉽게 사용된다는 점을 비판받기도 한다.

또한, 성적 충동, 무의식적 과정, 그리고 아동 초기의 경험에 대한 중요성을 강조하였지만, 그에 대한 적합한 연구 자료를 제공하지 못했기 때문에 비판을 받았다. 그는 환자들과 면담을 한 후에 적었던 그의 기록에 자신의 이론적 근거를 두고 있다. 게다가 프로이드는 심리적 장애 상태에 있는 소수의 사례 연구 결과를 모든 이들에게 일반화시킴으로서 과학적 접근과는 동떨어져 있었다.

이러한 결점에도 불구하고 꿈, 창조, 동기, 발달, 성격, 그리고 심리요법 등과 같이 다양한 주제들에 대한 프로이드의 견해는 심리학적 연구에 엄청난 영향을 주었으며, 이러한 프로이드의 생각은 예술, 문학, 영화 등의 작품에도 많은 영향을 주었다. 다양한 예술 영역에서 '심리주의적'이라는 말은 바로 프로이드 심리학을 지칭하는 것이다.

6) 생리주의

20세기 초기의 대부분의 심리학파는 19세기의 생리학에 뿌리를 두고 있기는 하지만 심리학에 있어서 엄격한 의미의 생리학적인 학파는 없다. 복잡한 연구 기기들과 더불어 증가된 행동과 정신 과정의 생리학적 기반에 관한 관심으로 인해 생리 심리학적인 관점이 나타났다.

생리 심리학은 뇌를 연구하며 호르몬 체계, 심리학적인 기능의 유전에 관심을 두었다. 비록 생리 심리학의 연구자들이 동물을 실험 대상으로 하고 있지만 그들의 중요한 연구들은 인간을 대상으로 하여 이루어지는 것이다.

예를 들어 캐나다의 신경외과 의사인 펜필드(Penfield)는 간질 환자의 발작을 줄이기 위한 외과적 수술 도중에 약한 전류로 뇌의 표면에 자극을 주어 뇌의 지도를 완성하고, 뇌 한쪽의 특정 부위에 대한 자극은 반대편의 신체 일부의 움직임을 유발한다는 것을 발견하게 되었다. 그래서 이러한 발견의 결과를 정리하여 뇌의 부위가 담당하고 있는 신체 부위를 표시한 뇌 지도를 만들 수가 있었다.

1981년에 미국의 신경과학자인 로저 스퍼리(Roger Sperry)와 그의 동료는 각 대뇌반구는 특정 심리적 기능에 대해 다른 한쪽 보다 우수하다는 것을 발견하였다. 생리 심리학적 관점의 영향이 증가함으로 인해 심리학은 다음과 같이 확장되어 정의될 수 있다. "심리학은 행동과 정신 과정 그리고 그에 대한 생리적 과정을 과학적으로 연구하는 학문이다."

7) 인지주의

심리학에 있어 인지적 관점에 의해 주도되는 소위 '인지 혁명'이라 불리는 변화를 찾아볼 수 있다.

인지적 접근은 게슈탈트 심리학과 행동주의 심리학의 결합이라고도 볼 수 있다. 게슈탈트 심리학처럼 인지 심리학은 유기체의 지각과 정보 처리, 경험의 해석 등 활동적인 정신의 작용을 강조한다. 그리고 행동주의 심리학과 같이 인지 심리학은 객관적이고 잘 통제된 실험실에서의 연구를 강조하기도 한다.

따라서 인지심리학은 언어적 보고에만 의존하지 않고 관찰 가능한 반응을 통해 정신적 과정을 추론하게 된다. 그러나 생각과 같은 정신적 작용은 행동에 영향을 미치지 못한다는 엄격한 행동주의 심리학자들과는 달리 많은 인지 심리학자들은 정신 작용이 행동에 영향을 미친다고 믿는다.

인지 심리학은 아동들이 문제를 해결하는 과정에서의 면담에 기반을 두고 아동의 정신적 발달에 대해 인지발달 이론을 제시한 스위스의 생물학자이자 심리학자인 장 피아제(Jean Piaget)의 연구에서 나타나고 있다.

인지적 관점은 심리학의 대부분 영역에 영향을 미치고 있다. 예를 들어, 인지 심리학자인 조지 켈리(George Kelly)는 성격과 심리치료, 정신 이상에 관한 연구에 적용되는 이론을 제시하였다. 또한 켈리는 우리가 개인적 구성 개념이라고 부르는 인지 구조에 의해 행동한다고 믿었다.

8) 인본주의

매슬로우(Abraham Maslow)와 칼 로저스(Carl Rogers)는 인본주의 전통을 대표하는 학자들이다. 인본주의는 인간의 존엄성과 성장 잠재력 및 자기실현을 강조하는 견해를 일컫는다. 인간의 긍정적이고 적극적인 측면 즉 성장과 자기실현, 창의성 및 사랑과 같은 주제들에 깊은 관심을 보인다.

매슬로우는 인간의 자연적인 본성인 자아실현에 대한 욕구를 강조하였는데, 이는 모든 사람의 잠재력의 실현의 강력한 본성적 성질을 가지고 있다는 인간에 대한 믿음이 있었다. 로저스의 이론은 '현상학적 관점'이라는 이름으로 알려지기도 했다. 그 이유는 무의식이나 객관적 자극에 대한 반응이 아니라, 지금 여기에 대한 주관적 체험과 해석, 개인의 의식적 선택 등 철학의 현상학(phenomenology)에서 중시하는 개념들이 인간의 행동을 결정한다고 보기 때문이다.

제3절 심리학의 분야

심리학 내에는 인간관계의 이해와 설명을 강조하는 분야의 상담심리학, 임상심리학, 엄격한 과학 실험 방법이 강조되는 분야의 신경심리학, 학습심리학, 인지심리학이 있으며 그 중간 분야의 발달심리학, 사회심리학, 산업 및 조직심리학 등도 있다. 그리고 이 모든 분야를 연구하는 데는 심리측정 또는 계량심리학과 같은 방법론이 필요하다.

심리학의 교육 과정은 자연과학에 가까운 이론을 발견하여 이것을 일상생활에 적용시키는 내용들로 구성된다. 이러한 측면에서 심리학은 인간의 기초심리과정을 다루는 기초심리학과 심리학적인 지식을 실제 장면에 적용시키는 응용심리학으로 크게 나눌 수가 있다.

1. 이론심리학의 분야

1) 생리심리학

생리심리학은 심리적 현상과 생리적 기능과의 관계를 고찰한다. 심리학의 생리적 기초를 이해하고 생리 심리학을 적용한 응용분야에 관심을 갖게 한다.

인간의 행동과 심리적 현상을 뇌, 신경세포, 내분비선 등의 활동을 기초로 하여 설명한다. 나아가 외부세계에 대한 지각, 정서, 학습, 심리적 과정 등이 기저에 깔린 생리적 과정에 대한 이해를 도우며 심리학에 대한 다른 접근방법과 심리학적 접근방법을 비교한다.

2) 동물심리학

비교심리학의 일종으로, 동물 심리학은 동물의 종간 혹은 동물과 인간의 심리 과정(학습, 지각, 사회 등)들 비교 연구한다. 하지만 대부분의 동물 심리학자는 인간의 내면적인 심리 과정보다는 외현적인 행동이나 그 과정의 진화를 이해하는 데 주안점을 두고 있다.

3) 지각심리학

지각심리학은 인간의 감각과 지각을 다룬다. 지각은 우리가 세상에 대해 알고 느끼고 생각하는 과정이다. 지각심리학은 지각의 과정을 분석하고 사실을 확인하며, 원리나 이론을 정리하여 과학 일반에 관련을 가지면서 일상에 응용된다. 지각심리학의 기초를 이해하고 세상에 대한 지각관을 정리하며, 일상의 지각현상을 설명하고 문제의식을 갖게 한다. 이 분야는 정신물리학, 감각과 지각의 생리적 기초, 자극의 물리적 속성, 여러 지각현상들 그리고 지각이론 및 설명개념 등을 포함한다.

4) 인지심리학

인간의 사고 및 지식 습득의 과정과 기제를 다루며, 그 활용에 관심을 가지고 있다. 주로 정보처리론적 접근법을 토대로 하여 인간의 내적인 인지과정을 익힌다. 이들 과정에는 감각, 주의, 형태지각, 학습, 기억, 언어 처리, 문제해결적 사고, 추리 및 판단과 결정 등의 하위 인지과정으로 세분화된다.

5) 성격심리학

사람들 간의 개인차를 다루며, 개인차에 대한 일반적인 법칙과 특정한 개인을 이해하는 데 필요한 지식과 기법을 다룬다. 그리고 성격에 대한 다양한 이론인 특성적, 사회학습적, 정신분석학적, 현상학적 접근 등을 다루면서 성격형성과정을 탐색한다.

6) 발달심리학

전생애적 접근 방법에 근거하여 태아기부터 노년기까지 일생 동안의 변화, 발달을 다루면서 각 발달 단계의 특징들을 개관한다.

인간의 발달에는 유전과 환경 사이의 계속적 상호작용이 있게 된다. 유전적 결정요인들은 성숙의 과정을 통해서 나타난다. 발달은 단순한 행동에서 더 분화되고 복잡한 행동으로 진행된다. 비록 신체적 기능들의 발달은 주로 성숙에 의존하지만, 환경의 제약은 운동발달을 지연시킬 수 있고, 자극의 증가는 그것을 촉진시킬 수 있다.

비록 초기의 결핍이나 자극은 운동기능들에는 지속적 영향을 주지는 않는 것 같지만, 다른 영역(언어, 지능, 성격)의 발달은 초기 경험에 의해 영구적으로 영향을 받을 수 있다.

7) 학습심리학

학습에 관한 행동주의적 접근으로부터 정보처리 접근에 이르기까지 여러 학습이론을 학자중심으로 다루면서 인간학습의 다양한 측면을 이해한다.

8) 사회심리학

인간이 사회를 어떻게 인지하는지 그리고 사회가 인간에게 어떤 영향을 주는지를 사회지각, 귀인과정, 동조, 매력, 편향 등의 주제를 다룬다.

사회심리학은 한 개인의 사고, 감정, 행동이 다른 사람들의 행동이나 성격특성에 의하여 수용되어지는 영향력과 그것을 받아들이는 방식에 관한 과학적인 연구이며, 수많은 응용 분야를 거느리고 있는 학문이다.

2. 응용심리학의 분야

1) 임상심리학

정신장애를 가진 사람들을 이해하고 도와주는 것이 임상심리학의 과제이다. 이를 위해 인간의 이상행동에 대한 이론들과 진단과 평가방법 및 치료적 개입 방안들을 알아야 한다.

일반심리학은 주로 인간이나 동물을 대상으로 하여 학습, 정서, 감정 그리고 지각과 같은 심리과정을 연구하지만, 임상심리학은 임상가에게 주어진 특정한 대상인 내담자 혹은 환자의 행동을 연구하게 된다. 비록 임상심리학이 정서 장애자의 심리적 및 적응적 문제의 해결을 강조하고 있기는 하지만, 이러한 문제에 대한 접근에 있어서 심리학적 원리와 방법을 사용하는 응용심리학의 한 분야라 할 수 있다.

2) 상담심리학

상담심리학은 상담 및 심리치료 이론과 실제적인 상담활동을 학습하여 교육 및 사회 산업현장에서 적용하고 교육 실제의 개선을 선도해 나가는 영역이다.

이를 위하여 상담 및 심리치료이론, 성격심리, 발달심리, 심리검사, 사례연구, 행동수정 등과 같은 상담수행을 위한 이론적 학습을 토대로 개인 및 집단상담의 기법, 심리진단 및 평가, 사례분석 등의 실제 활용기법 실습을 병행하여 다양한 상담영역에서 적용할 수 있도록 한다. 그리고 교육현장 및 기업 사회 상담기관에서 상담관련 연구를 수행할 수 있도록 통계적 방법 및 연구능력을 습득하게 한다.

3) 산업심리학

산업체 내의 개인 과 개인을 둘러싸고 있는 물리적, 사회적, 심리적 환경을 이해함으로써 생산성을 증대시키고 개인의 만족을 증진시키는 접근 방법에 대한 조망을 갖도록 한다.

심리학의 여러 원리들을 기업, 산업체, 공공기관 등 다양한 형태의 조직에 응용하여, 직장생활의 질을 향상시킴과 더불어, 조직의 효과성을 증진시키고자 노력하는 학문분야라고 할 수 있다. 즉, 사람에 대한 이해를 통해서, 더 쉽게 일하고, 더 잘 일하고, 더 즐겁게 일할 수 있는 방법을 찾아보자는 것이라고 말할 수 있다.

4) 학교심리학

학교심리학은 학생의 지적, 정의적, 신체 · 기능적 발달에 많은 관심을 가진다. 그러므로 이들은 특히 아동들의 학습과 정신건강을 원활히 하는 환경을 만드는 데 관계한다. 그리고 특별히 지도해야 할 학생들을 위하여 개별지도 프로그램도 간여한다.

또한, 대부분의 정서 문제와 부적응적 행동 문제가 아동기 및 사춘기에서 비롯된다. 그러므로 학교 심리학은 주로 학령기 아동이나 청소년들의 학습 문제, 정서 문제, 그리고 행동 문제를 다룬다. 이를 위해 학교 심리학자는 아동 발달, 교육 및 상담 심리학 그리고 임상 심리학적 훈련에 기초하여 각각의 학생들을 대상으로 여러 가지 검사를 시행하고 평가한다. 또한, 학령기 아동과 청소년들의 학습 문제 및 진로 고민을 상담하고, 가정, 학교, 사회의 적응을 돕는 역할을 한다.

제4절 심리학의 연구방법 유형

본 절에서는 연구방법 유형 중 많은 사례가 보고되고 있는 학교 심리학을 예로써 소개하고자 한다.

학생들의 과학적인 자기이해와 문제해결을 돕는 데 필요한 요소는, 학생에 관한 정보는 객관적이고 신뢰도가 높아야 하고, 꼭 필요한 사실과 정보를 수집해야 하며, 조사결과를 정확하게 기록 · 정리 · 보관하여야 한다. 이를 통해 실제 지도에 유용하게 활용될 수 있도록 해야 하는 것이다.

과학적 연구를 한다고 해서 실험법만이 유일한 과학적 연구방법은 아니다. 더욱이 관심 있는 모든 현상을 실험적으로 연구할 수 있는 것도 아니다. 이러한 관점에서 인간을 이해하는 방법이 기술연구이다. 기술연구에서는 관심 있는 특성이나 행동의 유형을 서술하고 변인들 간의 관련성을 밝히려고 한다. 기술연구는 실험연구가 불가능한 측면을 연구할 수 있고 행동을 보다 정확하게 이해하는 데 유용할 수 있다.

그리고 조사활동에 이용되는 방법과 기술에는 여러 가지 과학적인 방법이 요구된다. 여기서 심리학에서 사용되는 대표적인 기술연구 방법을 종합적으로 정리하면 다음과 같다. ① 관찰법(observation method), ② 질문지법(questionnaire method), ③ 면접법(interview method), ④ 표준화 검사법(standardized testing method), ⑤ 평정법(rating method), ⑥ 투사법(projective method), ⑦ 사회측정법(sociometry devices), ⑧ 사례연구법(case-study method), ⑨ 자서전법(auto biography), ⑩ 누가기록법(cumulative record) 등이 있다.

1. 관찰법(observation method)

관찰은 사물을 주의하여 자세히 살펴보는 것으로 실험과 더불어 과학적 연구방법의 하나이다. 즉 사물의 현상(現象)에 대하여 일정한 목적을 정하고 자연 상태 그대로를 주의하여 자세히 살펴보는 것이다. 이것을 연구의 방법으로 사용했을 때 관찰법이라고 한다.

이러한 관찰은 경험과학의 가장 기본적인 요소이며, 과학적, 심리학, 민속학, 의학, 천문학 등에서 오래전부터 사용해 온 방법이기도 하다. 여기서는 피교육자의 행동이 관찰의 대상이 되는 것이고, 관찰결과는 그때그때 기록하는 것이 바람직하다.

관찰법은 관찰자의 사전 계획 하에 따라 우연적 관찰법과 조직적 관찰법으로 분류하는 것이 일반적이다.

조직적 관찰법은 다시 자연적 관찰법(observation in normal situation)과 실험적 관찰법(expe rimental observation)으로 나눈다.

그리고 자연적 관찰법의 한 방법으로서 자연 관찰법, 시간 표본법(time sampling method),

장면 표본법(situational sampling method) 그리고 참가 관찰법(participant observation) 등이 있고 실험적 관찰법에는 일화 기록법, 체크리스트(cheek list) 등이 있다.

(1) 자연적 관찰법

① 자연 관찰법

어떤 행동이나 현상이 자연적으로 발생한 그대로를 관찰하는 것으로 즉 어떤 변화와 사태를 아무런 인위적인 조작을 가하지 않고 자연히 발생하는 행동을 관찰하는 방법으로서, 관찰하고 있다는 사실을 피관찰자가 의식하지 못하도록 유의해야 할 것이다. 그것은 관찰반응 효과로서 관찰행위가 자극이 되어서 피관찰자가 행동의 변화를 일으키기 때문인 것이다. 그러므로 게젤(Gesell, A)에 의한 투시경(one-way vision mirror)이나 투시 스크린(one-way vision screen)에 의한 관찰의 방법이 고안되게 되었다.

② 시간표본법

이 방법은 관찰 장면을 제한하지 않고 특정한 행동단위가 비교적 짧은 일정한 시간 사이에 얼마나 발생하는가를 양적으로 측정하는 방법으로 흔히 빈도기록법이라고도 한다. 그러므로 이 방법은 거듭해서 일어나는 행동곡선을 연구하는데 가장 적절한 방법이다. 관찰 항목을 정한 기록용지를 사용하면 결과를 정리하기도 좋다.

관찰시간은 대개 1분에서 10분으로 하는 것이 보통이고, 기록의 방법은 체크리스트 식으로 해도 좋다. 이 방법은 질문지 조사법과 유사한 방법이다.

이 방법의 변형된 것으로 반복표집법(method of repeated samples)이 있다. 이것은 한 학생을 5분 관찰하고 다음에는 다른 학생을 5분 관찰하고 이렇게 몇 사람을 돌아가면서 며칠 동안 관찰하면 각각의 학생 한사람을 오랜 시간 관찰하는 것과 마찬가지 역할을 할 수 있다는 근거에서 나온 방법이다.

③ 장면표본법

무엇을 관찰할 것인가 하는 것이 이미 결정되어 있다면 그러한 행동을 잘 나타낼 만한 장면에 한해서 관찰하는 것이 더욱 능률적이다. 관찰은 처음부터 끝까지 맹목적으로 하는 것이 아니라 관찰할 장면을 선택해서 계획적으로 하는 것인데, 이것을 장면표본법, 사건표준법 또는 장면선택법이라고 한다.

그 사람의 성격을 보기 위해서는 위기 장면을, 사회적 행동을 보기 위해서는 행동제작이나 집단유희 장면을, 리더십을 보기 위해서는 학급자치회에서의 활동을 보는 따위가 그 예이다.

④ 참가관찰법

관찰하는 사람이 제 삼자적 관점에 서서 피 관찰자가 알지 못하게 관찰하는 것은 아무래도 세부적이고 은밀한 행동변화의 관찰이 불가능하다. 그래서 관찰자가 피 관찰자와 같은 행동상황 속에 뛰어들어가서 피 관찰자의 행동을 관찰하려는 것이 참가관찰법이다.

원시 미개인의 종족생활의 상태를 조사 · 관찰하기 위해서 자기도 미개종족의 한사람이 되어 관찰하는 것이 그 예가 되겠는데, 이 경우 대개 피험자의 행동이 관찰자에의해 영향을 받는다. 더욱이 관찰자에게 이질적 요소가 많으면 많을수록 그러한 위험은 크다. 그러므로 피 관찰자에게 영향을 미치지 않도록 미리 치밀한 계획과 훈련을 쌓아야 한다.

(2) 실험적 관찰법

실험이란 자연현상에 인위를 가하여 변화를 일으켜서 관찰을 용이하게 하고, 또 그릇된 관찰을 바르게 하는 목적에 이바지하는 것이다. 그러므로 실험은 관찰의 일종인데 대상에의 작용이라는 점으로 보아 보다 적극적인 관찰이라고 하겠다.

이 방법은 관찰하려는 장면 · 대상 · 조건 등을 인위적으로 조작하고 엄밀히 통제하여 피 관찰자가 관찰 당하고 있다는 사실을 알고 있는 상태에서 관찰토록 하는 방법을 말한다.

인위적 조건을 주기 때문에 비교적 결과를 분석하기 쉽고 전후실험의 결과나 다른 관찰자와의 비교가 쉽다는 이점이 있으나 실험조건을 통제하기가 쉽지 않다는 것과 뜻하지 않은 다른 조건이 개입되어 판단을 그르칠 위험 등도 고려되어야 한다.

① 일화 기록법(anecdotal record)

일화 기록법은 어떤 특정 학생의 성격 및 행동양식 등을 이해하기 위해서 구체적인 행동사례를 상세히 기록하는 방법이다. 이것은 원칙적으로 학생들의 특징적인 언행을 객관적으로 묘사하려는 것으로 대상 학생을 파악하기에 의미 있는 것이라면 무엇이나 해당될 수 있다. 따라서 일화의 대상에는 학생 개개인의 바람직한 언행이든 바람직하지 못한 언행이던 상관할 것 없이 그것이 대상 학생을 이해하는데 중요한 자료가 되는 것이라면 모두 해당될 수 있는 것이다.

그런데 일화의 기록을 어떠한 목적, 어떠한 용도를 위해서 하느냐에 따라 강조점이 조금씩 다를 수 있다. 여기에 참고로 대표적인 일화 기록의 목적 혹은 용도를 적어 보기로 한다.

㉮ 평가적 일화 기록

학생 행동 가운데서 바람직한 것과 그렇지 못한 것, 받아드릴 수 있는 것과 그렇지 못한 것을 판단하고 평가하기 위한 방법이다.

㉯ 해석적 일화 기록

학생의 행동을 보편적인 사실이나 논제에 기초해서 설명하고 해석하여 보려고 하는 것이 여기에 해당된다.

㉰ 일반화된 경향을 묘사하는 일화 기록

대상학생을 특징짓는 평상시의 어떤 행동이나 자주 나타내는 어떤 사건을 묘사하여 보려는 것이 해당된다.

㉱ 특징적이고 구체적인 질문을 하는 일화록

대상 학생만이 나타내는 특징의 묘사, 대상 학생만이 진술하는 구체적인 표현을 기록하여 보려는 것이 여기에 해당된다.

이상에서 편의상 일화 기록을 네 가지로 구분해 보았는데 실제에서는 이들 사이에 엄격한 한계가 있는 것은 아니다. 왜냐하면, 대상학생의 특징적인 언행의 일부를 묘사함으로써 그 학생 전체를 유추하자는 것임으로 이들 사이에 엄격한 구분을 짓는다는 것이 성립될 수 없기 때문이다.

한편 행동의 객관적 사실과 판단 혹은 해석은 엄격히 구별되어야 한다. 일화기록은 관찰된 행동만을 기록함으로써 족할 수 있으나 기록자가 도움이 될 것이라고 생각되는 것과 또 가능한 경우 별도로 해석을 붙일 수도 있다. 교사는 아래와 같은 일화기록 카드를 비치하였다가 늘 관찰된 사항을 여기에 기록해 두고 그것을 다시 생활기록부에 적어둠으로써 언제든지 학생지도를 위한 유용한 자료로 이용할 수 있도록 준비하여 두는 것이 필요하다.

단, 이와 같이 준비된 카드가 있다고 해서 모든 항목을 채워야 한다는 것은 아니다. 특히 관찰자의 해석란에는 자신이 없으면 기재하지 않아도 무방하며, 적는다 하더라도 편견이 개재되지 않도록 해석해야 한다.

학교현장에서 어떤 목적 또는 용도로 일화 기록을 하든 생활 기록상 그것은 필요불가결의 일이다.

일화기록

관찰된 학생 : 학년 이름

관찰된 사실 :

관찰자의 해석 :

지도상의 요망 :

년 월 일

관찰자 ○ ○ ○

② **체크 리스트**(cheek list)

체크 리스트는 검목표(檢目表), 조사표(調査表)라고 하는 것으로, 관찰하려고 하는 행동을 미리 자세히 분류해서 표로 작성하고 거기에 표시하여 작성하는 방법이다.

〈예 1-1〉 체크 리스트 기록표

학생 이름 : ____________________

관 찰 자 : ____________________

관찰 기간 : ______년 ______월 ______일 ______시부터 ______시까지

관찰된 상황 : ____________________

지시 : 다음 중학생의 특징이라고 생각하는 행동특성에 체크(V)하시오.

긍정적 특성		부정적 특성	
1. 건강상태가 양호함	☐	1. 자기중심적임	☐
2. 예의바름	☐	2. 예의가 없음	☐
3. 다른 학생에게 인기가 있음	☐	3. 허풍떪	☐
4. 유머감각이 있음	☐	4. 정직하지 못함	☐
5. 근면함	☐	5. 지나치게 공격적임	☐
6. 명랑한 성격을 가졌음	☐	6. 너무 수줍어함	☐
7. 언제나 최선을 다함	☐	7. 너무 소심함	☐

의 견 :

이상과 같이 자연적인 상태이거나 조작적인 상태에서든 학생들의 행동을 관찰함으로써 많은 중요한 정보를 얻을 수 있으나, 이러한 방법에 있어서 지켜야 할 원칙이 있고, 또 극복하기 어려운 난관들이 있다.

첫째, 지켜야 할 관찰의 원칙으로서 관찰은 어떤 특정한 상황 속에 있어서 학생들이 행동하는 것을 그대로 포착하는 것이 되어야 한다. 예를 들면 "수학시간에 다른 학생들은 선생님의 지시대로 열심히 문제를 풀고 있었는데, 철수는 자기 노트에 낙서를 하고 있었다"라고 되어야 할 것이다.

둘째로 중요한 원칙은 관찰할 때 주관적인 판단이나 추리의 결과보다도 본 대로의 행동적 사실을 그대로 기록하여야 한다는 것이다. 왜냐하면, 기록된 자료를 기초로 해서 그릇된 결론을 내리지 않도록 하기 위해서이다.

셋째로 중요한 원칙은 단 한 번의 관찰을 가지고 속단을 내려서는 안 된다는 것이다. 어떤 학생이 어쩌다 친구와 말다툼을 하는 장면을 관찰하였다고 해서 그 학생을 말다툼 잘하는 학생이라고 속단할 수는 없다. 요는 얼마나 자주 특정한 행동이 반복되느냐, 그리고 어떤 상황에서 그러한 행동이 나타나느냐를 알기 전에는 그 학생의 행동의 특징을 간단히 알 수는 없는 것이다.

하나의 관찰이 다음의 계획된 관찰을 위한 중요한 시사로 쓰인다는 것도 중요한 일이고, 여러 번 반복된 행동의 관찰을 통하여 먼저 얻어진 자료의 신뢰성을 높인다는 의미에서도 관찰의 누적성은 강조되어야 할 것이다.

이상과 같은 관찰의 원칙과 더불어 생각해야 할 것은 관찰법에도 여전히 난점이 남아있다는 것이다.

첫째의 난점은 관찰에 있어서 선입감 혹은 편견의 개입이다.

두 번째의 난점은 하나의 제한된 상황에 있어서 관찰된 학생의 한 행동이 그 학생의 전체적 특성을 나타낸다고 오인하는 것이다.

셋째로 관찰에 따르는 난점으로서 생각할 수 있는 것은 의사전달의 곤란성과 이에 따르는 해석의 곤란성이다. 관찰된 행동적 사실을 어떻게 표현하느냐에 따라서 여러 가지 다른 결론으로 이끌어질 수 있는 것이다.

끝으로 관찰에 있어서 주의하여야 할 난점은 눈에 보인 어떤 구체적 행동만 가지고는 그 어린이의 문제의 전체적인 성격이나 문제의 원인을 규명하기 힘들다는 사실이다.

다시 말하면 나타난 문제행동 자체가 반드시 그 학생의 당면한 문제라고 단정할 수 없고, 그 행동 자체에서 그 학생이 당면한 문제의 원인을 찾아보기가 힘들다는 것이다.

또한, 시간표본법과 같은 관찰은 시간과 노력이 많이 소비되는 것이므로, 모든 어린이를 이러한 방법으로 관찰할 수는 없고, 다만 특별한 연구가 필요한 문제를 가진 학생의 지도를 위해서만이 이러한 방법이 유효하게 사용될 수 있는 것이다.

2. 질문지법(questionnaire method)

문제규명을 위한 자료수집의 방법으로 어떤 사실에 관하여 계획적으로 작성된 일련의 질문에 대하여 피험자가 필답으로 응답하게 하는 방법이다. 이 방법은 관찰자의 관점에서 직접 관찰할 수 없는 내면적 행동을 조사하는 데 많이 활용되고 있다.

면접법에 비해서 보다 적은 노력과 시간으로 다수의 연구대상을 단시간에 조사 연구 할 수 있으며 그 결과는 다른 연구방법에 많은 자료들을 제공해 주기도 하는 특징을 가진 중요한 조사법의 한가지이다.

(1) 질문지 작성상의 유의점

① 연구 목적을 명확히 하여야 한다.
② 조사 규모가 큰 연구일 때에는 예비조사에 의하여 질문의 문제를 수정하고 선택하여야 한다.
③ 연구 목적에 따라 최적의 항목을 선정하여야 한다.
④ 질문은 애매한 표현을 피하고 확실하고 분명한 용어를 사용하여야 한다.
⑤ 특정한 응답을 암시하는 질문이 되어서는 안 된다.
⑥ 질문은 사실 그대로 답할 수 있도록 작성되어야 하며 그러기 위해서는 비밀의 보장, 학업성적과는 무관하다는 것을 주지시키며 때에 따라서는 무기명으로 하여야 한다.
⑦ 질문의 순서와 배열은 응답하기 쉬운 것부터 배열하는 것이 좋다.

(2) 질문의 형식

① **자유응답법**(method of free on open answer)

이 형식은 질문에 대하여 응답자가 아무런 제안 없이 생각하고 있는 그대로를 자유로이 기술하도록 되어 있는 형식이다.

- 10년 후의 여러분의 모습을 될 수 있는 대로 자세히 써 보십시오.
- 여러분 학교의 시설 중 특히 부족하다고 생각하고 보완을 원하는 것을 세 가지만 지적하시오.

① ______________________

② ______________________

③ ______________________

② **선택법**(choice method)

이 방법은 두 가지 또는 그 이상의 선택지에서 하나를 선택하는 방법인데 2분질문법(method of dichotomous question)과 다지선택법(method of multiple choice)이 있다.

여러분은 다음과 같은 행동을 한 경험이 있습니까? 있는 대로 다 V표하십시오.			
1. 부모에 대한 반항	□	6. 담배	□
2. 무단가출	□	7. 유흥업소 출입	□
3. 물건 훔치기	□	8. 환각물질 소지	□
4. 답안지 훔쳐보기	□	9. 음란물 보는 것	□
5. 음주	□	10. 남녀 혼성 캠핑	□

③ 평정척도법(rating scale method)

피 조사자에게 정해진 표준단계나 척도에 따라 평정하는 방법이다.

기술평정(descriptive rating scale)과 숫자평정(numerical rating scale) 등이 있다. 학생을 이해하기 위한 방법으로서 평정척도법도 가치 있는 방법이기는 하나 이 방법 역시 그에 따르는 난점을 가지고 있다. 우선 무엇보다도 평정하는 사람이 대상인 학생에 관해서 잘 알고 있어야 한다는 전제조건이 붙는 것이다. 비록 학생을 잘 이해하고 있다 해도 어떤 행동적 특징에 관해서 자신이 없는 경우에는 그 항목에 대해 평정을 하지 않는 것이 나을 수가 있다.

그리고 항목의 평정에 있어서 다른 항독에 대한 평정의 영향을 받게 되는 문제가 있다. 또한 평정하는 사람에 따라서 어떤 사람은 일반적으로 높게 평정하는가 하면, 어떤 사람은 일반적으로 낮게 평정하는 경향이 있는 것도 난점의 하나이다. 이러한 여러 가지 난점들을 충분히 고려하여 현명하게 사용하면 이 방법을 통하여 많은 가치 있는 자료를 구할 수 있을 것이다.

④ 등위법(ranking method)

같은 성질의 질문항목에 순위를 배열시키는 방법으로 일명 평등법이라고도 한다. 질문항목은 7-8개 항목이 적당하고 너무 많으면 신뢰도가 낮아질 우려가 있다.

다음에 10개 영역에 걸친 문제가 있습니다. 이 문제 영역 중에서 가장 여러분에게 문제된다고 생각하는 것을 5개만 고르고, 그것을 가장 문제되는 차례대로 순서를 매기시오.

( )

건강문제	☐	이성문제	☐	가족문제	☐	학업문제	☐	결혼 문제	☐
경제문제	☐	인간관계문제	☐	종교문제	☐	취업문제	☐	장래문제	☐

⑤ 조합비교법(method of paired comparison)

이 방법은 조사 항목을 2개씩 1조로 하며 상호 비교함으로써 어느 한쪽을 선택하도록 하는 방법이다. 다른 방법에 비하여 신뢰할 수 있는 결과를 얻을 수 있으며 그 결과는 수량화할 수 있다는 장점이 있다.

> 다음에 짝지어진 두 개의 활동 중 보다 좋아하는 쪽에 O표를 하십시오.
>
> ┌ 산으로 여행하는 것 (　　) ┌ 고전음악을 듣는 것 (　　)
> └ 바다로 여행하는 것 (　　) └ 경음악을 듣는 것 (　　)
>
> ┌ 야구장에 가는 것 (　　) ┌ 영화를 보는 것 (　　)
> └ 수영장에 가는 것 (　　) └ 그림을 그리는 것 (　　)

3. 면접법(interview method)

면접법은 어떤 내용에 관해서 직접 서로 대면하여 정보를 획득하는 양식으로 훈련된 면접자(interviewer)와 학생인 피면접자(interviewee)가 언어적 수단(verbal means)을 매개로 피면접자의 특징을 관찰하는 방법이다.

면접법에는 정보나 자료의 수집을 목적으로 하는 조사면접(inventory interview)과 면접 과정에서 진단과 치료적인 면을 중시하는 상담면접(counseling interview)으로 구분하기도 한다.

면접에 있어서는 필수조건으로서 면접자와 피 면접자간의 조화로운 관계 즉 심적 융화(rapport)의 형성이 가장 중요하며 면접에 있어선 유의해야 할 일은 다음과 같다.

① 피면접자가 안정감을 가질 수 있도록 배려한다.
② 'Yes', 'No'로 단순히 대답할 수 있는 질문은 피한다.
③ 학생의 의사를 존중하며 교사가 학생의 말을 막아서는 안 된다.
④ 위압적 질문, 사적인 질문은 피한다.

⑤ 학생의 질문이 있을 때는 가능한 대답을 다 해준다.
⑥ 면접의 장면이나 진행을 잘 이끌어 나간다.
⑦ 설교나 충고적 말은 피한다.
⑧ 면접결과는 반드시 기록해 두어야 한다.

학교현장에서 면접이 필요한 경우는 다음과 같다.

① 행동의 이상이 발견되었을 때
② 기본능력과 학력 사이에 현저한 차이가 생겼을 때
③ 학생들의 진학, 직업에 관해서
④ 전입생 적응의 문제 등

4. 표준화 검사법(standardized testing method)

일정한 조건을 주어서 그에 의해 대상을 관찰하고 판정하는 방법이다. 이런 점에서 검사법은 우연적인 것이 아닌 조건관찰법의 엄밀성을 띠고 있다고 볼 수가 있다. 우연적 관찰보다 유리한 점은 의도하는 조건 밑에서 행동관찰을 짧은 시간에 할 수 있고 조건이 일정하기 때문에 서로 비교할 수 있으며 결과를 양적으로 표현하기에 편리하다는 점이다.

검사에는 예언(prediction), 진단(diagnosis), 연구(research)의 세 가지 기능을 가지고 있으며, 종류는 분류의 기준에 따라 여러 가지가 있다.

1) 분류 기준에 따른 종류

(1) 검사의 성격에 따른 분류

① 기술형(descriptive type)

② 예진형 또는 진단형(prognostic or diagnostic type)

③ 예언형(predictive type)

(2) 실시인원수에 따른 분류

① 개인검사(individual test)

② 집단검사(group test)

(3) 검사내용에 따른 분류

① 지능검사(intelligence test)

② 적성검사(aptitude test)

③ 학업성취검사(achievement test)

④ 성격검사(personality test)

⑤ 흥미검사(interest test)

⑥ 태도검사(attitude test)

(4) 검사목적에 따른 분류

① 개관검사(survey test)

② 분석검사(analysis test)

③ 진단검사(diagnosis test)

(5) 문항구성의 형성에 따른 분류

① 언어적 검사(verbal or language test)

② 비언어적 검사(non-verbal or non-language test)

③ 작업 또는 동작 검사(performance test)

(6) 측정방법에 따른 분류

① 속도검사(speed test)

② 일제검사(uniform test)

③ 역량검사(power test)

검사법은 수많은 학생조사 방법 중에서 비교적 체계적이고 과학적이라는 데에 특징이 있으며, 이 검사법은 다른 여러 가지 방법이 지니는 결함을 보충하여 보다 정확한 학생이해를 돕기 위한 방법이라고 할 수 있다.

위에서 알아본 검사의 분류 방법 중, 학교 현장에서 가장 널리 알려져 있고 활용하기에 편리한 것은 심리검사의 측정내용에 따른 분류이다. 그리고 이들 검사는 모두가 표준화 검사(standardized test)이다. 따라서 그 실시, 처리, 해석, 활용에 있어서는 엄격하게 실시 요강에 따라 실시해야 한다.

아무리 훌륭하게 제작된 검사라 해도 그것이 효과적으로 실시되지 못한다면 아무 소용도 없는 것이다. 효과적인 검사활동을 위해서 밟아야 하는 몇 개의 단계와 원칙이 있는데, 검사도구의 선택, 검사일시 및 대상의 결정, 검사 실시, 채점, 원점수를 규준점수로 환산하는 일, 결과의 해석, 결과의 기록과 보고 등의 절차와 단계를 통한 면밀한 계획과 처리 등이 그것이다.

이러한 조직적 검사활동을 위하여 한 교사로 하여금 이를 전담하게 하여 그의 지시 감독하에 모든 검사가 계획에 따라서 적절히 시행되도록 하는 것이 필요하다.

2) 표준화검사 실제

(1) 성격유형 검사

(가) 성격개발게임(Lynchpin Game) 설문표

❑ 성명: ________ ❑ 연령: ________ ❑ 성별: ________ ❑ 소속: ________ ❑ 직위: ________

① 이 설문 항목은 4가지 행동유형에서 강점과 약점을 선별할 수 있다.

② 가능한 한 4개 한 묶음에서 1개씩 선택하라.

③ 그러므로 전체 68항목 중에 17개만 O표 하면 된다.(강점: 1–40번, 약점: 41–68번)

번호	설문항목	o표	번호	설문항목	o표
1	행동이 적극적이다.		36	자기관리를 할 수 있다.	
2	협력적이다.		37	개방적, 쾌락적인 일을 좋아한다.	
3	효율적이다. 능률적이다.		38	상대방의 기분을 이해한다.	
4	근면하다.		39	스스로 움직인다.	
5	매사에 열중한다.		40	분석력이 뛰어나다.	
6	가까이하기 쉽고, 친하기 쉽다.		41	본제에서 벗어난다.	
7	열심히 일한다.		42	결단이 느리다.	
8	매사를 면밀히 추진한다.		43	남에 대한 배려가 부족하다.	
9	활기가 넘친다.		44	유연성이 결여되어 있다.	
10	사교술이 능숙하다.		45	시간관념이 희박하다.	
11	행동이 민첩, 신속하다.		46	자기주장이 적다.	
12	논리적, 체계적이다.		47	억지를 부린다.	
13	대인관계에 능숙하다.		48	결단을 내리는데 시간이 걸린다.	
14	코치나 상담에 능숙하다.		49	감정에 좌우된다.	
15	책임감이 강하다.		50	일에 대한 관심이 희박하다.	
16	질을 중시한다.		51	말투가 억세다.	
17	상대방을 몰두하게 한다.		52	박력이 부족하다.	
18	온화하다.		53	기분이 변하기 쉽다(싫증나기 쉽다).	
19	늘 성과(결과)를 중시한다.		54	남의 일에 너무 신경을 쓴다.	
20	문제발견에 흥미를 느낀다.		55	지나치게 자기중심적이다.	
21	영감(inspiration)을 중요시 한다.		56	혼자 일을 한다.	
22	개인적인 정보에 강하다.		57	정리, 정돈이 서툴다.	
23	도중에 포기하지 않는다.		58	비약이나 모험을 노리지 않는다.	
24	사실을 중시한다.		59	안색, 목소리, 표정이 비약하다.	
25	비약에 목표를 둔다(大志).		60	표정이 없는 편이다.	
26	소집단 활동을 즐긴다.		61	차근차근 책읽기를 싫어한다.	
27	시간에 정확하다.		62	신속하지 못하다.	
28	지식, 정보를 수집한다.		63	무리한 목표라도 도전한다.	
29	민감하게 반응한다.		64	보수적(비약하려하지 않는다) 이다.	
30	긴장을 풀어준다.		65	논리적으로 생각하기를 싫어한다.	
31	간결하고 낭비가 적다.		66	주저하기 쉽다.	
32	일을 제대로 처리한다.		67	냉담하다.	
33	미래지향적이다.		68	사교성이 결여되어 있다.	
34	분위기 조성을 잘한다.				
35	열정적이다.				

(나) 조합형(Matrix) 성격유형 구분표

앞 페이지에서 선택한 17개 항목의 번호를 아래 중에서 선택하면 귀하의 성격유형(Personality Type)은 가장 많이 집계되는 항목이다. 그러므로 주도형, 우호형, 관리형, 분석형 중에 하나가 된다. 설문 작성 결과에 만족하지 못할 경우에는 다시 작성도 가능하다. 혹시 동점이 되는 경우가 있는데 다음 페이지에서 두 가지 유형의 특성을 읽어보고 자기에 맞는 부분을 최종 선택한다.

4가지 성격유형 구분표

Dominating Style (D: 주도형)	Facilitaing Style (F: 우호형)
1, 5, 9, 13, 17, 21, 25, 29, 33, 37, 41, 45, 49, 53, 57, 61, 65	2, 6, 10, 14, 18, 22, 26, 30, 34, 38, 42, 46, 50, 54, 58, 62, 66
Controling Style (C: 관리형)	**Analytical Style (A: 분석형)**
3, 7, 11, 15, 19, 23, 27, 31, 35, 39, 43, 47, 51, 55, 59, 63, 67	4, 8, 12, 16, 20, 24, 28, 32, 36, 40, 44, 48, 52, 56, 60, 64, 68

(다) 멘토, 멘티 연결 원칙

멘토와 멘티의 연결에서 가장 좋은 한 쌍(Best Pair)은 같은 성격끼리 연결한다. 그러나 인원수가 맞지 않을 경우에는 무난한 한 쌍(Gold Pair)인 상호 보완되는 성격끼리 연결한다. 가능한 연결이 부적합한 한 쌍(No Good)은 상호 대조되는 성격이다. 대조되는 성격도 사제간(師弟間) 등 신분의 현저한 차이나 10년 이상 나이차이, 장기간이나 평생 멘토링 에서는 크게 구애받지 않는다.

그러나 단기간이나 나이가 비슷한 관계의 대조 성격간의 연결은 피하는 것이 좋다.

왜냐하면 대조 성격은 다툼의 확률이 많기 때문이다.

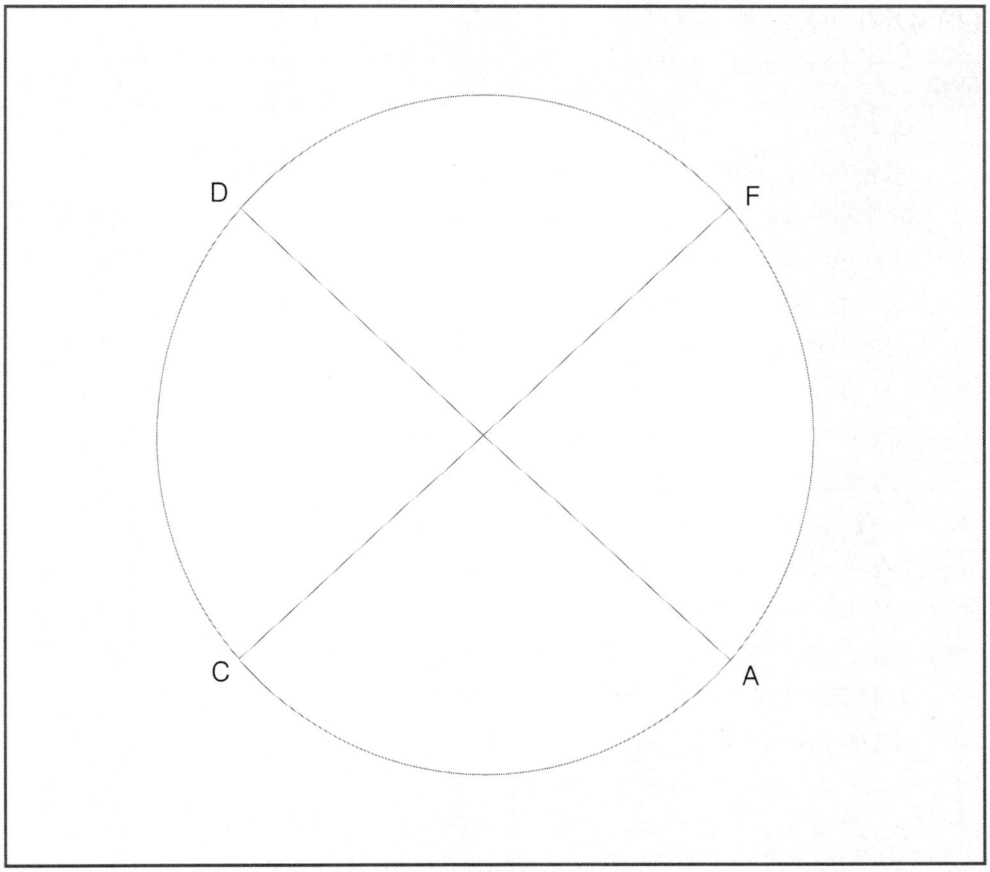

Best Pair
D = D
C = C
F = F
A = A

Gold Pair
D = F
D = C
A = C
A = F

Poor Pair
D ≠ A
C ≠ F

(2) 마음유형 검사

(가) 4가지 마음의 창 유형

구분	설 문 내 용	본인	상대
1	내가 생각하고 있는 바를 자신 있게 말한다.		
2	상대방이 나를 비판할 때 자기변호를 하기보단 귀를 기울이는 편이다.		
3	어떤 일에 대해 잘 모르는 것은 잘 모른다고 확실히 말한다.		
4	다른 사람의 말에 대해 몸짓과 표정, 눈길로 관심을 나타낸다.		
5	자기 자신을 솔직하게 표현 한다.		
6	남이 무엇인가를 표현하려고 애쓸 때는 그것을 도와준다.		
7	나는 나의 잘못에 대해 변명하기 보단 잘못을 인정하는 편이다.		
8	나의 의견에 대해 상대방이 어떻게 생각하는지 물어보고 경청하는 편이다.		
9	별로 좋은 일이 아닐지라도 남들이 알아야 할 일이라면 알려 준다.		
10	토의를 독자적으로 운영하지 않으며 아이디어를 자유롭게 제기할 수 있도록 한다.		
11	이성과의 은밀한 내연 관계에 있어서 정직하다.		
12	다른 사람의 감정을 존중한다.		
13	처음 만나는 사람에게도 자신을 솔직하게 드러내는 편이다.		
14	이야기를 독점해 상대방을 짜증나게 하는 일이 거의 없다.		
15	다른 사람에 비해 비밀이 적은 편이라고 생각한다.		
16	관심을 갖는 체하거나 경청하는 체하지 않는다.		
17	본 대로 솔직하게 이야기하며 거짓말을 하지 않는다.		
18	다른 사람이 내 말에 찬성하지 않는다고 화내거나 푸대접하지 않는다.		
19	자신의 본성을 그대로 나타내며 가장하지 않는다.		
20	다른 사람의 조언이나 충고를 고맙게 받아들인다.		
21	다른 사람이 이해할 수 있는 말과 용어를 쓴다.		
22	중요한 토의를 할 때 방해되는 일이 없도록 사전에 예방조치를 한다.		
23	다른 사람이 잘못했을 경우 잘못한 사람에게 솔직하게 이야기한다.		
24	대화나 토의를 할 때 다른 사람이 그들의 생각을 발표하도록 권장한다.		

〈4가지 마음의 창〉	〈검사법〉
유형1 : 미지의 창 – 소극적인 형. 유형2 : 감추어진 창 – 듣기 형. 유형3 : 맹목적인 창 – 말하기 형. 유형4 : 개방된 창 – 대화 형.	1. 전혀 맞지 않다. 2. 거의 맞지 않다. 3. 맞는 편이다. 4. 상당히 맞는다. 5. 꼭 들어맞는다.

(나) 마음의 창 분석표

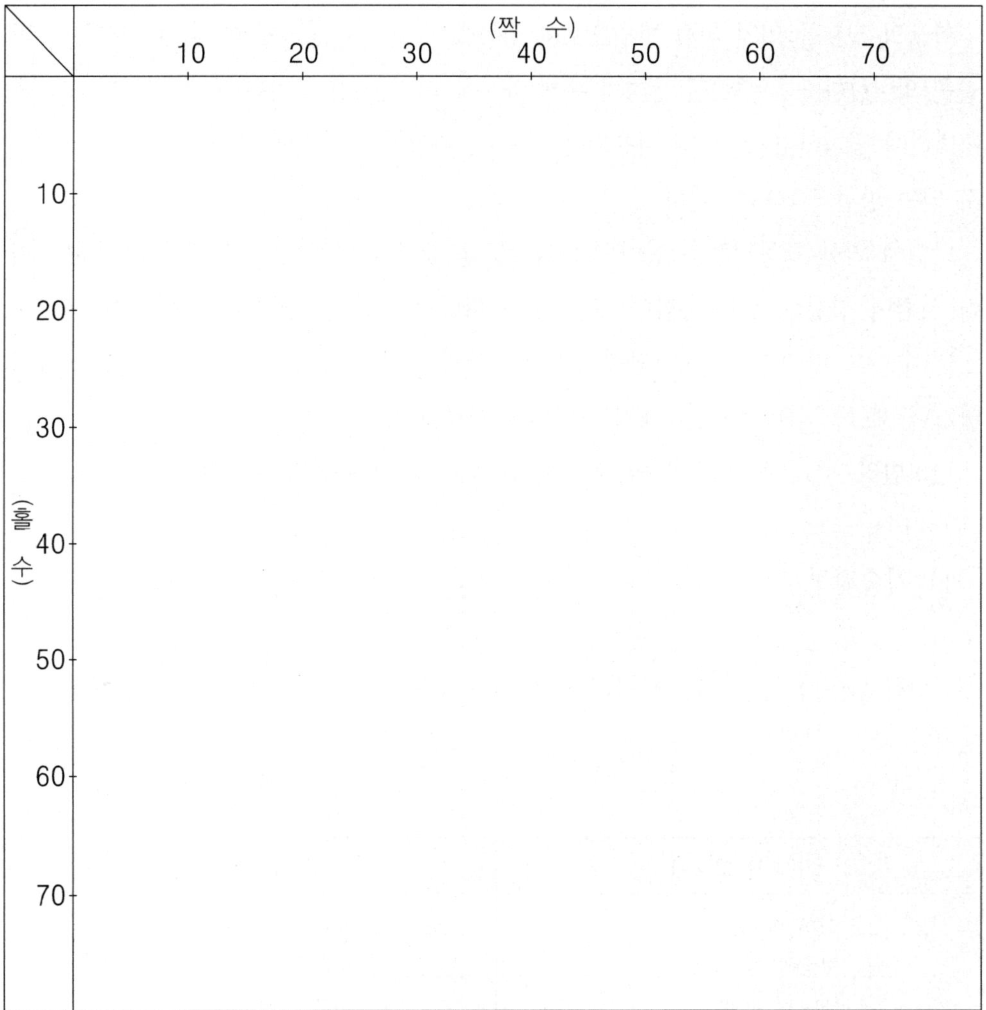

분석 :

5. 평정법(rating method)

학생의 정보를 얻기 위한 방법으로서 행동을 일정한 평정 측도에 옮겨 검사하는 방법을 의미한다. 즉, 주어진 특성의 존재 유무를 따지는 것이 아니라 그 정도나 수준을 변별하여 평가하고자 할 때 사용되는 것으로, 관찰자의 판단에 관한 정보를 체계적으로 얻는 방법의 하나가 된다.

타인에 의한 행동평정은 신뢰도나 타당도를 높이기 위해서는 한 학생에 대하여 여러 사람이 평정한 것을 종합해 보는 것이 바람직하다. 각 평정의 단계는 상, 중, 하 또는 수, 우, 미, 양, 가 등 3단계, 5단계 7단계로 나누어 척도를 만들어 숫자를 표시하거나 체크를 하여 등급을 매기는 방법을 사용한다.

평정법의 예로, 학생의 행동발달 사항을 기준으로 분류하면 다음과 같다.

1) 기술평정

간단한 말이나 문장으로 행동특성의 단계를 구분한다. ___ 칸에 알맞은 행동을 「V」 표기할 것.

〈예 1〉 협동심	〈예 2〉 창의력
________ 전혀 없다.	________ 대단히 강하다.
________ 보통이다.	________ 보통이다.
________ 대단히 강하다.	________ 아주 약하다.
________ 약간 있다.	________ 강하다.
________ 보통 이상이다.	________ 보통 이하이다.

2) 숫자 평정도(numerical rating scale)

행동 특성을 그 단계에 따라 1, 2, 3으로 표시하거나 또는 「0」을 중심으로 「+」와 「−」로 숫자를 표기한다.

〈예 1〉 자발성		〈예 2〉 명랑도	
게으르다	부지런하다	우울	명랑
|—+—+—+—|		|—+—+—+—|	
−2 −1 0 +1 +2		1 2 3 4 5	

3) 강제 선택형

이 방법은 몇 개의 조로 나누어 한 조에는 좋은 특성만을, 또 한 조에는 나쁜 특성만을 제시해 놓고 골라내는 방법이다.

〈예〉 성격평정 각 조에서 3가지만 골라라.	
A조	B조
( ) 책임감이 있다.	( ) 냉정하다.
( ) 인간적이다.	( ) 시기심이 많다.
( ) 협동적이다.	( ) 잘 싸운다.
( ) 친절하다.	( ) 주의가 산만하다.
( ) 이타적이다.	( ) 의존적이다.
( ) 자신감이 있다.	( ) 지배적이다.

6. 투사법(projective method)

투사법은 구조화되지 않고 다소 모호한 시간적 또는 언어적 자극을 제시하여 놓고 대상 학생에게 자유로운 해석과 구성에 의하여 그 자극을 재구성시킨 다음, 재구성하는 과정에서 자기도 모르게 심중에 숨겨져 있는 학생의 욕구나 감정 등을 중심으로 그의 성격을 분석하고 해석하는 방법이다.

제시된 각종의 자극을 통하여 투시된 반응 결과를 검사자는 일정한 평가 기준에 의하여 학생의 성격 특징을 해석하려고 한다.

이 방법의 장점으로는 ① 학생 자신을 잘 이해하고 있지 않아도 되며 ② 평가판단을 하지 않는 자유로운 반응이기 때문에 고의로 자신에게 유리한 반응을 할 수 없다는 장점을 가지고 있으며, 단점으로는 ① 반응의 독자성이 너무 강조되고 있으며 ② 주관적인 해석에 빠질 가능성이 크다는 점이다.

이 투사법의 대표적인 방법으로서는

① 주제통각검사(thematic apperception test T.A.T.)

② 로르샤하 잉크 반점검사(Rorschach ink-blot test)

③ 그림 욕구좌절검사(picture frustration test P.F.T.)

④ 문장완성검사(sentence completion test S.C.T.)

⑤ 단어연상검사(word association test)

⑥ 심리극(psychodrama) 등이 있다.

7. 사회측정법(sociometric method)

넓게는 제도적 행동이나 사회적 거리 등 사회현상을 측정하는 방법 전체를 말하나 좁은 의미로는 집단에 있어서의 각 성원간의 견인과 반발 형태를 분석하고 그 강도나 빈도를 측정함으로써 어떤 개인이 집단에 대해 가지고 있는 관계나 위치를 알아내는 방법을 말한다. 따라서 교육에서는 후자의 방법이 많이 이용된다.

한 학생이 자기 동료에 의하여 어떻게 인식되고 받아들여지고 있는가를 평가하는데 사용되는 방법으로서, 한 학급이나 소집단내의 역동적 사회관계를 이해하기 위해서 또는 어떤 특정한 소집단을 구성하는데 학생간의 사회적 관계에 관한 자료를 얻기 위해서 사용되는 방법이다.

이 방법은 모레노(Moreno)에 의해서 연구 발전된 것으로서, 두 가지 목적으로 이루어진다.

첫째, 집단성원 상호간의 사회적 거리(social distance)를 알아내려는 것

둘째, 사회적 구조(social structure) 즉 집단내의 인간관계, 고립집단 등을 알아보려는

것이 있다.

이 방법은 주로 집단 내에서 좋아하는 사람, 싫어하는 사람을 조사하여 그 결과를 분석하게 되는데 질문지를 사용하되 반드시 기명 응답하는 일이 필요하다. 그 결과는 도식으로 정리한다.

도식에는 교우관계도(sociogram)와 사회도측정법(sociometry)이 있다.

1) 교우관계도

이것을 분석해 보면 대개 ㉮ 고립형, ㉯ 한쌍형, ㉰ 스타형, ㉱ 연쇄형, ㉲ 3인 결합형, ㉳ 상호결합형 등의 형으로 분류된다.

여기서 특히 문제되는 것은 고립아와 인기집중아이다. 즉 고립아는 집단에 적응이 안 된 상태인데 그 원인이 어디 있느냐가 문제이다. 사회성의 부족, 내향적 성격 등 본인의 내부요인에서 오는 것이냐 가정, 사회적 배경 등 외적 조건에서 오는 것이냐를 면밀히 분석 파악해서 그 원인을 치료해야 할 것이며 또 인기학생에 대하여는 그 인기의 원천이 어디에 있는가를 알아내야 한다.

즉 학생행동 모두가 타의 모범이 되어서 교우의 존경을 받는다든지 학급내의 봉사활동 등 사회활동이나 원만한 대인관계, 부모에게 효도하는 등의 선행 같은 것으로 급우의 신망이 두텁다든지 특기가 있다든지 하는 건전한 동기에서 온 것은 권장할 만한 것이지마는 부정적인 요인 즉 돈이나 학용품을 살포한다든지 집에 자주 초대한다든가 하는 것 등으로 인기를 얻고 있다면 이것은 교육적으로 시정되어야 할 문제이기 때문이다.

Sociogram의 예			
㉮ 고립(isolates)	o	㉱ 연쇄(chains)	o→o→o→o
㉯ 한 쌍(pairs)	o----------o	㉲ 3인 결합(triangles)	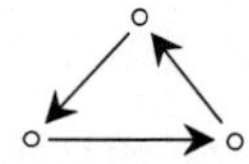
㉰ 스타결합(star)	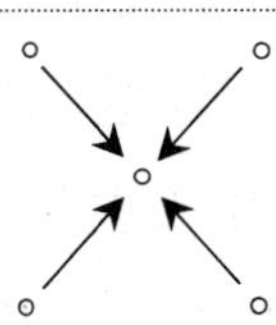	㉳ 상호결합형(network)	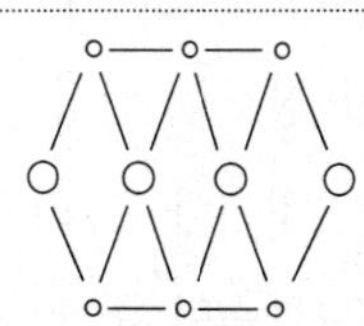

2) 사회도 측정법

가장 좋아하는 사람을 차례로 3명, 싫어하는 사람을 차례로 3명씩 적게 하여 개인 특징을 집계하면 거기에 인기점수가 나오게 되어 그것으로 각 개인의 학급내의 사회적 지위(status)를 알아낼 수 있어서 좋은 지도자료가 된다.

한편, 대인관계를 알아보기 위한 질문지 작성에 있어서는 "너의 가장 친한 친구는 누구냐?"하고 직접 물을 수도 있으나, 이러한 질문을 받았을 때 많은 학생들은 당황하는 수가 있고, 또 그러한 단일의 질문으로 그들이 받는 인정도를 세밀하게 알아보기에는 매우 부족한 자료밖에 나오지 않는다. 이를 보완하기 위해서는 여러 가지 간접적인 질문을 몇 개의 다른 활동장면과 관련시켜 묻는 것이 바람직하다. 다음의 예를 보기로 하자.

(가) 누구와 같이 앉기를 원하느냐? 원하는 순서대로 적어라.

① __________ ② __________ ③ __________

(나) 놀이학습을 누구와 함께 했으면 좋겠느냐?

① __________ ② __________ ③ __________

(다) 화단을 가꾸는 책임자를 정했으면 좋겠는데 누구를 정했으면 좋겠느냐?

① __________ ② __________ ③ __________

이와 같은 질문지 맨 위에 "최선을 다해서 모든 항목에 대답할 것이나, 적당한 학생이 없으면 쓰지 않고 넘어가도 된다"는 지시와 아울러 그들이 적은 것은 비밀로 붙인다는 약속이 분명하게 나타나 있어야 한다.

이러한 질문에 대한 학생들의 반응을 모두 종합하여 일람표를 만들면 어떤 학생이 어떤 정도로 인정을 받고 있는지, 또는 어떤 학생이 전혀 인정을 받지 못하는지가 밝혀지는 것이다. 그리고 그 질문들 중에서 가장 핵심적인 질문이라고 생각되는 것 하나를 골라서 제일 첫 번째로 선택된 것을 자료로 하여 학생들의 사회도를 그리는 것이다.

이와 같이 작성된 학생들 사이의 인간관계를 분석적으로 검토하여 보면 학우의 중심인물이 되어 있는 학생, 고립되어 있는 학생, 학급내의 몇 개의 소집단, 그리고 그 소집단의 중심인물들, 서로 짝을 짓고 있는 인간관계를 알 수 있다.

Guess-Who-Test(인물 추정법)

1. 우리학과에서 가장 조용한 성품을 지닌 사람은 누구입니까?________________
2. 이 사람은 늘 말썽을 일으키는 경우가 많다. 이는 누구입니까?______________
3. 항상 의욕적으로 활기차게 학과생활을 하고 있는 사람은 누구입니까?

   ____
4. 다른 사람 앞에 나서지 못하고 우울하게 지내고 있는 사람은 누구입니까?

   ____
5. 강의시간에 제일 열심히 공부하는 사람은 누구입니까?__________________
6. 공부시간에 자리에 조용히 있지 못하고 산만한 사람은 누구입니까?__________
7. 우리학과에서 건강미가 제일인 사람은 누구입니까?____________________
8. 이 사람은 허약한 모습 때문에 걱정이 많이 되는 사람이다.

   이 사람은 누구입니까?________________________________
9. 이 사람은 자기중심적인 이기주의가 강한 사람이다.

   이 사람은 누구입니까?________________________________
10. 항상 남을 배려하는 마음으로 매사에 타인의 모범이 되는 사람은 누구입니까?

    ____
11. 우리 학과에서 유머(humour)감각이 뛰어난 사람은 누구입니까?______________
12. 우리 학과에서 가장 옷을 잘 입는 사람은 누구입니까?__________________
13. 우리 학과에서 가장 우정적인 사람은 누구입니까?____________________
14. 우리 학과에서 키가 제일 큰 사람은 누구입니까?_____________________
15. 우리 학과에서 가장 여성스러운 음성을 지닌 사람은 누구입니까?

    ____
16. 우리 학과에서 가장 집이 부자같이 보이는 사람은 누구입니까?_____________

17. 성격이 낙천적이고 여러 면에서 행복스럽게 보이는 사람은 누구입니까?

____

18. 주위 사람들은 이 사람을 남자 같은 여자라고 생각한다. 그 사람은 누구입니까?

____

19. 시험시간에 커닝을 잘하는 사람은 누구입니까?

____

20. 우리 학과에서 5월의 여왕(진 · 선 · 미)을 뽑는다면 누구입니까?

__________ __________ __________

8. 사례연구법(case-study method)

이 방법은 문제행동을 일으킨 학생을 정확하게 이해하여 문제 해결에 도움을 주고자 그 문제 사례를 초래하게 된 제반요인을 알기 위해서 철저한 조사나 연구를 하는 것이다.

즉, 개인의 어떤 사례(case)를 계속적으로 연구하기 위해서 어려서부터 현재에 이르기까지의 성장 · 발달을 계통적이며 임상적으로 연구하는 방법이다. 그래서 일명이 방법을 임상연구법(clinical method)이라고도 한다.

개인에 대한 상세한 연구이므로 지정된 개인의 생육사를 통해 사례사(case history)를 만들어 수집된 많은 자료를 의미 있고 조직적인 형태로 종합 · 분석하여야 한다.

일정한 시간에 동일한 발달에 놓여 있는 많은 사람의 행동특성을 현재를 중심으로 동시에 연구하는 방법을 횡단적 연구방법(cross sectional method)이라 하고, 특정한 개인의 발달과정을 일정기간 연속적으로 연구하는 방법을 종단적 연구방법(longitudinal method)이라고 하는데 사례연구법은 이 후자에 속하는 것이다.

그리고 사례연구 속에 포함되는 정보영역은 학생을 이해하기 위한 활동에서 필요로 하는 정보영역과 마찬가지라고 할 수 있다. 그러나 때에 따라서는 한 학생이 지닌 문제의 성격에 비추어 그 문제해결에 합당한 정보를 구하는 관계로 영역 간에 차이가 있을 수 있다.

1) 사례연구의 단위

본래 사례연구는 개인만을 연구의 단위로 하는 것은 아니다. 가정, 회사, 사회기관, 지역사회 등을 대상으로 하여 그 기관의 모든 문제를 파악하기 위한 정보를 수집하여 종합적인 해석과 진단을 내리게 된다. 그러나 생활지도에 사용되는 사례연구는 주로 개인이 그 연구의 단위가 된다.

2) 정보의 영역

사례연구에서 수집되는 정보의 영역은 학생을 이해하기 위하여 필요로 하는 정보영역과 동일하다고 할 것이다. 그러나 학생의 심리적 · 교육적인 문제를 다루기 위하여 사례연구를 할 때에는 주로 인적사항, 신체적 발달과 의학적 기록, 가정환경, 지적발달, 사회적 발달, 인성적 특징 등을 포함한다.

3) 해석과 평가

사례연구에 있어서 가장 중요한 것은 정확한 해석과 타당한 평가를 내리는 일인데, 여기에는 유념해야 할 사항들이 있다.

첫째, 사례연구에서의 해석은 무엇보다도 종합성을 지녀야 한다.

둘째, 정보의 수집과 기록에 있어서는 엄밀한 객관성을 유지해야 한다. 그리고 해석과 평가에 있어서는 임상적인 판단을 내리는 것이 효과적이다.

셋째, 해석과 평가의 기본관점에 있어서는 보다 긍정적인 관점을 취하는 것이 타당하다. 흔히 사례연구의 대상이 되는 개인에게는 문제행동이 있기 때문에 부정적인 관점에서 해석하려고 하는 경향이 일반적으로 많다. 이와 같은 관점은 때에 따라서 문제아를 만들 가능성도 있다.

사례연구법

1) 사례의 개요

① 성명 ② 주소 ③ 외모 ④ 연령 ⑤ 학교 ⑥ 학년 ⑦ 보호자
⑧ 문제의 발견 ⑨ 정보의 출처 ⑩ 문제의 정의

2) 가정환경
3) 신체적 발달
4) 지적 발달
5) 사회적 발달
6) 성 격
7) 평가 해석 및 제언

사례연구법

〈Strang R.의 유형〉

1) 현재의 문제에 대한 설명
2) 가족의 특성

ⓐ 건강상태 ⓑ 인성적 특징 ⓒ 출신도 및 종교 ⓓ 교육사
ⓔ 경제적 및 사회적 지위 ⓕ 직업 ⓖ 사회적 활동 ⓗ 가정의 분위기
ⓘ 혼인관계
ⓙ 부모와 자녀간의 관계 ⓚ 훈육의 방법 ⓛ 형제 자매간의 관계
ⓜ 가족의 일상생활

3) 가정환경 및 이웃환경

ⓐ 경제적 조건 ⓑ 거주 지역 및 이웃 환경 ⓒ 가정에 대한 개인적 태도

4) 초기의 성장과정

ⓐ 출생시와 신생아시의 상태 ⓑ 유아기의 건강상태 ⓒ 심리적인 상태
ⓓ 지적 능력

5) 학업 성취도

ⓐ 표준화 심리검사의 결과 ⓑ 학생의 태도 ⓒ 학습 습관

6) 건강상태
7) 성적 발달

ⓐ 성에 대한 정보 ⓑ 사춘기의 발달 ⓒ 성 관계

8) 사회적 행동 및 흥미

ⓐ 반사회적 행동 ⓑ 여가활동 ⓒ 친구 및 동료 관계 ⓓ 정서적 상태

9) 종교적 및 정서적 적응
10) 장래 목표 및 목적
11) 직업적 흥미 및 경험

ⓐ 부모의 직업 및 그에 대한 태도 ⓑ 개인의 현재 및 과거의 직업적 흥미
ⓒ 과거의 직업적 경험

12) 지도를 위한 시설

9. 자서전법(autobiography method)

개인의 성장발달 과정에 있어서의 제 사실을 자기가 자기의 일을 진술케 함으로써, 교육적인 자료를 수집하는 방법을 말한다.

한 개인의 현재의 행동은 과거의 경험과 깊은 관계를 가지고 있으므로 과거의 어떤 사건이나 경험이 있었는지, 또 이에 대해서 어떻게 느끼고 있는지를 아는 것은 현재의 한 개인을 이해하는 데 중요한 자료가 된다.

그러나 기술자의 기술오차, 표현의 미숙과 수정 등으로 말미암아 기술의 진실성에는 한계가 있는 것이다. 이 방법에 의해서 개인의 성장사의 자료를 얻기 위해서는 연구자는 다음과 같은 점에 유의할 필요가 있다.

① 기술은 학생이 연구자에 대해서 충분히 신뢰하고 존경하는 마음으로 기술하도록 할 것
② 순수한 학술적 연구를 위한 자료를 쓰기 위한 것이며 그 이외의 다른 목적을 위한 것이 아니라는 것을 명확히 이해시킬 것
③ 기술에 있어서는 본인이 희망한다면 무기명으로 기술시킬 것, 또 기명으로 기술한 것이라 할지라도 자료로서 논문 같은데 인용할 때에는 본인의 성명은 물론 사정에 의해서는 학교도 공표하지 않는다는 것을 이해시킬 것.

또한, 자서전 속에 포함되어야 할 영역으로서는 기억할 수 있는 가장 어렸을 때의 일과 가정배경, 건강기록, 지금까지의 학교생활, 흥미와 여가활동, 교우관계, 여행경험, 중요한 작업경험, 교육적·직업적 계획, 장래희망 등을 들 수 있으며 연구자의 판단이나 학년에 따라서 취사선택할 수 있다.

자서전을 통하여 귀중한 자료를 얻을 수 있는 반면 여기에도 난점이 있다.

첫째, 학생들이 어느 정도로 정확히 써 주느냐에 문제가 있다.

둘째, 해석이 곤란하다는 것이다. 정확한 해석을 위해서는 다른 자료와 비교하여 보는 것이 중요하며 나아가서 해석자는 인간성장과 행동에 관한 전문적 지식

을 가지고 있어야 한다는 것을 강조하고 싶다.

자서전의 제목 1 :
1) 나의 가장 기뻤던 일 혹은 슬펐던 일
2) 가장 인상 깊었던 일
3) 가장 친한 벗

자서전법 2 :
1) 나의 취학 전 생활
   ① 나의 가족 ② 내가 살았던 곳 ③ 어렸을 때의 기억 ④ 친구
   ⑤ 좋아하는 것과 싫어하는 것
2) 나의 학교생활
   ① 초등학교 ② 중학교 ③ 고등학교 ④ 대학교 ⑤ 좋아한 과목과 싫어한 과목
   ⑥ 중요한 활동과 경험
3) 성인생활
   ① 내가 살아온 곳 ② 직업생활 ③ 가족 ④ 나의 취미생활
4) 현재의 나
5) 나의 미래계획

10. 누가기록법(cumulative record method)

개인의 성장발달에 관한 모든 정보를 체계 있게, 종합적으로 요약하며 누가적으로 기록하고 보관하여 필요에 따라 언제나 이용할 수 있도록 꾸며진 기록부를 뜻한다.

그러므로 누가기록부에는 한 개인에 관한 기본적인 모든 자료가 포괄적으로 기입되어 있어야 하며, 어려서부터 지금까지의 제반 사실들이 모여 그 성장의 과정을 한 눈으로 볼 수 있도록 만들어야 한다.

학생에 관하여 각 방면 다각도로 조사한 내용은 이것을 조사 실시할 때마다 기록하고, 미뤘다가 기록하는 일이 없어야 한다. 이러한 기록은 언제라도 그 학생에 대한 지도의 필요성이 발생하였을 때 즉각적 지도 자료로 활용되어야 하기 때문이다.

학생 개개인에 대한 누가 기록의 필요성을 적어 보면 다음과 같다.

① 학생 개개인을 충분히 이해하기 위해서는 그들을 계속적으로 관찰해야 한다. 흔히 학생이해를 평면적이나 횡적인 관점에서는 자주 하지마는 수직적이나 종적인 면에서는 끈기 있게 계속하는 학교가 많지 않다.

② 가장 적절한 상담은 오랫동안 수집해 온 각종 자료와 정보, 그리고 자원 등을 기초로 해서 이루어지는 것이다.

③ 어떤 학생에 대한 단편적 자료를 그대로 누적해 두느니보다는 상호연관을 시켜 보면 그 학생의 특성을 보다 정확하게 파악할 수 있다.

④ 학생에 관한 자료를 기록해 두지 않으면 잊어버리는 수가 많다.

⑤ 학생에 관한 정보를 그때그때 기록해 두지 않으면 같은 일을 되풀이할 경우가 생기고 시간과 인력 낭비가 생긴다.

⑥ 누가기록의 내용은 상담자와 피상담자간의 비밀을 털어놓을 수 있는 친화감을 촉진시키는 매개체가 될 수도 있다.

⑦ 누가기록은 학생들의 장래의 교육적 직업적인 계획을 세우거나 이미 세운 계획을 수정하고 변경하는데 도움이 된다.

⑧ 누가기록의 내용을 토대로 해서 여러 가지 필요에 맞는 집단구성을 할 수 있다. 가령 학급편성은 물론 특별활동이나 클럽활동의 편성에도 도움이 된다.

⑨ 누가기록은 상급학교의 학생지도나 직업전선에 중요한 참고자료 될 수 있다. 동시에 학부모에게도 참고가 될 수 있다.

| 단원 마무리 |

질문을 만들어 보고 동료들과 이야기를 나눠 보세요.

♠ 정답이 있는 질문(교재에서 답을 찾을 수 있는 질문)
· 심리학이란 무엇인가?
· 다양하게 적용하고 있는 응용심리학의 분야는?
·
·

♠ 정답이 없는 질문(더 궁금하고, 이유나, 추론, 적용 등을 묻는 질문)
· 개인 상담을 할 때 적용해 보고 싶은 상담심리이론은 무엇인가?
· 프로이드(S. Freud) 정신분석의 무의식 치료에 대한 자신의 생각은?
·
·

CHAPTER 02

심리학의 생물학적 기초

제1절 신경계의 기본단위
제2절 신경계의 조직
제3절 신경계조직의 연결물질

chapter 02 심리학의 생물학적 기초

잠을 자고 있는 동안에도 뇌와 신경계를 포함하는 생리적 체계는 움직이고 있다. 우리가 아침에 잠자리에서 일어나 활동을 시작하는 동안에 뇌는 당신의 위장을 공복상태와 혈당량을 측정하여 음식물의 공급여부를 결정한다. 이와 같이 잠을 잘 때나 활동을 할 때나 우리의 행동은 이미 뇌와 신경계에서 일일이 통제하고 있는 것이다.

생리심리학에서는 이상과 같은 행동특성의 근원에 관하여 이해할 수 있도록 접근을 한다. 이 장에서는 신경계의 기본 단위인 뉴런과 뉴런에서의 신경충동의 전달, 그리고 그러한 신경전달에 관여하는 물질을 살펴보고, 다음으로는 뇌와 척수로 구성되는 중추신경계와 체성계와 자율계로 구성되는 말초신경계의 구조와 각각의 기능과 특성을 살펴보고, 끝으로 신경계조직의 연결물질인 내분비계 호르몬, 신경전도물질에 대하여 살펴보고자 한다.

제1절 신경계의 기본단위

1. 뉴런과 신경

신경계는 뉴런(neuron)이라는 세포들로 구성되어 있고, 이런 뉴런은 대체로 세 개의 주요 부분으로 되어 있다. 우선 핵을 지닌 세포체(cell body)와 충동을 수용하고 통합하는 수상돌기(dendrites), 그리고 다른 뉴런 또는 근육과 선에 정보를 전달하는 신경섬유인 축색(axon)으로 되어 있다.

세포체는 일반적인 세포의 특성을 가진 곳으로 유전정보를 지닌 세포핵 등을 함유하고 있다. 수상돌기는 인접한 뉴런으로부터 신호를 받아들이는 부위이다. 받아들인 신호는 세포체에서 통합되어 축색을 따라 전달된다. 축색은 세포체에서 단일하게 뻗어나가는 가늘고 긴 섬유로서, 축색의 말단부위는 여러 갈래의 축색종말(axon terminal)로 나누어져서 다른 뉴런들에게 신호를 전달한다.

한 뉴런과 다른 뉴런의 연결부위를 시냅스(synapse)라고 하는데 보통 한 뉴런의 축색종말이 다음 뉴런의 수상돌기에 연결되어 시냅스를 형성한다. 축색을 따라 전달된 신호는 시냅스를 건너 다음 뉴런으로 전달된다.

뉴런은 세포체를 출발하는 축색과 수상돌기의 방식에 따라 세 가지 주요 형태를 갖는다. 다극성 뉴런, 양극성 뉴런, 단극성 뉴런이다.

이와 같이 뉴런은 그 종류에 따라 서로 다른 역할을 한다. 어떤 뉴런은 신체 내·외의 정보를 수집하고(예: 눈, 귀), 그리고 이 정보를 척수 또는 두뇌에 전달한다. 다른 뉴런은 두뇌와 척수의 정보를 신체의 다른 부분(예: 걷고 있을 때 다리)에 전달한다. 두뇌와 척수에 위치한 다른 것들은 들어오고 나가는 정보사이의 연결을 중재한다.

즉 그들은 수상돌기들과 세포체들을 통해서 자극을 받아들이고, 축색들을 통해서 충격을 전달한다. 구심성 뉴론들은 감각 수용기들에서 뇌와 척수로 메시지를 이동시키며 원심성 뉴론 들은 뇌와 척수에서 근육과 선으로 신호를 전달한다. 축색의 섬유들은 함께 모여서 신경들을 이룬다.

인간의 두뇌 속에는 100억 개에서 140억 개 정도에 달하는 신경체계의 기본 단위인 뉴런(neurcn)이라 불리는 특수화된 세포가 있다. 뉴런은 신호를 수용하고, 그것을 처리하고, 그리고 다른 뉴런 또는 근육이나 선(gland)과 같은 실행기(effector)에 정보를 전달하도록 전문화되어 있다.

2. 신경충돌의 전달

정보전달은 크게 축색에서의 정보전달과 시냅스에서의 정보 전달로 구분할 수 있다. 축색에서의 정보전달은 수상돌기에서 세포체를 통과하여 축색을 따라 다음 수상돌기로 전해진다. 시냅스에서의 정보전달은 한 뉴런에서 다음 뉴런으로 정보를 전달하는 방식은 축색에서의 정보전달 방식인 전기적 전달과는 완전히 다르다. 뉴런간의 시냅스에서 신경전달물질을 이용한 화학적 전달이 이루어진다.

3. 시냅스

축색은 여러 매듭으로 나뉘고 가지를 친다. 각 가지의 끝에는 작은 시냅스 매듭이 있다. 다른 뉴런의 세포체 또는 수상돌기의 각 종말의 끝은 미세한 간극으로 분리되어 있다. 이 작은 공간을 시냅스라고 부른다.

만일 메시지가 뉴런 사이를 전하고자 하면 이 간극을 건너야만 한다. 그 간극은 축색 종말이 시냅스 소낭(synaptic vesicle)이라고 불리는 많은 작은 낭들을 함유하고 있어서 다리를 놓을 수 있다. 신경충동이 축색을 통과하여 내려올 때, 전달하는 세포의 종말에서는 이들 소낭의 일부를 폭발시켜 간극을 건널 수 있는 화학적 전도물질(transmitter substance)을 내어놓게 한다.

제2절 신경계의 조직

신경계의 단위가 만드는 신경의 조직체계와 그 역할에 대하여 알아보아야 할 때이다. 아메바 같은 단세포 생물은 신경체계라는 것이 없다. 왜냐하면 세포전체가 자극에 대한 반응을 하기 때문이다. 고등동물(척수동물)의 척수는 신경이 다발로 집중하여 형성되고 두뇌는 이것의 상부 부위가 발달하여 더욱 복잡한 형태를 이루고 뼈에 의하여 보호된다.

인간의 신경체계는 다음과 같이 크게 구분할 수 있으며 인간의 신경체계는 두뇌와 척수 그리고 수용기의 감각기관의 세포와 실행기의 근육과 선에 연결하는 신경으로 되어 있다.

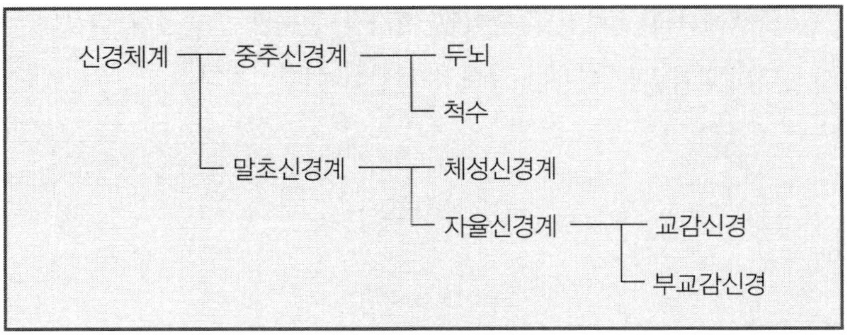

신경계는 중추신경계(뇌와 척수)와 말초신경계(뇌와 척수에서 신체의 다른 부분들에 이르는 신경들)로 나누어진다. 말초신경계는 체성계(즉, 감각수용기, 근육)를 오가며 메시지를 나르는 신경들과 자율계(즉, 내부기관들과 선들에 연결된 신경들)로 다시 나누어진다.

뇌와 척수는 중추신경계를 이루는 반면, 다른 신경은 말초신경계를 이룬다. 말초신경계는 서로 상반된 기능을 하는 두 종류의 신경을 가진다. 그 하나는 구심성(afferent) 뉴런 즉 감각뉴런인데 그것은 신체 내부로부터 정보를 모아서 척수와 뇌로 보내는 역할을 한다. 다른 하나는 원심성(efferent)뉴런 즉 운동뉴런인데 그것은 척수 또는 뇌로부터 정보를 근육과 선에 보내는 역할을 한다.

말초신경계는 역할분담에 따른 신체의 부위에 따라 체성신경계(somatic nervous system)와 자율신경계(autonomic nervous system)로 더 나누어진다. 체성신경계의 감각신경들은 피부, 근육 및 관절 등에 대한 외부의 자극 정보를 중추신경계로 전달하는 역할을 한다. 이것들은 우리에게 통각, 압박감각 그리고 온도변화 등을 감지하게 해준다. 체성신경계의 운동신경들은 또한 중추신경계로부터 신체의 근육들로 정보를 전달하여 운동을 유발한다.

선과 비자율 근육은 자율신경계에 의하여 통제된다. 자율신경계는 교감신경(sympathetic)과 부교감신경(parasympathetic)이 있다. 이 두 신경계는 신체 내의 혈관과 선의 활동을 통합하고 통제하는데 직접적으로 참여한다. 자율신경계는 내장기관들을 오가면서 호흡, 심장박동, 그리고 소화와 같은 과정을 조절한다. 자율신경계의 자세한 활동은 두뇌와 척수를 논의한 이후에 다루도록 한다.

1. 중추신경계

1) 뇌

(1) 두뇌의 외형적 특성

두뇌는 신경체계의 중심부이며, 마음과 신체 그리고 행동간의 연결을 제공하는 신비하고 대단히 복잡한 기구이다. 뇌는 부드러운 치즈와 같으며, 외형적인 모양으로 보면 큰 호두 알갱이 같이 생겼다. 좌우의 두 부분이 있으며 겉부분은 매우 구겨진 주름이 있는 연분홍색의 덩어리이며, 이 부분이 인간의 기억과 사고 기능 등을 발휘하는데 가장 큰 역할을 하는 대뇌 부분이다.

외형적으로 보면 무게가 3파운드 정도로서 그다지 큰 크기는 아니지만 뇌는 대단한 걸작품의 하나이다. 그 속에는 약 100억~140억 개의 신경세포 즉 뉴런이 있다. 이 뉴런들은 대단히 복잡하게 상호 연결되어 있다. 다른 동물들과 체중에 비례한 상대적인 크기를 보면 인간의 두뇌는 가장 크다.

뇌는 기본적으로 세 구조로 구성되어 있다. 척수에서 연결된 것이 뇌간(Brain stem)이다. 뇌간 뒤에는 공 모양의 덩어리인 소뇌(cerebellum)가 자리 잡고 있다. 뇌간 전체와 대부분의 대뇌를 싸고 있는 뇌 피질이다. 대뇌피질 표층의 접힘과 주름은 뇌에 그 특징적인 모양을 보여준다.

(2) 뇌간(brain stem)

대뇌와 소뇌 이외의 나머지 부분을 뇌간이라고 한다. 진화적인 관점에서 보면 뇌간은 뇌의 부분 중 가장 오래된 부분이며 이것은 하등동물의 뇌와 유사하다. 뇌간은 원래 발생된 의도와 같이 그 기능은 기본적인 생존과 정서 그리고 소화기관의 과정을 담당한다. 뇌간은 각각의 기능이 명확한 몇 개의 연결된 구조로 구성된다.

(가) 연수(medulla oblongata)

연수는 뇌로 들어가기 바로 직전의 척수 상위부위가 확대된 곳으로서 뇌간의 하부에 있으며, 심장박동과 호흡 같은 기본적 신체 리듬을 통제하고 구토, 코골기, 기침 그리고 삼키기 등의 반사 활동의 중심이다.

(나) 뇌교(pons)

연수의 위쪽에 있다. 여기에서 중요 신경다발들은 척수로부터 올라가고 뇌에서 교차되어서 내려가며, 뇌의 우측은 신체의 좌측과 연결되고 뇌의 좌측은 신체의 우측과 연결된다.

(다) 중뇌(mid brain)

중뇌는 통증의 수용과 시각, 청각을 포함하는 복잡한 반사를 전달하는 중심으로 활동한다.

(라) 시상(thalamus)

시상의 정확한 역할은 잘 알려져 있지 않지만, 들어오는 시각 메시지를 선별하고, 대뇌피질의 적절한 영역에 이것을 배분하는 역할을 하는 것으로 추측된다.

(마) 시상하부(hypothalamus)

시상의 앞쪽 아래에 있는 훨씬 더 작은 구조이다. 시상하부는 뇌에서 가장 중요한 자동통제 점이다. 그것은 먹기, 마시기, 성(sex), 취침, 체온조절, 성냄, 공포, 즐거움 등의 정서적 행동패턴을 지배한다. 시상하부는 내분비 활동을 조절하고, 균형유지 성(homeostasis)을 가진다. 균형유지성은 정상적인 체온 및 혈압과 같은 건강한 유기체의 일반적인 특징의 수준을 말한다. 예를 들면, 너무 더우면 땀을 배출하여 체온을 낮추고, 너무 추우면 몸에 소름이 돋아 피부의 표면을 좁게 만든다. 시상하부는 신체의 제반변화를 탐지하고 불균형을 교정해주는 조절기제를 갖고 있다.

(바) 망상계(reticular system)

뇌로 들어오는 메시지는 뇌간 뒤편의 신경섬유 수축을 통하여 들어오는 반면에, 나가는 정보는 앞쪽 신경통로를 통하여 나간다. 망상계는 우리의 흥분이나 각성상태를 조절하는데 중요한 역할을 한다. 만일 망상계를 손상시키면, 동물은 영구히 마춰되거나 혼수상태에 빠지게 된다.

(3) 대뇌피질

대뇌는 진화적인 척도의 하등동물에서 고등동물에 이를수록 대단한 크기의 변화가 있다. 상어의 대뇌는 뇌의 극히 일부분이다. 반면에 인간의 대뇌는 대뇌피질이 80%에 이른다.

대뇌피질은 대뇌를 마치 보자기로 둘러싼 것처럼 둘러싸고 있는 약 3mm정도의 두께의 뉴런의 세포체로 된 층이다. 인간에게 있어서 대뇌피질은 시각, 청각, 미각, 후각 그리고 촉각이 해석되는 감각적 충동의 부분이다. 또한 신체의 운동반응들도 피질의 다른 부분의 영역에 의하여 조절된다.

감각계도 아니고 운동계도 아닌 나머지 피질은 연합영역으로 이루어져 있는데, 이들은 더욱 복잡한 행동의 측면인 사고, 지능 그리고 기억에 관계하고 있으며 피질의 가장 큰 영역을 차지한다. 대뇌에는 두개의 뚜렷한 주름, 즉 홈이 대뇌를 가로질러 간다. 이들 홈을 준거점으로 대뇌는 지역 즉 엽(lobes)으로 나눌 수 있다. 중심구 앞쪽의 전두엽이고, 그 뒤에 두정엽과 후두엽이 있으며, 실비우스 홈 아래에는 측두엽이 있다. 전두엽에는 대부분의 연합영역이 있다. 전두엽은 대뇌피질의 절반가량을 차지하며, 지적인 작용, 정서작용, 운동작용, 언어작용 등을 담당하는 것으로 알려져 있으나 아직까지 정확한 기능은 확실하지 않다고 할 수 있다.

또 전두엽은 피질의 나머지 세엽으로 부터 메시지를 받아 통합하기도 한다. 두정엽은 피부 감각과 신체의 위치에 대한 감각을 받아들이고 특별히 주의해야 할 필요가 있는 정보는 뇌에 알린다. 후두엽은 시각 정보를 받아들이고 해석하며 기억에도 관여한다. 측두엽은 청각을 통제하고 시각 정보의 부가적인 처리를 담당하며, 기억과 학습에 관여한다. 대뇌피질의 각 영역별 특징과 기능은 다음과 같다.

(가) 운동영역(motor area)

이것은 중심구 바로 앞에 위치하며, 신체의 모든 운동을 통제한다. 신체 좌측의 운동들은 우반구의 운동피질 영역에 의하여 지배되며, 우측의 운동은 좌반구의 운동피질 영역에 의하여 지배된다.

(나) 체감각영역(somatosensory area)

열(heat), 냉(cold), 촉감(touch), 통증(pain) 및 신체운동의 감각은 모두 이곳에서 처리된다. 신체의 하부는 반대쪽 반구영역의 높은 부위에 나타나게 되며, 얼굴은 반대쪽 영역의 하위부위에 나타난다.

(다) 시각영역(visual area)

각 후두엽의 뒷부분에는 시각영역이 있다. 양쪽 눈의 우측에서 나오는 섬유는 뇌의 우반구로 가며, 양쪽 눈의 좌측에서 나오는 섬유들은 좌반구로 간다.

(라) 청각영역(auditory area)

각 대뇌 반구의 측두엽 표면에서 발견된다. 양쪽의 청각영역은 양쪽 위의 청각영역에 있으므로 한쪽의 측두엽이 손상되더라도 듣는 데는 별 지장이 없다.

(마) 연합영역(association area)

감각이나 운동 과정에 직접 관계되지 않은 대뇌피질이 대부분의 영역을 연합영역이라 한다. 전연합 영역은 운동영역의 앞에 있는 전두엽 부분인데 이곳은 문제해결과 관련된 사고 과정들이 밀접한 관련을 갖고 있다.

후연합 영역은 여러 일차적 감각영역 사이에 위치하고 있으면서 각각 어떤 특수한 하위영역을 맡고 있다.

(4) 기타 뇌의 특성

(가) 두개의 뇌

두뇌에서는 인간의 행동과 관련된 모든 중요한 일을 관장한다. 그런데 이와 같은 두뇌는 하나로 되어 있는 것이 아니라, 각각의 기능과 특성이 다른 두개의 뇌가 연결되어서 하나의 기능을 하고 있는 것이다. 실제 구조적으로 보면, 서로 다른 두개의 대뇌반구(hemispheres)가 신경섬유 다발인 뇌량(corpus callosum)에 의하여 연결되어 있는 것이다. 이들 섬유는 중요한 커뮤니케이션 망을 형성하는데 그 망이 전달영역이다.

외형적으로 보면, 두개의 반구가 매우 비슷한 것 같으나 실제로는 두반구가 같지 않다. 통상의 경우 좌반구는 우반구보다 항상 크다. 좌반구는 읽기와 쓰기 같은 언어적 능력을 주로 통제하는 반면에, 우반구는 주로 비언어적 기술 즉 붙잡기나 공간관계를 통제한다.

일반적으로 두뇌의 좌반구는 신체 우측의 활동에 관여하고, 반면에 우반구는 신체 좌측의 활동에 관여한다. 이것이 이상하게 생각될지 모르지만, 대부분의 구심성 신경섬유들이 두뇌에 도달 할 때 교차되는데 기인한다. 결과적으로 오른손으로 만지는 모든 것들은 좌반구에 기록되고, 왼손으로 만지는 모든 것들은 우반구에 기록된다.

(나) 뇌파

외형적으로 보면 뇌는 두개골 안에서 쿠션 역할을 하는 액체와 여러 개의 층으로 이루어진 막에 의하여 보호된다.

전류의 유동은 뇌전도(electroencephalogram, EEG: 대뇌피질에서 생긴 전류의 도식적 기록)에 의하여 처음에는 단지 구불구불한 선의 다발인 것처럼 나타났다. 그것들은 사람의 마음상태에 따라 일관성 있는 양상으로 변화하였다. 이들 뇌 충동의 유동리듬을 뇌파라 한다.

(다) 뇌와 전기적인 자극

뇌는 전기적인 작용에 의하여 활동을 한다.

운동영역을 만지면 피험자의 팔, 다리 또는 허리의 움직임이 있었다. 뇌수술을 하는 동안 뇌의 특정부위를 전극으로 자극하면 그 사람은 마치 영화나 꿈에서처럼 그의 과거 생활의 일부였던 기억을 재생시킨다.

2) 척수

(1) 척수의 의미

중추신경계는 뇌와 척수로 구성된다. 척수에는 신체의 여러 부분에서 뇌로 오가는 신경섬유들이 모여 있으며, 이 신경섬유의 다발들은 뼈로된 척추에 의하여 보호된다. 척수의 끝부분이 부풀어서 뇌를 구성하는 모양을 갖고 있으므로 뇌와 척수는 긴밀히 연결되어 있는 것이며, 간단한 자극-반응, 반사들은 척수에서 이루어지므로 뇌를 대신하는 역할도 하는 것으로 간주할 수 있다.

(2) 척수관련 신경세포의 종류

척수와 관련되어 역할을 하는 신경세포의 종류는 다음과 같다.

(가) 구심성(afferent)신경세포

이 신경세포들은 감각을 전달한다. 구심성이라는 말은 라틴어로 "향하여"를 의미하는 ad(to, toward, up to, according to)와 "운반하다"라는 뜻의 ferre를 합성한 것이다. 즉 구심성 신경세포는 눈이나 귀 및 기타 감각기관에서 발생된 메시지를 중추신경계통으로 전달하는 역할을 한다.

(나) 원심성(effernt)신경세포

이들은 중추신경계통에서 발생한 메시지를 신체의 각 부위에 전달하는 역할을 한다.

(다) 연접성(connection)신경세포

이것은 신경세포들간의 메시지를 연결 시켜주는 역할을 하는 신경세포이다. 이것은 다른 신경세포의 축색에 의해서만 메시지를 전달받는다. 이것은 근육이나 선까지 뻗어 있지는 않고 단지 다른 신경세포들과 접합하여 적합된 신경세포들을 자극하거나 제지할 뿐이다. 연접성 신경세포의 대부분은 뇌와 척수에 있다.

2. 말초신경계

말초신경계는 뇌와 척수로 이루어지는 중추신경계에서 신체의 다른 부분으로 연결시키는 신경들로 구성되어 있다. 말초신경계는 체성계(somatic system)와 자율계(autonomic system)로 다시 구분된다.

1) 체성신경계

체성계의 감각신경들은 피부, 근육 및 관절 등의 감각수용기들을 중추신경계로 연결을 짓는 역할을 한다. 이것들은 우리에게 고통, 압박감, 온도감각들을 알게 한다. 체성계의 운동신경들은 또한 중추신경계의 메시지를 신체의 근육들로 전달해주어 운동을 일으키게 한다.

2) 자율신경계

자율신경계는 교감부와 부교감부의 둘로 이루어져있다. 이것의 섬유들이 민활근 들과 선들의 활동을 매개시키기 때문에 자율계는 정서반응들에서 특히 중요하다. 교감부는 대개 흥분동안에 활동하고, 부교감부는 무활동 상태 동안에 활동한다.

자율신경계는 내장기관을 오가면서 호흡, 심장박동, 소화와 같은 과정들을 조정한다. 정서행동 등과 같은 자율반응에 관계하는 선(예를 들면, 땀, 위의 활동) 등의 구조와도 관련이 있다. 자율신경계는 다시 교감신경과 부교감신경으로 나뉜다.

자율신경계통은 신경절(ganglia)이라고 불리는 수많은 신경중추들로 구성되어있다. 신경절에는 많은 신경세포들이 서로 연결을 이루면서 밀집되어 있다. 신경절의 어떤 신경세포들은 선, 근육, 그리고 심근에 명령을 전달할 수 있는 기다란 섬유를 갖고 있다.

다른 신경세포는 뇌와 척수에 연결되어 있다. 그렇기 때문에 사실상 자율신경계통은 여러 경우에 독립적으로 활동을 하기는 하지만, 중추신경계통으로 부터 다소의 명령은 받는다. 예를 들어 잠을 자다가 "도둑이야!"하는 외침 때문에 잠을 깬 경우에는 외침소리가 귀를 통하여 뇌로 전달되고 뇌는 긴급 명령을 자율신경계로 보내며, 자율신경계는 다양한 경로를 통하여 긴급사태에 대비하도록 선 및 근육에 영향을 하는 것이다.

(1) 교감신경(sympathetic division)

교감신경계통은 척수의 하위 부분까지 뻗어 있는 긴 신경절의 사슬로 구성되어 있으며, 척수의 반대쪽에도 유사한 신경절의 사슬이 있다. 교감신경의 수많은 신경 절들은 모두 다 서로 정교하게 서로 연결되어 있다. 그렇게 때문에 교감 신경계통은 부교감신경계통과는 달리 한꺼번에 작용하는 경향이 있다.

갑작스러운 위기에 처하거나, 공포나 분노를 느낄 때 교감신경계통은 작동을 하며, 이때는 많은 현상이 우리 신체에서 발생한다. 우선 교감신경계통은 부신선에 명령을 내려서 혈액 속에 강력한 흥분제(예: 노어아드레날린이나 아드레날린)를 방출하도록 한다. 교감신경계통은 위급한 상황에 대처하게 하기 위하여 호흡을 거칠게 쉬도록 하고, 눈의 동공을 확대시키며, 타액선의 활동을 둔화시킨다. 또한 한선(sweat gland)을 활성화시키고, 신체 모발의 기저에 있는 근육을 수축시켜서 동물의 경우는 털을 빳빳하게 하고, 사람의 경우는 소름을 돋게 한다.

외형적으로 나타나는 특징은 눈을 크게 뜨고, 입에 침이 마르고, 머리가 쭈뼛하고, 진땀이 흐르는 등의 증상인데 이것은 강한 정서적 표현이 있을 때 나타난다. 이와 같은 생리적 증상을 통하여 우리의 신체는 급박한 상황에 대처할 있게 되는 것이다.

급박한 상황에서 벗어나게 되면 서서히 부교감신경계통이 작용을 하여 신체를 평상적인 상태로 돌려놓는다. 즉 부교감신경계통은 심장박동을 느리게 하고, 동공을 축소시키며, 호흡을 정상적인 속도로 유지하게 하는 등의 활동을 통하여 신체가 일상적인 상태로 돌아오게 만든다. 이와 같이 교감신경계통과 부교감신경계통은 상호 유기적으로 작용한다.

(2) 부교감신경(Parasympathetic division)

부교감신경은 뇌간 및 척수의 하위 부분과 연결되어있다. 부교감신경계통을 구성하는 신경 절 들은 광범위하게 퍼져있는데 대부분이 부교감신경과 연결된 선 및 근육의 근처에 위치해 있다. 부교감신경계통을 구성하는 신경 절 들은 밀접하여 연결되어 있지 않기 때문에 부교감신경계통은 국소적인 영향력만을 행사할 뿐이다. 즉 부교감신경계통은 신체의 한 부위 또는 몇 개의 부위에만 명령을 전달할 뿐이지, 연결되어 있는 모든 부위에 한꺼번에 명령을 전달하지는 않는다.

부교감신경계통은 생활 주변에서 위험성이 없을 경우에 일상생활을 편안히 유지할 수 있도록 하는 역할을 한다. 대체로 부교감신경은 심장과 폐의 활동을 둔화시키고, 소화를 촉진하기 위하여 타액선을 자극하고, 위와 근육이 파상적으로 움직이게 하며, 위 및 간장에서는 소화를 돕는 위산과 담즙을 생성하게 한다. 그 이외에도 부교감신경계통은 창자와 방광에 모인 노폐물을 제거하는 역할을 한다. 그러나 긴급한 상황에 닥쳐서는 정규적인 활동을 중단하고 교감신경이 긴급 행동에 대처할 수 있도록 역할을 넘겨준다.

제3절 신경계조직의 연결물질

내분비선들은 정서적 및 동기적 행동과 성격의 몇몇 측면들에 중요한 호르몬들을 혈류 속으로 분비한다. 이것들은 행동의 통합에서 신경계의 필수적인 파트너이며, 이것들의 작용은 시상하부와 자율신경계의 활동과 밀접하게 연결돼 있다.

1. 내분비계

자율신경계의 활동으로 야기되는 신체의 다양한 반응들은 내분비선에 영향을 미친다. 신체는 환경에 적응을 하는데 필수적이고 중요한 역할을 하는 많은 선들에 의하여 영향을 받는다(예: 한선, 타액선).

침샘이나 땀샘 같은 선은 생산된 물질을 직접 혈액 속에 방출하기 때문에 이 선들을 무관선이라고 부른다. 또한 이들을 내분비선이라고도 한다. 여기서 생산된 물질을 호르몬이라 한다. 이 호르몬은 복잡한 구조를 가진 화학물질로서 다양한 생리과정을 신체의 각 부분에 순식간에 전달하며, 생리과정과 인간의 행동에 커다란 영향을 미친다.

우리 인체에는 뇌하수체선(master gland), 갑상선(thyroid), 부갑상선(parathyroid gland), 췌장선(pancreas gland), 부신선(darenal gland), 성선(sex gland) 등의 내분비선이 있다.

2. 호르몬

뇌는 신경계를 통하여 나머지 신체부위와 정보를 교환한다. 우리의 뇌는 또 다른 정보전달체계를 지니고 있다. 내분비계(endocrine system)가 그것으로, 여러 내분비선에서 호르몬(hormone)을 분비하여 신체 각 부위에 신호를 전달한다. 호르몬은 혈액으로 직접 분비되어 혈류를 타고 온몸으로 이동하면서 표적기관에 특정한 영향력을 발휘한다.

이와 같이 호르몬(hormone)은 내분비선에서 분비되어 체액과 같이 체내를 순환하며 모든 기관에 여러 가지 중요한 작용을 행하는 물질의 총칭이다.

즉 호르몬은 신경전달물질과 유사하다. 사실 노르에피네프린이나 엔도르핀 등 몇몇 화학물질은 신경계에서는 신경전달물질로 작용하고 내분비계에서는 호르몬으로 작용한다. 그러나 신경전달물질은 시냅스를 통하여 인접 뉴런으로 신호를 전달하는데 반해, 호르몬은 직접 연결되지 않은 멀리 있는 기관으로 정보를 보낼 수 있으며, 여러 상이한 기관에 대해 다양한 양식으로 작용할 수 있다. (예: 난소의 에스트로겐-자궁성

숙, 수유준비, 성욕, 난자성숙)

대부분의 내분비계는 시상하부(뇌하수체)를 통하여 신경계의 지배를 받고 있다. 각 내분비선에서 분비된 고유의 호르몬은 신체의 표적기관에 영향을 미치며, 그리고 뇌로 되먹임(feedback)되어 시상하부와 뇌하수체에서 적정 수준의 호르몬이 분비되도록 조절해준다.

신경계와 내분비계간의 상호관련성은 위급시에 대처하는 반응에서 잘 나타난다. 스트레스를 받으면 시상하부는 두 가지 경로를 통해 부신으로 명령을 내린다. 즉, 자율신경계의 교감신경을 통하여 부신으로 하여금 아드레날린을 혈류로 방출하도록 하여 교감신경계의 직접적인 위급반응효과를 보강한다. 그리고 뇌하수체를 통하여 부신으로 하여금 스트레스 호르몬인 코티솔 등 여러 가지 호르몬을 신체 전반으로 방출하게 하여 위급시에 대처할 준비태세를 갖춘다.

우리 체내의 여러 기관의 기능을 조절하는 데에는 다음과 같은 2가지 방법이 있다.

하나는 신경계통으로 인한 조절방법인데 이는 외부에서의 자극이 급속히 전달될 때는 신경계통으로 조절된다. 다른 방법은 내분비선으로 인한 조절 방법인데 이는 외부에서의 자극이 오랜 시일에 걸쳐 서서히 작용할 때에는 체액을 통해서 화학적으로 조절된다.

이러한 조절방법에는 주로 내분비선이 관계한다. 그러므로 신진대사, 생장, 생식기능의 과정은 주로 내분비선의 조절을 받고 있다. 그러나 이 두 조절계통은 서로 밀접한 관계가 있으며 상호간에 영향을 주고 있다.

1) 내분비선

우리 체내에서는 외분비과 내분비의 분비작용이 있다.

외분비는 소화선, 한선 등과 같이 수출관을 통하여 분비액을 선 밖으로 분비하는 것을 외분비라고 말한다. 그러나 내분비는 외분비와는 달리 특별한 수출관이 없이 분비액을 직접 혈관으로 보내는 것을 내분비라고 한다. 이 내분비선이 소위 호르몬을 생산하는 기관이다.

호르몬이란 무엇이냐 하면 우리 체내의 어떠한 기관 즉 내분비선에서 생산이 되어 직접 혈액 또는 임파선에 들어가 다른 기관에 작용하는 물질을 말한다.

우리 체내에서 호르몬을 분비하는 내분비선으로는 뇌하수체, 갑상선, 부갑상선, 부신, 생식선, 송파선, 흉선, 췌장 등이 있다.

이러한 내분비선은 일부는 자율신경계통의 지배를 받고 일부는 내분비계통 자체의 자가조절을 받고 있다.

그러므로 한 내분비선의 질환은 다른 내분비선의 기능에 영향을 주는 것이다. 내분비선 중에서도 뇌하수체는 여러 내분비선의 기능에 작용하는 호르몬을 분비하고 있어 내분비선의 모선이라고 할 수 있다.

2) 체내에서 생산되는 호르몬

우리 체내의 여러 내분비선에서 생산되는 호르몬을 설명하면 다음과 같다.

(1) 뇌하수체

뇌하수체선은 가장 많은 종류의 호르몬을 생산하고 다른 내분비선을 통제하는 역할도 하기 때문에 원선이라고 부르기도 한다. 뇌하수체선은 뇌에서 발달한 것으로 시상하부의 바로 밑에서 뇌와 연결되어 있다. 뇌하수체선은 시상하부의 통제를 직접 받기 때문에 시상하부를 통하여 다른 뇌중추들의 통제도 받게 된다.

이것은 대뇌 밑에 달려 있는 크기가 콩알만 한 내분비선으로 전엽, 중간부, 후엽의 3부분으로 구분되며 각각 작용이 다른 호르몬을 분비하고 있다.

전엽에서 나오는 호르몬은 생장호르몬, 젖의 분비를 촉진 시키는 호르몬, 생식선의 기능을 촉진시키는 호르몬, 갑상선자극호르몬, 부신피질 기능촉진 및 통제 호르몬, 신진대사에 영향을 주는 호르몬 등이 있다.

후엽에서 나온는 호르몬은 혈관을 수축시켜 혈압을 높이는 호르몬, 자궁근을 수축시켜는 호르몬(자궁 · 고환 통제), 이뇨(오줌)작용을 억제하는 호르몬 등이 있다.

중간부에 나오는 호르몬은 어두운 데서 시력을 증강시키는 호르몬 등이 있다.

(나) 갑상선

갑상선은 후두 하부에서 기관의 좌우에 붙어 있는 내분비선이다. 이 갑상선에서 나오는 호르몬은 티록신이라고 하며 산화과정촉진, 단백질 등 신진대사 촉진 및 속도조절, 심장, 위장, 피부촉진 등에 영향을 준다.

이 호르몬은 신체 내의 신진대사 속도를 조절한다. 신진대사란 신체 내의 세포가 에너지를 얻기 위하여 영양소를 연소시키거나, 영양소를 새로운 세포질로 변환시키기 위한 지속적인 과정이다.

(다) 부갑상선

갑상선 뒤에 좌우 양쪽에 2개씩 있으며 크기가 쌀알 또는 팥알만 한 작은 내분비선으로 부갑상선 호르몬을 분비한다. 교감신경을 억제하고, 말초신경과 근육의 흥분성을 약하게 하는 작용이 있다.

부갑상선 호르몬은 신경과 근육조직의 작용에 필요한 칼슘과 인산염의 수준을 통제하고 결정한다. 혈액 속의 칼슘 이온은 혈액 응고, 심장박동, 근육수축 및 신경충동의 전달 등에 관하여 중요한 물질이다. 이 호르몬이 부족한 사람은 과민성일 것이며 근육 발작이나 경련으로 고통을 받을 수 있다. 반대로 이 호르몬이 지나치면 무기력을 경험하며 신체의 협응이 잘 안된다.

(라) 부신

좌우 양쪽의 신장 상단에 모자형으로 붙어 있는 내분비선으로 내부의 수질, 외부의 피질로 구성되어 있다. 수질호르몬은 혈압, 신진대사 촉진, 혈액 중 당분의 증가, 기관지 확대 등에 작용하여 신체행동을 증진시키고, 피질호르몬은 염분대사 및 수분 조절, 탄수화물 · 단백질 · 지방의 3대 영양소의 신진대사, 근육 · 성장 · 성징의 발현 촉진, 체온조절 등에 작용한다.

(마) 흉선

흉선은 흉골 상부의 후측에서 심장 바로 위에 있는 내분비선으로 좌우 양엽으로 되어있다. 이것은 2~3세 때에 커지나 그 후는 점점 위축되어 청년기에는 흔적만 남게 된다.

여기서 분비되는 호르몬은 성장과 생식기능의 발육과 관계가 있다.

(바) 췌장

췌장은 소화선으로서 췌액의 외분비물을 분비하고 있는 이외에 인슐린이라는 호르몬을 분비하고 있다. 인슐린은 혈액 중의 당분의 양을 적게 하는 작용이 있다. 인슐린의 분비가 적어지면 당뇨병이 발생하여 혈액 중의 당분이 증가하고 소변으로 당분이 배설된다.

즉 췌장에서 인슐린이 지나치게 적게 분비되면 혈액에 당분이 많아지게 되고, 인슐린이 과량 분비되면 저혈당증으로 만성적 피로를 초래한다.

(사) 송과성

대뇌각의 위쪽에 있는 보리 알만한 내분비선이다. 이 선은 심신의 조숙을 억제하는 작용이 있다고 한다. 그러므로 이 선의 기능이 빨리 소실되면 생식기가 조숙하고 이차적 성징이 빨리 나타난다고 한다.

(아) 생식선(성선)

남자의 고환, 여자의 난소를 생식선이라고 한다. 생식선은 남자에서는 정자를 여자에서는 난자를 만들어 생식작용을 하고 있으며, 이 이외도 호르몬을 분비하여 일차성징, 이차성징의 발달에 큰 관계가 있다. 이차성징이라는 것은 체격의 남녀별, 발모부위의 남녀의 차이, 성격의 차이, 목소리의 변화 등을 말한다.

즉 남성의 경우 안드로겐(androgen)을 생산하는 고환(testes)과 여성의 경우 에스트로겐(estrogen)을 생산하는 난소(overies)를 말한다. 그러나 그 이외에도 성선은 내분비선으로서 신체 발달과 행동에 영향하는 호르몬을 혈관에 방출하는 역할도 한다. 안드로겐은 남자의 수염, 변성과 성적 흥분을 에스트로겐은 유방의 발달, 월경과 임신 중에 발생되는 복잡한 신체 과정에도 관여한다.

그러나 여성의 성선도 소량이지만 남성호르몬을 생산하고, 남성의 성선도 소량의 여성 호르몬을 생산한다. 그러나 여성의 혈액에는 에스트로겐이, 남성의 혈액에는 안드로겐의 비중이 많다.

2. 신경전도 물질

뉴런 사이의 충동 전달은 각극을 건너야만 한다. 신경충동이 축색의 종말가지에 도달하면, 전도물질(화학물질)이 시냅스 간극으로 방출되게 된다. 전도물질은 억제(Inhibition)와 흥분(Exciation)의 두 종류가 있다.

① 아세틸콜린(acetylcholine: Ach) : 신경축생이 골격근에 시냅스하는 부위에서 사용되며, 혈압조절, 심장박동, 소화관의 연동촉진, 근육을 수축하는 작용 등을 한다. 주로 두뇌, 척수, 자동신경절, 부교감신경 등에 위치해 있다.

② 노어에피네프린(norepinephrine: NE) : 심장흥분, 수면이나 각성상태, 기분조절 등에 관여 한다. 두뇌, 척수, 교감신경체계의 종말에 위치해 있다.

③ 도파민(dopamine: DA) : 파킨슨씨 질환, 정신분열증에 관련되어 있다.

④ 세로토닌(serotonine) : 수면이나 체온조절, 기분 변화와 관련되며, 천연적으로는 바나나, 토마토 등에 함유되어 있다.

⑤ 아미노(amino acid) : 뇌뿐만 아니라 신체조직 전반에서 발견되는 단백질의 대사산물이며, 많은 뉴런들이 빠른 흥분과 억제를 전달하기 위하여 사용됨.

⑥ 엔돌핀(endorphine) : 통의 억제와 관련 있다. 뇌 자체가 만들어 내는 아편제를 내인성 아편제 즉 엔돌핀이라고 부른다.

⑦ 글루타민산 : 단백질의 가수분해산물인 아미노산의 일종인데 두뇌와 척수의 감각뉴런을 흥분시키는 효과를 갖는다.

⑧ 아스파라긴산 : 척수뉴런 사이의 흥분의 효과를 갖는 것으로 여겨진다.

⑨ 펩타이이드(peptide) : 신경전달물질의 효과를 조절과 신경전달물질의 역할을 수행한다. 뇌아편제인 엔돌핀은 가장 널리 알려진 신경 펩타이드 이다.

염색체들과 유전자들에 의해서 전달된 개인의 유전적 잠재력은 심리적 특징들과 아울러 신체적 특징들에 영향을 준다. 유전자들은 주로 DNA분자들로 이루어져 있으며, 이것들은 유전적 정보의 실질적 운반체들이다. 어떤 유전자들은 우성이고 어떤 것들은 열성이며 어떤 것들은 성과 관련된 것이다. 대부분의 인간의 특징들은 다유전자적(즉, 많은 세포의 유전자들에 의해 결정되는 것)이다.

선택적 번식(어떤 특성에 높거나 어떤 특성에 낮은 동물들을 짝지우는 것)은 유전의 영향을 연구하는 한 가지 방법이다. 환경과 유전의 영향을 분리시키는 또 다른 방법은 쌍둥이 연구인데, 여기에서는 일란성, 또는 단일접합체적 쌍둥이들(동일한 유전을 가지고 있는)의 특징과 이란성 또는 이접합체적 쌍둥이들(유전적으로 보통의 형제자매보다 더 닮지는 않은)의 특징들을 비교한다.

모든 행동은 유전과 환경간의 상호작용에 의존된다. 유전자들은 개인의 잠재력의 한계를 정하주지만, 그 잠재력에 대한 변화는 환경에 달려 있다.

| 단원 마무리 |

질문을 만들어 보고 동료들과 이야기를 나눠 보세요.

♠ 정답이 있는 질문(교재에서 답을 찾을 수 있는 질문)
· 신경계의 기본 단위는 무엇이 있으며 각각의 기능은 어떤 것이 있는가?
· 부교감신경의 역할은 무엇인가?
·
·

♠ 정답이 없는 질문(더 궁금하고, 이유나, 추론, 적용 등을 묻는 질문)
· 호르몬이 잘 분비 되지 않는다면 어떤 증상들이 나타날까?
· 주의력결핍 과잉행동장애(ADHD)를 가진 사람들을 어떻게 대할 것인가?
·
·

CHAPTER 03

인간의 이해

제1절 인간의 문제
제2절 인간의 본성
제3절 인간의 욕구

chapter 03 인간의 이해

제1절 인간의 문제

인간만이 자기인식의 존재이지만 인간 본질에 대한 질문에 정확하고 완전한 해답을 얻어낼 수가 없다. 왜냐하면, 인간은 완결된 사물과 같은 실체가 아니고 그 정체를 전체적으로 붙들 수 없기 때문이 아닌가 생각된다. 특히 인간존재의 기원과 목적을 어디에 둘 것인가에 대한 관점이 불확정적이므로 인간의 본질에 대한 다양한 이해와 정의가 나오게 된다.

1. 인간이해의 방법

인간을 이해하는 방법에는 자연과학적 인간관과 이성적 인간관으로 나눌 수 있다. 자연과학적 인간관은 인간을 자연형상과 동일시하며, 인과율(因果律)에 의하며, 인간과 동물의 차이점으로 질보다는 양의 측면에서 고등한 생물의 일종에 불과하며, 자기중심적이고, 이기적인 본능적 존재로서 인간의 정신작용도 뇨(尿)가 신장의 분비와 같은 뇌수(腦髓)의 분비와 같다고 한다.

한편 이성적 인간관은 초 인과율적 세계와 인간의 정신, 관념, 이성적 세계를 중요대상으로 삼고 있다. 이러한 인간관들은 인간의 형이상학적 세계와 형이하학적 세계의 관점인 것으로 볼 수 있다.

인간의 정신세계와 육체세계의 연구는 생물학, 의학, 심리학, 문화인류학, 민속학, 사회학을 위시해서 교육학, 윤리학, 철학, 종교학, 신앙 등의 측면에 이르기까지 인간에 관한 추구는 계속되어 왔고 또 추구될 것이다.

과거의 인간이해들은 대체로 종교적인 신앙이 아니면 형이상학적인 교조에 근거한 것이었다. 그런데 오늘날 과학기술문명이 발전하면서 또 종교의식과 형이상학이 몰락하면서 그러한 인간이해들은 그 기반을 잃어버리게 되었다.

그러므로 지금 인간이해는 혼란 상태나 자기중심적 인간이해로 인간의 문제는 더욱 복잡해 가고 있다.

2. 인간관의 유형

(1) 아리스토텔레스(Aristoteles)

정치적 동물이라고 하면서 인간은 생물적인 제약에도 불구하고 자신의 소질과 능력에 따라 사회나 국가를 조직하여 공동체를 형성한다고 하였다.

(2) 세네카(Seneca)

동물들도 나름대로 사회적 존재성격을 형세하고 있지만 이것은 단지 본능의 지배에 의하지만 인간은 이성의 지배에 의하여 사회를 형성하는 사회적 동물이라고 하였다.

(3) 카시러(Cassirer)

인간은 말과 글을 만들고 사용하는 상징을 산출하고 체계적으로 사용하는 존재라고 하였다. 말이란 사람의 사상이나 감정을 조직적으로 나타내는 소리로 일정한 내용의 뜻을 전달하는 것이다. 글은 말을 글자로 나타낸 것으로 인간 세상에서만 존재하는 것으로 인간을 다른 동물과 구별되는 기준이 될 수 있다.

(4) 라이프니츠(Lebnitz)

인간의 운명과 세상의 질서는 미리 신에 의하여 정해져 있다고 하는 설이다. 이를 예정조화설이라고 한다. 인간도 가족생활주기(E. M. Duvall)에 의하여 갓 결혼한 초기가족, 아이들 출산가족, 취학 전 아동의 가족, 취학아동을 가진 가족, 사춘기 자녀를 가진 가족, 자녀가 분가하는 성년가족, 은퇴까지 부부중심의 중년가족, 은퇴에서 부부사별까지의 노년가족으로 그 변화과정이 크게 구분되어 있다.

3. 시대별 인간관

1) 인간이해의 시원

'인간이란 무엇인가'는 유사 이래 인간에 의해서 끊임없이 제기된 가장 근본적인 문제로 탐구되었다. 왜냐하면 인간에 대한 올바른 인식은 인간 이외의 모든 사물에 대한 올바른 인식의 토대가 되며 또한 인생을 어떻게 살아가야 하느냐의 해답의 실마리가 되기 때문이다.

따라서 이에 관한 여러 가지 견해가 제시되었으나 아직 만족스러운 정설에는 이르지 못하고 있는데, 어떻든 인간은 자기 자신에 대한 물음을 제기한 유일한 존재이다.

인간에 대한 큰 가르침은 기원전 5세기경부터 시작됐는데 불타(B.C. 557~480)의 자타불이(自他不二), 공자(B.C. 551~479)의 수기치인(修己治人), 소크라테스(B.C. 469~399)의 악법도 법이다. 예수(A.D. 28)의 사랑 등, 큰 사상으로 인간을 이해하였다.

2) 고대 그리스인

인간은 본능이나 충동에 의하지 않고 개념적인 사유에 기초하여 의사와 행위를 규제하는 능력을 가진 이성적 인간을 강조하였다. 그것에 의하여 사람이 다른 동물과 구별되는 점이라고 하였다.

3) 중세의 종교적 인생관

인간은 신의 피조물이며, 신의 뜻과 섭리에 의하여 인간의 운명이 좌우된다고 생각하였다. 중세의 시대 구분은 고대에서 근대에 이르는 중간의 시대로 우리나라는 고려

시대이며. 서양에서는 5세기 그리스 · 로마가 고대 게르만 민족이동 이후 동로마 제국의 멸망까지로 보고 있고 그 끝은 15세기 르네상스로 보는데 그 기간이 무려 1000년간이다.

4) 근세의 인간성 회복

인간은 자연에 속하는 것도 아니며, 신의 지배를 받는 것도 아닌 인간본래의 모습 속에서 인간의 본질을 찾고자 하였다. 그래서 데카르트(Descartes, 1596~1650)는 나는 생각한다 고로 나는 존재한다고 하였다.

5) 현대의 공작인

인간의 기술적 가치만을 중시하는 것으로, 실용이 곧 가치이며, 이것이 존재로 보는 실용적 인간관을 구축하였다.

제2절 인간의 본성

1. 인간의 삼성

인간을 본성적 측면에서 고찰하여 볼 때 삼성(三性)이 있는 것 같다. 즉 존엄성(尊嚴性), 유일성(唯一性), 가치성(價値性)이다.

첫째, 인간은 존엄하여야 한다는 것이다.

인간의 존엄성은 여러 조건들에 의하여 설명될 수 있지만 그 중에서도 삶이나 생(生)자체, 그리고 이성적 존재라는 관점에서 설명될 수 있다. 인간의 삶을 시 · 공간적 개념에서 살펴보면 출생의 선택과 유한자라는 사실 만으로서도 인간은 그 자체가 목적이 되어야지 그 어떠한 것에 의한 수단화는 될 수 없는 존엄한 존재다.

또한, 인간이 이성적 존재로서 인간만이 자기인식을 하고 인간만이 도덕적 주체라는 사실이다. 인간은 갈대와 같이 연약하나, 광활한 우주를 인식의 대상으로 하고, 한편 안으로 자기 자신을 들여다 볼 수 있는 성찰과 반성의 능력을 가지고 있다. 그래서 데카르트(Descartes, 1596~1650)는 사유 그 자체가 존재라고 하였다.

인간이 자신을 안다 함은 자신을 대상화한다는 뜻으로 이것은 자기초월을 의미하며, 육신의 소멸 위에 순수이성적 존재가 탄생될 수 있다. 또한 인간은 스스로 옳다고 믿는 바를 따라서 행동하는 도덕적 주체이며 스스로 정한 목적과 스스로 판단에 따라 자기 의지적 존재에서 인간의 존엄성을 느낄 수 있다.

둘째, 인간은 유일(the only)하다는 사실이다.

현재 존재하고 있는 그 많은 사람 중에서도 유일하며, 지난 과거나 앞으로의 미래에서도 자신은 단 하나뿐이라는 점이다.

셋째, 이러한 면에서 인간을 살펴볼 때 인간 그 자체는 가치성을 지녀야 한다는 것이다.

자신에 대한 가치는 물론이고 타인에 대한 가치를 서로 인정할 때 참다운 의미를 가질 수 있을 것이다.

2. 인간에 대한 고찰

교육의 대상이 인간임으로 교육에 관한 학문은 인간에 관한 학문이라고 볼 수 있다. 즉 교육을 이해하기 전에 인간을 이해하는 것이 중요하므로 인간의 본성과 인간관에 대한 고찰이 필요하게 된다.

1) 성선설과 성악설

인간의 본성은 과학 이전의 사상으로 성선설(性善說), 성악설(性惡說), 성불선불악(性不善不惡)로 나눈다. 성선설은 인간의 본성을 선(善)하게 보려는 관점이다. 그 대표적 사상가로서는 맹자와 루소(Rousseau) 등이 있다. 맹자(孟子)는 「인간은 본래 성인이나 범인이나 다 동류로서 그 성품이 선하니 각자가 성선을 토대로 하여 선한 행동을 해나가면 성인도 될 수 있다」라고 한 것이다. 그리고 루소는 에밀(Emile)에서 「사람은 조물주에 의해 태어날 때에는 착한 존재이었지만 어른의 손에 들어오면서 타락한다」라고 하여 성선설을 주장하였다.

성악설은 인간의 본성이 악하다는 생각으로 인간은 태어날 때 도덕적으로 보아 악한 충동을 지니고 있으며 그것을 본질적으로 죄악스러운 것이라고 하는 사상이다. 구약성서에서 발견되는 고대 히브리 사람과 희랍의 철학자, 서구사회의 기독교의 전통적인 원죄의식으로 그 대표적 사상가로서는 순자(荀子)와 홉스(Hobbes)이다.

성불선불악설(중성설)은 인간의 본성에 대하여 선악도 아닌 선악평가 이전의 상태인 백지이며, 환경에 따라 좌우된다는 생각이다. 대표적 사상가로서 고자(告子)는 「성을 마치 빙빙 도는 물과 같이 동쪽으로 트면 동으로 흐르고, 서쪽으로 트면 서로 흐른다. 인생에 선과 불선의 구분이 없는 것은 마치 물에 동서의 구분이 없는 것과 같다」라고 하였다. 그리고 로크(J. Locke)는 「인간의 마음은 출생시에 백지와 같다」라고 하여 심의백지설(心意白紙說, Tabura Rasa)을 주장하였다. 로크의 백지설은 20세기의 행동주의 심리학과 영국의 경험주의 심리학에 큰 영향을 미쳤다.

2) 이성과 자연적 인간관

서양에서는 인간은 만물의 영장이라고 하였다. 플라톤(Platon, B.C 427~ B.C 347), 아리스토텔레스(Aristoteles, B.C 384~B.C 322)를 비롯한 대부분의 철학가도 사람의 특성을 이성(理性, Logos)이라 하였다. 이와 같은 이성중심의 인간관이 칸트(I. Kant, 1724~1804)에 의하여 관념철학으로 완성을 보게 되었다.

칸트는 인간을 규정하여 말하기를 「사람은 말을 가진 이성적 존재이며 모든 생물을 초월하고 있다. 그러나 신과 같이 절대적 존재는 아니다. 다만 로고스(Logos)를 가지고 있는 까닭에 다른 동물과 구별되어 있으며 신성(神性)에 가깝다」라고 하였다.

그러나 19세기에 이르러 다윈(Darwin, 1809~1882)을 중심으로 한 진화론에 의하여 인간도 다른 생물과 마찬가지로 다른 하나의 동물로부터 진화된 것이라고 하였다. 다윈의 진화론이 생물학의 하나의 이론에 그치지 아니하고 1870년대 이후 하나의 세속적인 종교운동처럼 번져 갔다. 그들은 진화론을 받아들여서 그들의 인생론과 세계관의 기초로 삼았다.

다윈에 의한 인간의 동물성을 강조하는 일은 인간본질의 새로운 접근으로 간주되었으며, 인간에 대한 연구는 동물과의 공통성, 유사성과 아울러 특이성, 우수성을 생물학적, 심리학적인 관점으로 연구하게 되었다.

인간은 고등포유류(高等哺乳類) 중의 영장류에 속하는 동물이라고 말하고 있다. 그러나 그러한 해석만으로써 인간을 이해하기는 부족한 점이 한 두 가지가 아니다.

3) 이중적 인간관

파스칼(B. Pascal, 1623~1662)은 인간을 이중적 존재로 보아 인간은 신성과 수성을 동시에 지니고 있다고 했다. 즉 인간은 충동적, 본능적, 자연적인 존재로서 또한 이성의 세계, 가치의 세계를 지향하여 끊임없이 자기상승을 추구하는 이중적 성질을 갖고 있다는 것이다.

4) 생물심정 5단계관

막스 셸러(Max Scheler, 1874~1928)의 말에 의하면 생물은 그 심성의 단계로서 정도에 따라 서열이 5단계로 구별된다고 하였다.

1단계는 최저단계의 식물로서 의식이나 감각이나 표상력(表象力)이 없고 다만 감수성 행동만 가지고 있다.
2단계는 하등 동물로서 의미 있는 율동적인 행동능력을 가지고 있고,

3단계는 고등동물로서 연상적 기억을 가지고 있어서 조건반사를 할 수 있으며 그 결과로 연습, 습관, 자기훈련 등이 가능한 것이다.

4단계는 한층 더 높은 고등동물로서 유인원종(類人猿種)과 같은 것으로 선택행위가 가능한 것이고,

5단계로 인간은 다른 생물과 본질적으로 구별할 수 있는 정신을 가지고 있는 것이나 이 정신작용의 중심이 인격(Personality)이며 인간만이 인격의 소유자인 것이다.

5) 인간정신의 내면력 삼 요소

페스탈로찌(J. H. Pestalozzi, 1746~1827)는 인간정신의 내면력을 정신력, 심정력, 기술력의 셋으로 나누고 이것을 인간정신의 삼대 근본력이라 했다. 정신력은 이성적인 지(頭腦 : head)가 주가 되고, 심정력은 도덕적 의(心臟 : heart)가 주가 되고, 기술력은 신체적인 행(實踐 : hand)이 주가 된다. 이와 같은 정신의 내면력을 조화적으로 균형있게 발전시킴으로써 인간성이 향상되고 완성되는 것이라고 했다.

6) 인간탄생시 삼무관

인간의 본성에서 빼놓을 수 없는 또 하나의 특징은 탄생시 삼무의 존재이면서 풍부한 잠재적 가능성을 가지고 있고 그 성장기가 다른 동물에 비해서 유난히 길다는 사실이다.

삼무(三無)란 무능, 무용, 무력의 극소의 현실성을 말한다. 그러나 인간은 삼무의 존재이면서 극대의 가능성을 가지고 태어나기 때문에 여기에서 교육의 필요성이 있다.

제3절 인간의 욕구

1. 욕구의 의미

욕구란 욕심이 생겨 바라서 구하는 행위로 배가 고픈 동물이 먹이를 구하여 찾아다니고 쫓아가서 먹이를 입에 무는 것과 같은 욕구에 기초를 둔 행위로 나타난다. 그러므로 인간은 욕구적 행동과 욕구충족 적 행동의 두 가지 행동으로 반복이 된다.

생물의 행동을 야기 시키는 개체의 동인(動因)을 우리는 욕망이라고 한다. 이것을 선천적인 것으로 생각할 때 본능이라고 한다.

우리의 일상생활은 욕구의 연속이다. 마음이 균형상태일 때는 우리의 정신은 안정감을 갖는다. 아무 욕구도 없이 있을 때가 마음의 균형 상태이며, 안정상태가 균형이 부서져서 불안정 상태에 있을 때가 욕구상태이다.

2. 욕구의 분류

인간의 욕구는 여러 관점에서 이야기할 수 있으나 다음과 같이 분류되어지고 있다.

1) 게이츠(A. L. Gates)의 분류

인간의 욕구를 생물적 욕구와 사회적 욕구로 구분하였다. 생물적 욕구는 식욕, 배설욕, 수면욕, 활동욕, 성욕 등으로 우리가 생명을 유지하는데 기본이 되는 것으로 기본적 욕구라고도 한다. 사회적 욕구는 애정의 욕구, 집단소속의 욕구, 성취의 욕구, 사회적 독립의 욕구, 사회적 승인의 욕구 등으로 전자가 선천적이라면 후자는 경험적이다.

2) 프레스콧(D. A. Prescot)의 분류

그는 생리적 욕구, 사회적 욕구, 자아적 욕구로 구분하였다.

(1) 생리적 욕구
① 유기체에 필요한 물질과 조건에 관한 것
② 활동과 휴식에 관한 것
③ 성적활동과 신체적 활동 등에 관한 것

(2) 사회적 욕구
① 애정
② 집단소속 등

(3) 자아적 욕구
① 자기의 개성유지
② 자기지도
③ 현실과의 조화 등을 추구하는 욕구

3) 샌포드(R. N. Sanford)의 분류

그는 사회적 욕구, 정서적 욕구, 지적욕구로 구분하였다.

(1) 사회적 욕구
① 벗을 사귀고 싶다.
② 지도자에 종사하고 싶다.
③ 타인에게 영향을 주기도 하며 타인을 지배하고 싶다.
④ 약자를 보호하고 싶다.
⑤ 자기가 보호받고 싶다.

⑥ 칭찬을 받고 싶다.
⑦ 타인을 대접하고 싶다.
⑧ 훌륭한 사람에게 자기를 맡기고 싶다.
⑨ 강요에 반항하고 싶다.
⑩ 타인에게 반항하고 싶다.
⑪ 위험을 피하고 싶다.
⑫ 열등한 사람을 무시하고 싶다.

(2) 정서적 욕구
① 비난을 피하고 싶다.
② 고난을 극복하고 싶다.
③ 비난에 대하여 자기를 지키고 싶다.
④ 감각적 쾌감을 구하고 싶다.
⑤ 긴장을 해소하고 싶다.
⑥ 수치심을 피하고 싶다.
⑦ 스릴을 느끼고 싶다.
⑧ 자기물건을 소유하고 싶다.
⑨ 이성과 교제하고 싶다.
⑩ 소유물을 많이 가지고 싶다.

(3) 지적 욕구
① 모든 사실을 알고 싶다.
② 설명을 하고 싶다.
③ 조직화나 구조화를 하고 싶다.
④ 질서를 바르게 하고 싶다.
⑤ 목표에 따르는 일을 하고 싶다.
⑥ 모든 요인을 관련시켜 해석하고 싶다.

4) 매슬로우(A. H. Maslow)의 분류

매슬로우는 인간이 여러 측면의 복잡성을 지니고 있는 존재지만 근본적으로 선하고 건설적이며 창조성을 타고난다고 보았다. 또 선택을 통해서 자신의 본질을 창조해 갈 수 있는 존재라고 가정했다. 인간 본성에 대한 성선설이라 할 수 있다. 그는 인간을 통합된 전체로 다루어야 인간다움의 모습이 제대로 드러나며 동물 연구나 부적응한 환자들을 분석한 결과만으로 인간의 본 모습을 그려낼 수 없다고 보았다. 그래서 그는 주로 건강한 사람들의 연구에 노력을 쏟았다.

매슬로우는 인간이 끊임없이 부족과 결핍을 느끼는 동물이며 행동은 그 당시에 지배적인 욕구의 산물이라고 보았다. 따라서 인간의 성격을 알려면 그 사람의 지배적인 욕구가 무엇인지를 파악하면 된다고 보았다. 그는 인간의 욕구가 여러 문화권에 걸쳐 공통되며 일정한 위계서열을 이루고 있다고 가정했다.

욕구가 위계서열을 이루고 있다는 것은 아래 욕구가 충족되어야 그 상위의 욕구가 생겨나고 중요해진다는 것을 의미한다. 그는 욕구 위계서열에서 더 상위에 있는 것들은 아래에 있는 것보다 계통발생이나 진화적으로 혹은 개인의 발달에서도 더 늦게 나타난다고 보았다. 욕구 위계서열에서 아래에 있는 것일수록 신체적 생존과 더 직결되며 결핍되었을 때 더 강력한 영향력을 행사한다. 매슬로우가 주장하는 욕구 위계서열을 5단계로 제시했다. 즉 생리적 욕구, 안전 욕구, 소속 욕구, 자기존중 욕구, 자기실현 욕구이다.

(1) 생리적 욕구

인간의 생물적, 유기체적 충동을 만족시키는 가장 기본적인 욕구로 생명유지와 관계한다. 즉 식욕, 성욕, 수면, 배설, 갈증 등의 욕구로 이것이 충족되지 않을 때 인간의 정상적인 행동은 균형을 잃게 된다.

생리적 욕구들은 인간의 생물학적 생존에 필수적인 것으로 공기, 물, 음식, 잠 등에 대한 욕구들이며 대부분의 현대 문화권에서는 어느 정도 충족되는 경향이 있다.

생리적 욕구들이 지배할 때 다른 욕구들은 존재하지 않는다. 굶주리는 사람에게는 안전이나 사랑 혹은 존중이 중요치 않다. 그러나 일단 욕구가 충족되고 나면 그것으로 만족하지 않고 다른 새로운 욕구가 발생한다.

(2) 안정 욕구

자기보존에 대한 욕구로서 신체적, 정신적인 공포, 위협, 고통으로부터 회피하려는 욕구이다. 그러나 욕구는 기본적 생존욕구로서 누구에게나 있다는 것이다.

안전의 욕구는 안전과 안정, 의존과 보호, 구조와 질서, 법 및 한계 등에 대한 것이다. 정돈과 조직화, 확실성과 예측 가능한 세상에 대한 욕구로 부모에 대한 의존성이 높은 유아기와 아동기 혹은 질병이나 사고 혹은 노화 등으로 안전이 위협을 받는 시기에 더욱 중요해진다. 안전 욕구를 저해하는 요소로는 부모의 불화나 죽음, 전쟁이나 범죄, 급속한 사회적 변화 등을 들 수 있고, 이에 대한 사회적 대응물로는 직업제도나 저축, 보험 및 종교를 들 수 있다.

(3) 소속 욕구

사회적인 욕구로서 애정적 욕구가 여기에 속한다. 인간은 누구나 무리 속에 함께 어울려 살기를 원하며, 그 속에서 사랑하고 사랑 받고 싶은 욕망에 서로 애정과 호의를 나누며 살고 싶어 한다.

소속과 사랑의 욕구는 생리적 욕구와 안전의 욕구가 충족되고 나면 강해지는 것으로, 타인들과 관계를 맺고 사랑하고 사랑 받고 싶어 하는 욕구다. 친구나 애인, 배우자, 자녀 등이 필요해지고 이웃이나 직장동료 집단 등에 소속감을 느끼고 싶어 한다.

현대사회는 유동성의 증가로 이 욕구를 충족시키기가 점점 어려워지는 경향이 있다. 이혼의 증가, 친밀한 가족관계의 붕괴, 개인주의화 및 도시화 등의 결과는 흔히 외로움과 소외감이다. 매슬로우는 많은 정신병리가 이 욕구의 좌절에 기인한다고 보았다.

욕구계제도(欲求階梯圖)

(5차) 자기실현 욕구(자기완성욕구)	자아욕구
(4차) 자기존중 욕구(지위욕구)	
(3차) 소속 욕구(애정욕구)	사회적 욕구
(2차) 안전욕구(자기보존적 욕구)	기본적 욕구
(1차) 생리적 욕구(신체적 욕구)	

(4) 자기존중 욕구

지위 욕으로 인간은 집단의 소속에 만족하지 않고, 더 나아가 자기의 행위나 인격이 타인으로부터 인정받아 존경을 받고 싶어 하는 욕구가 일어나는 것이다. 명예, 명성 그리고 더 나아가 남을 통제하는 감정이 떠오르고 자기는 유용한 인물로 주위에 영향력을 갖고 있다고 느낀다.

존중의 욕구는 자기 자신과 타인으로부터 존중받고 싶어 하는 욕구다. 자기존중의 욕구는 강해지고 유능해지려는 노력과 자유와 독립의 추구로 나타나며, 남들로부터 인정과 존중받고 싶어 하는 욕구는 흔히 명예와 지위추구로 나타난다. 이 욕구가 잘 충족되면 자신감이 생기고 자신이 세상에서 쓸모 있고 필요한 존재라는 느낌을 갖게 되는 반면, 좌절되면 열등감과 무력감 혹은 부적절감 등이 생긴다.

존중의 욕구는 자신의 관점에서 가치를 인정할 수 있는 능력과 자질이 바탕이 된 성취와 행동에 대해 남들로부터의 인정과 존경을 받을 때 가장 잘 충족된다. 겉으로의 명예나 인기만으로 이 욕구가 채워지지 않는다. 자기 스스로에게서 유래하는 존중과 인정이 부족한 경우, 사회적으로 명예와 지위를 얻고도 늘 심한 열등감에 시달릴 수도 있다.

(5) 자기실현 욕구

다른 모든 욕구가 비교적 충족되었을 때에 나타나는 자기충실, 자기완성의 욕구를 뜻한다. 인간이 세상에 태어날 때 지니고 온 잠재적 가능성을 최대한으로 실현함으로서 자기 삶의 최대완성을 통하여 생의 보람을 얻으려고 하는 것이다.

매슬로우는 이러한 인간욕구계제설(人間欲求階梯說)에 회전성과 단계성을 강조하고 있다. 회전성이란 인간이 자아실현의 단계에 올라가면 다시 생리적 욕구의 인간 기본욕구를 추구하려는 성향을 의미하며, 단계성은 앞 욕구가 만족되고 난 연후에 다음 욕구가 일어난다는 사실이다.

자기실현의 욕구는 자신의 잠재력이나 자신다움을 실현하고 자기답게 되고자 하는 욕구에 해당한다. 자기실현의 욕구는 자신의 본성에 충실한 것이라 할 수 있다. 이때 재능이나 잠재력이 꼭 예술적이거나 지성적인 것만을 의미하지 않는다. 음식을 하거나 남을 잘 돌보는 일 또한 얼마든지 창의적인 것이 될 수 있다. 흔히 자기실현의 욕구에 알고 싶고 이해하고 싶은 인지적인 욕구와 아름다움, 질서, 단순함, 조화, 완성 등을 추구하는 심미적 욕구들도 포함시킨다.

아래 위계에 있는 소속욕구까지는 결핍에 의해 생겨나며 그 충족도 자신보다는 남에 크게 의존해 있는 반면, 상위의 두 욕구는 결핍보다는 존재 그 자체에서 생겨나며 충족도 자신에게 주로 달려 있다.

매슬로우는 전자를 '결핍욕구' 후자를 '성장욕구'라 구분해 부른다. 결핍은 긴장을 유발하며 그 욕구의 충족은 긴장 감소를 가져온다. 결핍 상태가 너무 오래 가거나 극단적이 되면 몸과 마음에 병이 든다. 이때 마음의 병은 신경증이나 성격장애 같은 것이 된다.

성장욕구는 결핍보다는 존재에서 생겨나며 그 욕구의 충족도 긴장 감소가 아니라 긴장의 증가를 초래한다. 이 긴장은 즐거운 긴장이다. 결핍욕구의 충족은 낮은 기쁨과 만족, 현상유지 및 질병 없는 상태를 가져오지만, 성장욕구의 충족은 높은 기쁨과 행복, 성장 그리고 적극적 의미의 건강을 초래한다.

매슬로우는 건강을 병이 아닌 소극적 상태로 보지 않고 자기에 충실한 존재 상태인 성장욕구를 충족하는 자기실현의 면에서 조망한다. 성장욕구가 충족되지 못하면 결핍욕구가 충족이 되는 경우에도 존재나 의미의 병이라 할 수 있는, 권태, 허무감, 절망으로 경험되는 '상위병리(metapathology)'가 생길 수 있다.

기본 욕구들의 충족이 가능하려면 표현의 자유가 보장되어 있고 집단들 속에 공정함, 정직, 질서, 정의 등이 있어야 하는데, 그러한 이상 사회가 존재하기 어렵다는 것이다. 한편 개인도 자신의 잠재력을 인식하지 못하거나 성장의 위험을 감수하기보다는 안전 욕구에 얽매이는 결정을 하는 등으로 자기잠재력의 실현을 방해한다. 매슬로우는 개인의 성격 특성은 그 사람에게 지배적인 욕구의 형태가 무엇인가에 따라 결정된다고 보았다.

3. 욕구의 성질

욕구라 해서 반드시 우리에게 필요한 것은 아니다. 목이 말랐을 때에 물을 마시는 것은 반드시 필요하나 수술 후에 물을 마시고 싶은 것은 불필요한 성질을 가지고 있다. 우리의 일상생활에서 이러한 충동에서 오는 욕구를 잘 구분할 필요가 있다.

그리고 욕구에는 유인성과 반 유인성이 있다. 가끔 먹는 라면은 유인성의 성질을 가지고 있으나 매일 먹어야 하는 사태 속에서는 라면이 반 유인성의 성질을 가진다. 또한 어떤 사람은 산수화를 좋아하는 반면 다른 사람은 정물화를 좋아 할 수도 있다.

유인성은 그 물질이 가진 성질에 있는 것이 아니라 우리 요구에 의하여 결정되는 것이다. 그리고 그 유인성의 강도는 그 때 그 사람의 욕구의 강도에 의존한다. 마음의 갈등이나 정신적 고민은 이러한 욕구의 유인성과 반 유인성의 강약 여하에 일어나는 것이다.

4. 욕구만족의 과정

우리 인간의 생활은 욕구추구의 과정이요, 욕구에 대하여 만족을 구하는 과정이다. 각 개인의 소질과 환경, 발달단계, 심신의 조건에 의하여 욕구의 종류, 욕구의 범위, 욕구의 대소, 욕구의 강도 등에 차이가 있지만은 우리의 일상생활은 어떤 욕구에 대한 노력의 과정이라고 말할 수 있다.

이러한 욕구는 즉각적인 만족을 구하는 성질을 가지고 있다. 여기서 욕구에 대한 연기나 극복에서 오는 긍정적인 측면과 욕구불만에서 오는 부정적인 측면의 인간행동을 구분해 볼 수 있다.

| 단원 마무리 |

질문을 만들어 보고 동료들과 이야기를 나눠 보세요.

♠ 정답이 있는 질문(교재에서 답을 찾을 수 있는 질문)

· 인간의 본성을 말하고 있는 삼성(三性)은 무엇인가?

· 인간의 욕구에 대한 게이츠(Gates)의 사회적 욕구가 경험적인 이유는?

·

·

♠ 정답이 없는 질문(더 궁금하고, 이유나, 추론, 적용 등을 묻는 질문)

· 매슬로우의 욕구단계에서 지금 자신은 어떤 단계에 해당이 되는가?

· 4차 산업혁명시대의 인간관은 기존의 인간관과 무엇이 다를까?

·

·

CHAPTER 04

학습

제1절 학습의 본질
제2절 학습이론

chapter 04 학습

인간은 외부세계와의 접촉을 통하여 끊임없이 학습하면서 살아가고 있다. 그러한 학습과정은 인간의 원초적 생명의 유지기능에서부터 인간의 자아실현이나 자기완성에까지 필요한 원초적인 성질이다. 즉 유기체가 환경과의 상호작용에서 어떻게 학습이 이루어지느냐의 원리를 다루는 분야이기도 하다. 우리의 지식, 태도, 기능 등 모두가 학습된 것이다.

학습에는 단순한 연합학습과 복잡한 인지학습 등이 있는데 그러한 과정에서 학습이 어떻게(How) 일어나며, 더 효과적(Effect)인 방법이 무엇인가를 인간이해의 철저한 분석과 해석을 통해 과학적으로 접근해 보는 것이 학습심리의 본질이기도 하다.

여기서는 학습의 본질에서 학습의 정의와 주변적인 개념의 지도, 수업에 대하여 알아보고 학습이론에서 자극과 반응이론과 인지이론을 중심으로 살펴보고자 한다.

제1절 학습의 본질

인간의 모든 행동은 대부분 학습에 의해 형성되고 이를 변화시켜나가면서 발달해간다고 할 수 있다. 학교에서 수업을 받거나 책을 읽으면서 새로운 내용을 배우고 조용히 산책을 하면서 깊은 사색에 젖어들기도 하면서 이전에 배웠던 내용을 상기하기도 한다. 이 모든 활동이 학습이다.

학습은 이미 이루어진 일정한 또는 고정된 교재로부터 출발하는 것이 아니고 학습자의 생활경험에서 출발하며 또 현실에서 이탈된 추상적인 장이 아니고 현실 속에 구체적인 장에서 생활의 경험을 통하여 이루어진다.

이와 같이 학습에서는 학습자의 경험이 중시되며 "교육은 경험의, 경험에 의한, 또 경험을 위하여 발전된다"고 하여 학습에서의 경험을 중시한다. 그래서 학습경험이란 단순히 경험을 가리키는 것은 아니다. 그것은 발전적으로 연속되는 또 현실의 생활에 긴밀하게 관련을 맺고 있는 그 위에 통합적으로 진행하는 또 학습자에 의해서 자각적으로 추구되는 경험이다.

학습의 본질을 폭 넓게 이해하기 위하여 교육현장에서 학습자의 행동에 직접적으로 영향을 주고 있는 학습과 더불어 지도 · 수업에 대하여 살펴보고자 한다.

1. 학습의 정의

학습이란 배워서 익힘, 즉 일정한 지식의 획득, 이해의 발달, 인식의 발전, 감정의 심화, 습관의 형성 등의 목표를 향하여 노력하는 행동, 곧 기능이나 지식을 의식적으로 습득하는 행동이다.

심리적 측면에서는 이왕에 겪었거나 아직 겪지 않은 상태에 적응하는 능력을 습득하는 과정이라고 볼 수 있다. 이는 넓은 뜻으로는 인간발달에 있어서 재 체제화의 과정을 말한다. 바꾸어 말하면 사람과 생활과의 상호작용으로 인해서 새로운 관련이 생기고 이에 따라서 주체인 사람의 행동에 변화가 생긴다. 그 결과 사람이 새로운 행동을 획득하는 것으로서 정신구조에 변화틀 초래하며 기능의 변화를 가져오게 되는 것을 의미한다.

따라서 학습이란 교사의 지도로써 새로운 지식이나 행동을 습득하고 보유하여 장차의 생활에 활용할 수 있는 전체적인 재 체제화의 과정이라고 할 수 있다. 이는 경험을 통한 행동의 변화를 의미한다. 여기서 행동은 내면적 행동과 외면적 행동을 지칭하는 것으로 보아 광범위한 개념으로 이해해야 한다.

힐가드(E. R. Hilgard)와 바워(G. H. Bower)는 "학습이란 학습자가 어떤 상황을 반복적으로 경험함으로써 그 상황에 대한 학습자의 행동에 변화가 오는 것을 의미한다. 이때 그 행동의 변화는 선천적인 반응성향, 성숙과 또한 학습자의 일시적 상태 등에 의한 것이 아니어야 한다."라고 정의하고 있다.

물론 이 정의가 학습이라고 하는 개념을 완전히 포괄하고 있는 것은 아니지만 적어도 학습과 학습이 아닌 두 개념을 비교적 명확하게 구분하고 있다는 데에 의미가 있다.

뮴(H. L. Mumn)은 "어떤 활동 · 훈련 · 관찰과 같은 일정한 경험에 의해 행동이 많든 적든 간에 영속적이고 진보적인 변용을 하는 것"이라 하였고 모르간(G. Morgan)은 학습이란 "경험 또는 연습의 결과로 생기는 비교적 영속적 행동의 변화"로 정의된다고 하였다. 그러므로 여기서는 학습이란 경험이나 연습이나 활동을 통한 비교적 영구성을 띤 바람직한 행동의 변화라고 정의할 수 있다.

이러한 정의들을 통해 학습본질의 차이를 도출해 보면 대략 다음과 같다.

첫째, 행동의 변화이다. 이는 교육의 대상이 인간이기 때문이다.

둘째, 이러한 변화는 경험 · 연습 · 활동에 의한 변화로써 성숙에 의한 변화는 아니다. 즉, 비학습적 요인들을 선천적 성질 또는 선천력에 의한 변화인데 반하여 학습적 요소들은 후천적이고 환경적인 힘이나 노력에 의해 획득되어 진다. 비록 후천적인 노력이나 환경, 경험의 결과라 할지라도 외상 · 질병 · 피로 등에 의해서 나타나는 행동은 학습의 결과가 아니다.

셋째, 이러한 변화는 비교적 영속적 · 영구적이어야 한다. 따라서 일시적인 동기나 감각적 순응 또는 유기체의 감수성의 변화 등은 제외된다.

넷째, 한편 순수 심리학적인 견해는 진보적 또는 퇴보적인 행동의 변화를 모두 학습으로 간주하나, 교육적인 견해로는 바람직한 진보적인 행동의 변화만을 학습으로 간주한다. 즉, 행동변화의 가치판단 유무이다. 교육이 가치지향적이라는 사실을 기준으로 하여 학습을 판단한다는 것이다.

2. 지도의 정의

지도에는 두 가지 큰 방향의 개념이 있다. 하나는 학습지도(teaching)의 의미이고 또 하나는 생활지도(guidance)의 의미이다. 이는 본래 '교육'이 가지고 있는 의미와 동일하다. 즉, '교'는 새로운 지식을 가르치는 의미의 지적인 측면과 '육'은 학습자 개개인이 지니고 있는 잠재능력을 발굴해서 최대한으로 발전시키는 의미의 정의적 측면으로 구분할 수 있다. 이러한 관점에서 조직화된 학교교육을 '교'의 학습지도와 '육'의 생활지도로 대별할 수 있다.

1) 학습지도(teaching)

교재를 매개로 하여 학생들에게 문화가치를 습득시키는 작용을 말한다. 교사가 학생에게 지식을 전달하고 주입시키는 방법으로부터, 학생을 활동시킴으로써 지식이나 기능 및 기타의 가치를 창조시킬 수 있다. 전자는 교수 개념에 속하고 후자는 학습지도에 속한다.

즉, 학습지도란 교사가 학습을 계획하고 수업을 통제하며 학생들을 가르치는 것이 아니라 학생들의 학습활동을 도와준다는 견지에서 학습의 중심을 교사로부터 학생에게 옮기는 것을 뜻한다. 학습지도는 근본적인 사상의 기초가 아동중심에 그 기반을 두고 있는 것이다.

이와 같은 생각에 따라 교수라는 말 대신에 학습지도라는 말을 쓰게 되었다. 이와 같이 오늘날 학습지도란 교과서나 기타의 학습자료를 통한 일반적인 교수작용으로부터 아동학생의 생활환경을 강조하는 방향으로 발전되고 있음이 일반적으로 인정되고 있다.

그러나 한편 교재가 가지고 있는 논리성이나 계통성에 따라야 한다는 제약이 있다. 어느 편에 중점을 두느냐 하는 문제도 생기게 된다. 전자에 중점을 두면 문제해결 또는 경험단원형의 지도가 되어 학생을 주체적으로 학습할 수 있으나 계통성을 경시하기 쉬운 결함이 생기며 후자에 중점을 두면 기초지도형 또는 교재단원형의 지도가 되어 계통성과 논리성은 확보되지만, 경험은 교재습득의 방편으로서 이용될 뿐 구체적인 경험은 할 수 없는 결함이 있다.

따라서 이 문제는 일반적으로 결론을 내릴 수 없는 것으로서 학습내용의 종류와 정도에 따라야 할 것이다.

그리고 교수란 개념 속에는 교사가 교육적 의도를 가지고 하는 일체의 활동임으로, 교수에 포함되는 활동들은 수업(instruction) · 위교(indoctrination) · 훈련(training) · 조건화(conditioning)로 구분할 수 있고 그 중에서 교수의 핵심적인 의미에 가장 가까운 것은 수업이라는 점이 지적된다. 즉, 수업은 훈련이나 조건화가 행동과 습관을 바꾸는 일인 것과는 달리 지식과 신념을 바꾸는 일이며 그 중에서도 근거 있는 지식과 신념을 가지도록 한다는 점에서 위교와 구별된다.

2) 생활지도

학교와 가정과 지역사회에서 최대한으로 적응하기 위하여 필요한 자기이해(self-understanding)와 자기지도(self-direction)를 할 수 있도록 개인을 돕는 과정이다. 즉, 학생의 건전한 성장과 발달을 촉진하기 위하여 생활과정에서 나타나는 현실적 문제를 개인의 특성에 알맞게 지도하여 개인의 자아실현을 도모하는 것이 목적이다. 실제에 있어서 이는 진로지도 · 학습지도 · 성격지도 · 여가지도 · 적성지도 등의 대상문제에 따라서 나누어지기도 한다.

그러나 학습지도와 생활지도는 구분된 성격으로 규정할 수 없는 성질임으로 각각 독립적인 기능을 갖는 것이 아니라 상호보완적으로 유기적인 관계를 유지하면서 조화있게 작용할 때 비로소 교육은 소기의 성과를 거둘 수 있는 것이다. 즉, 예능과를 가르치는 초등학교 6학년 교사나 수학을 가르치는 고등학교 교사가 하나의 교육적 활동을 전개해 나가려면 가르치고(teach) 돕고 지도하는(guide) 역할을 동시에 수행해야 할 것이다.

그러므로 여기서는 지도란 학습자의 행동이 바람직한 방향으로 변화하도록 지도의 과정을 안내하고 통제하며 발전시키는 행위라고 정의할 수 있다.

3. 수업의 정의

수업이란 교육기관에서 교사가 학생에게 지식과 기능을 전달하는 행동을 말하며, 학습을 위하는 모든 활동을 말한다. 즉, 학습이 일어날 수 있도록 학습자의 내적 및 외적 조건을 체계적으로 조정하는 과정으로 수업을 목적성 · 의도성 · 계획성을 가진 활동이다.

어떤 정해진 목표 또는 내용을 학생이 성취할 수 있도록 교사가 전개하는 일련의 수업활동을 수업과정이라고 하는데 이 수업과정은 목표제시 · 선행학습 자극 · 학습할 내용 제시 · 학습진행과정 확인 · 학습된 행동의 파지와 전이, 차시예고 등의 활동이 포함된다. 한 시간의 수업이라는 개념을 넘어 일정한 기간의 단위에서 보면 계획 · 진단 · 전개 · 발전 · 평가의 여러 활동이 수업과정에 포함되기도 한다.

이와 같이 학교교육은 교사가 수업목표를 달성시키기 위하여 그 목표에 따른 학습내용을 가지고 교수활동을 전개하면 학생은 이를 학습한다. 즉, 교사는 가르치고 학생은 배우는 활동을 하게 된다.

이러한 수업활동은 크게 체제면 · 구성요소면 · 내용면으로 대별해 볼 수 있다.

수업을 체제면에서 보면 바람직한 행동의 변화를 기대하는 교사와 학생간의 계획된 상호작용이라고 정의할 수 있다. 이와 같은 계획된 상호작용의 강도는 학력에 반비례하면서 보통 이루어지는데 이에 따라 수업 · 강의 · 강연 등의 용어로 표현되고 있다.

수업을 이루고 있는 요소적 측면에서 보면 다음 [그림 4-1]과 같이 나타낼 수 있다.

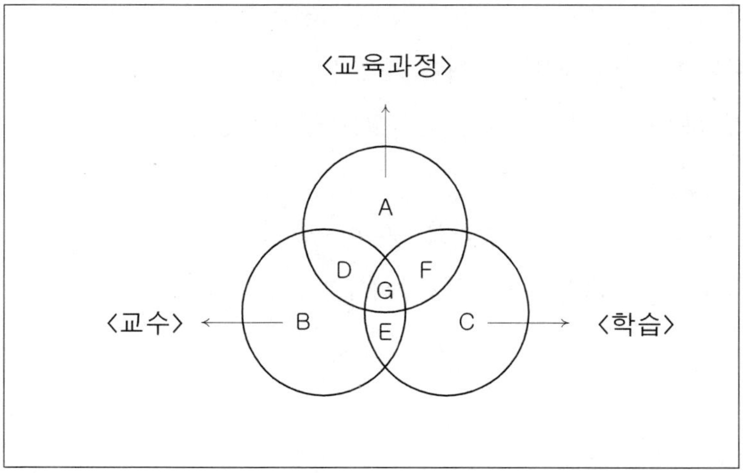

[그림 4-1] 수업의 3요소

수업의 3요소의 그림에서 A는 교육과정 · 학습내용 · 커리큘럼(Curriculum)이라 하고, B는 교수 · 가르치는 행위 Teaching이라 하며, C는 학습, 가르침을 받는 행위 Learning이라고 한다. 이를 보통 교수의 기본요소인 교육의 주체인 교육자 · 교사 · 부모 등과 교육의 객체인 피교육자 · 학생 · 아동 등과 교육의 매개체인 문화내용 · 도야재 · 교재 등으로 나타낼 수 있다.

D는 교육과정에 의해서 교육행위가 있었지만, 학습이 되지 않는 부분으로 교사와 교육과정의 관계이며, E는 교육과정과의 단계가 없지만 교수와 학생간의 상호작용이 이루어지는 부분이다. 그리고 F는 교사의 교수행위가 없이 교육과정에 의해서 학습되는 부분으로 학생과 교육내용과의 관계이다.

끝으로 G는 교육과정의 내용을 교사의 교수행위에 의해서 학습되는 부분으로 이를 수업이라 한다.

여기서 수업의 3요소(A, B, C)가 잘 정립되고 또한 2차적인 수업의 3요소(D, E, F)가 고밀도화 할수록 수업(G)은 완전학습으로 진행될 수 있다.

수업을 내용면에서 살펴보면, 학습자에게 학습력을 보다 효율적으로 신장될 수 있도록 내부적 환경과 외부적 환경을 체계적으로 조성하는 과정이라고 볼 수 있다. 여기서 학습력이란 교육과정에서 의도한 지식 · 기능 · 태도 등을 말하고, 학습자의 내부적 환경이란 학습지도의 기초요인인 목표인식 · 준비성 · 학습자료 제시방법 · 동기유발 · 내용조직 등을 포함할 수 있고, 학습자의 외부적 환경은 가정환경 · 학교환경 · 사회환경 · 교사의 특성 · 학습자의 특성 · 교사와 학습자의 상호관계, 교과의 특성 등이 포함된다.

제2절 학습이론

학습이론이란 학습이 일어나는 원인을 규명하려는 이론이라 할 수 있다. 즉, 어떠한 심리적 기제(mental mechanism)를 거쳐 이루어지며, 어떠한 힘이 학습을 성립시키는가를 해명해 주는 법칙이나 이론의 체계를 말한다. 지금까지 정립된 학습이론은 크게 2가지로 분류할 수 있다.

첫째, 자극과 반응의 연결에서 인간의 행동을 설명하려는 이론을 총칭한 S-R이론과 둘째, 인간의 모든 행동을 환경과 인지의 역동적인 관계에서 전체적으로 파악하려는 인지이론이 있다.

이러한 이론들의 기본적인 차이는 학습대상과 주어진 학습환경의 차이점에 기인한다고 말 할 수 있다. 따라서 각 이론을 각기의 특정한 대상과 환경 속에서는 타당성을 가지고 있거나 다른 장면에서의 학습을 설명하기에는 부족한 경우가 있다.

그러므로 각 이론들이 어떠한 시사점을 주고 있는가를 토대로 하여 종합적으로 접근하며 항시 새로운 학습이론을 모색해야 하겠다.

1. S-R 이론

학습을 자극(stimulus)에 대한 반응(response)관계로 보려는 견해로 흔히 행동주의로 총칭된다. 이 학설에 속에는 대표 이론가로서는 숀다이크(Thorndike), 파블로프(Pavlov), 스키너(Skinner), 거스리(Guthrie), 헐(Hull), 반두라(Bandura) 등이 있으며, 인지이론과 대별된다.

1) 시행착오설

결합설(connectionism)은 숀다이크(Thorndike)에 의해 대표된다.

숀다이크는 자신의 박사학위논문인 "동물에 있어 연합과정(association process)의 실험적 연구"에서 문제상자(problem box)를 만들었는데, 이는 심리학 분야에서 동물을 실험대상으로 한 최초의 실험이었다.

그는 문제상자 속에 굶주린 고양이를 넣고, 이것에서 빠져나와 먹이를 구하는 실험을 통해 시행착오과정에서 학습은 선택된 행동이 결합되는 것이라 보았다.

(1) 실험의 개요

<실험 1> 문제상자(problem box)

Problem Box실험은 [그림 4-2]와 같은 장치를 하여 굶주린 고양이를 넣었다. 그리고 문제상자와 연결하여 고양이가 좋아하는 음식물을 밖에 설치하여 문제상자의 발판(pedal)을 밟으면 손쉽게 열려지도록 되어 있다. 이리하여 문제상자를 빠져 나와 음식물인 학습목표를 성취하는 과정을 관찰하는 것이다.

실험결과 고양이는 음식물에 의해 눈·코 등의 감각기관이 자극을 받아 직접 음식물이 있는 곳으로 나아가기 위해 이리저리 부딪쳐 밖으로 나가려고 시도하였다. 약 1분이 경과되자 우연히 발판을 밟아서 문이 열리게 되어 음식물인 학습목표를 성취하게 되었다. 그 후 계속해서 수십 번을 반복한 끝에 고양이는 마침내 시간을 요하지 않고 필요없는 동작도 하지 않고 곧바로 발판을 밟고 나오게 되었다. 즉, 실험대상인 고양이는 목표를 향하여 많은 시행과 착오를 직접 경험하고 곤란을 겪어서 처음에 시도하지 못했던 새로운 행동을 우연히 성취하게 되었다.

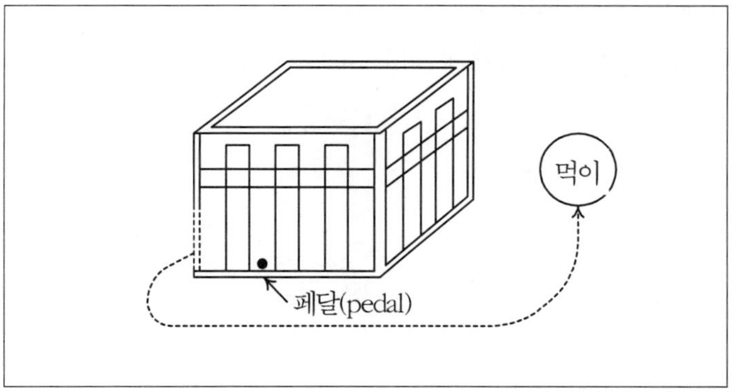

[그림 4-2] problem box

<실험 2> 미로학습(maze learning)

손다이크(Thorndike)는 병아리를 가지고 미로 실험을 하였다. 그는 [그림 4-3]과 같은 미로를 만들었다. 그리고는 미로의 중앙에 넣어 밖으로부터 어미와 그의 동료들의 소리를 들을 수 있도록 장치하였다. 그 후 병아리는 어미와 동료들에게 가서 같이 어울리려는 욕구 속에서 미로를 빠져나가려는 동기를 형성하게 되는데, 빠져나오려는 시행을 반복하고 착오를 경험하면서 우연히 출구를 나올 수 있었다. 이와 같이 우연한 성공의 과정을 여러 번 되풀이한 결과 시행착오 없이 출구를 향해 나갈 수 있었다.

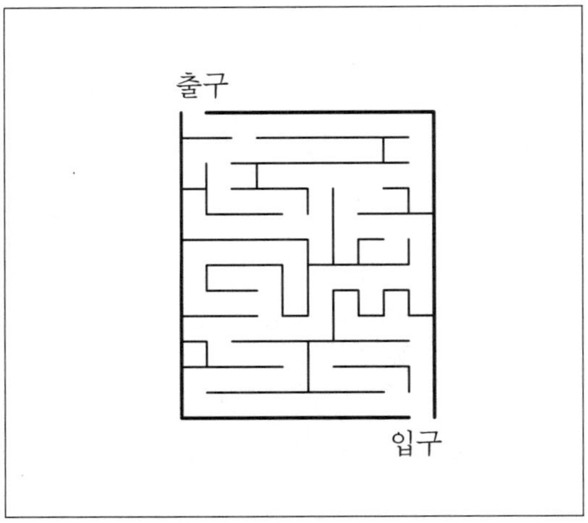

[그림 4-3] maze

이상의 실험에서 숀다이크(Thorndike)는 동물은 시행착오와 우연한 성공(accidental success)에서 새로운 행동을 학습하게 되고 바른 행동을 하게 된다는 것이다. 이러한 시행과 착오의 과정에서 만족스럽게 성공한 행동은 각인되고 불만족스러운 결과를 보이게 된 행동은 배제된다고 보았다.

(2) 학습의 3법칙

이러한 숀다이크(Thorndike) 실험을 통해 정립할 수 있는 학습의 법칙을 들면 다음과 같다.

① **효과의 법칙**(law of effect)

일정한 자극장면에 반응이 반복되면 가변적인 결합이 이루어지게 되어 그 결합이 강화되면 형동이 일어날 확률은 높아진다. 그러나 불만족한 상태가 계속되면 행동은 감소된다.

효과의 법칙은 행동의 결과에 따른 쾌-불쾌 결합, 즉 학습을 적극적인 방향으로나 소극적인 방향으로 강화시킨다는 법칙이다. 그런데 이 효과의 법칙은 1930년 이후에는 수정을 가하게 된다. 즉, 많은 실험을 거듭한 결과 쾌-불쾌의 자극이 행동과 반비

례하여 작용하지 만은 않는다고 밝혀져 쾌자극이 행동을 증진시키는데 효과가 있으나, 불쾌 또는 불만족이 행동을 파괴하거나 약화시킨다는 주장은 철회되었다.

② 준비성의 법칙(law of readiness)

준비성의 법칙은 효과의 법칙에 대한 부수적인 원리로 생리학적 기초를 제공해 주고 있다.

그의 주된 관점은 자극에 반응할 태도 또는 동기가 얼마나 갖추어져 있느냐는 것이다. 준비성의 여부는 곧 학습자의 만족 및 불만족과 관계된다.

그러므로 현재 무엇을 수행할 능력이 비효과적인 때는 훈련이나 학습을 시키지 말고 그것을 받을 수 있는 능력이 수준에 도달할 때까지 기다리는 것이 보다 바람직하다.

그러나 숀다이크(Thorndike)가 말하는 준비성이란 성숙이라는 개념과는 다른 것이며, 이를 힐가드(Hilgard)는 행동경향(action tendency)이란 말로 바꾸어 해석하고 행동경향이 준비된 반응 · 적응 · 자세 · 태도 등으로 환기될 때 그 경향이 행동에 있어 충족되면 만족하고 충족되지 않으며 불만족하게 된다. 즉, 준비된 행위의 준비를 의미하고 있는 것이다.

③ 연습의 법칙(law of exercise)

자극과 반응의 관계를 반복하면 결합이 견고해지고 반복하지 않으면 결합은 약화되거나 망각된다. 숀다이크(Thorndike)는 결합이 견고하다는 것은 어느 장면에서 같은 반응이 일어날 확률이 높다는 것을 의미하고 있다.

그러나 이 또한 제한점을 갖고 있는데 효과의 법칙에 적용되는 것으로는 기계적인 기억이나, 활동기능의 획득에 있어서와 같이 반복된 반응에 있는 것이고, 학업성적에 있어서 학습곡선은 사용의 법칙을 양적으로 표시한 것이고, 망각곡선은 비사용의 법칙을 표시한 것이다.

숀다이크(Thorndike)는 이상의 3대법칙 이외에 5가지의 하위법칙을 정립하고 있다.

첫째, 다양반응(multiple response)

학습자가 어떤 과제를 해결하려 할 때 여러 가지 반응을 시도해 보면 그 중에 적절한 반응이 우연히 일어나게 되고 이를 성공함으로써 학습이 가능하다는 것으로 유기체가 그 반응을 여러 가지로 바꾸어 볼 줄 모르면 해결책은 결코 나오지 않는다는 원리이다.

둘째, 자세 또는 태도(set or attitude)

학습은 유기체의 태도 또는 자세의 총화에 의해 이루어진다는 법칙이다. 반응이란 어느 정도 특정문화 중에서 성장한 각 개인의 특유하고 영속적인 적응에 의하여 이루어진다. 그러나 때때로 사람은 순간적인 경향에도 영향을 받는다. 그러기에 태도 또는 자세는 사람들의 행동을 결정할 뿐만 아니라 만족과 불만족을 결정하는데 깊은 관계를 갖고 있다.

셋째, 요소의 우월(prepotency of elements)

학습자는 학습과제 가운데 우월한 요소에 선택적으로 반응한다는 법칙이다.

넷째, 유추에 의한 반응(response by analogy)

자극이나 상황에 대한 반응은 동화 또는 유화에 의해 반응한다는 법칙이다. 사람이 최초 경험하는 장면에 반응하는 것은 과거에 경험한 것과 비슷한 장면에서의 반응과 같은 반응을 일으킨다는 것이다.

다섯째, 연합변환(associative shifting)

어떤 반응과 자극 장면간의 일련의 변화가 완전히 보존되어 지속되면 그 반응은 곧 새로운 자극에 대해서도 일어난다는 법칙이다. 이 법칙은 조건반응과 유사한 이론으로 손다이크(Thorndike)는 이 법칙에 대한 실례(實例)를 다음과 같이 들고 있다. 즉, 고양이를 일어서도록 하기 위해서 한 조각의 고기를 앞에 떨어뜨려 놓고 "서"하고 말을 한 후, 이러한 반복으로 고양이가 일어서면 이후에는 고기를 주지 않고 "서"하기만 하여도 일어선다는 것이다.

2) 고전적 조건반응설

고전적 조건화는 소련의 대뇌생리학자인 I. P. Pavlov(1847~1936)에 의해서 조건자극과 그것에 의해서 이루어진다는 조건반응으로 성립되는 학습설인데, 이것은 미국의 왓슨(J. B. Watson, 1878~1958)에 의해서 심리학에 도입, 행동주의 심리학에 많은 공헌을 할 뿐만 아니라 학습의 중요한 이론이 되었다.

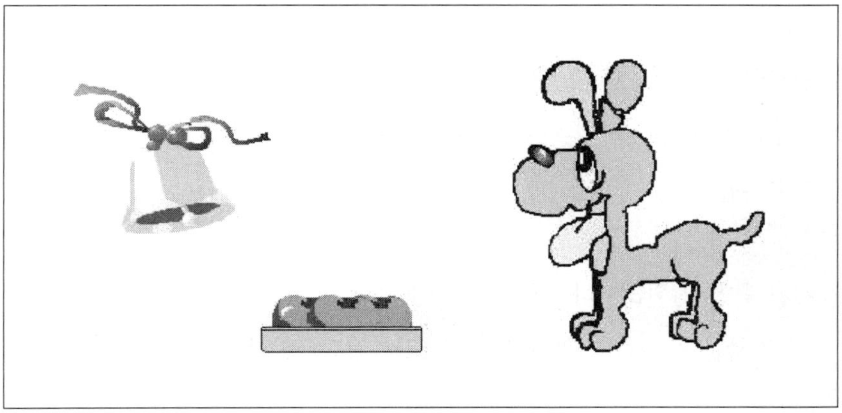

[그림 4-4] Pavlov의 실험장치

(1) 실험의 개요

파블로프(Pavlov)는 타액의 분비작용을 실험하기 위하여 일정한 훈련을 한 개를 [그림 4-4]와 같이 장치하여 자극과 반응에 관한 실험을 하였다.

파블로프는 처음에 조건자극(conditioned stimulus)인 종소리를 약 30초 들려주고 무조건자극(unconditioned stimulus)인 고기를 주었다. 이와 같은 방법으로 5분 또는 10분 간격으로 6~10회씩 매일 혹은 격일로 반복하였다. 40회에서 60회 정도 되풀이한 결과, 종소리와 쇠고기의 결합에 의하여 타액이 저절로 분비되었다. 즉, 고기를 주지 않고 종소리만 들려주어도 침이 나오게 되었다. 파블로프는 이때 조건반사가 성립되었다고 말하고 있다. 그리고 종소리 없이 고기를 줄 때 타액이 분비되는 것을 무조건반응이라 하였다.

(2) 학습의 4원리

이와 같은 실험을 통해 도출될 수 있는 학습의 원리를 정리하면 다음과 같다.

첫째, 강도(强度)의 원리이다.

이는 최초의 반응보다 후속되는 반응이 점차 더 강해야만 바람직한 결과를 낳고 자극이 강한 것일수록 학습이 보다 잘된다는 원리이다.

둘째, 일관성(一貫性)의 원리이다.

이는 자극의 성질이 일관성을 지니는 것으로 외부자극의 성질이 다른 것은 효과가 없다는 원리이다.

셋째, 시간성(時間性) 원리이다.

이는 조건자극은 무조건 자극과 동시에 또는 그 보다 앞서 제공되어야 효과가 크다는 원리이다.

넷째, 계속성(繼續性) 원리이다.

이는 자극과 반응의 관계는 반복횟수가 많으면 많을수록 자극과 반응의 결합이 높다는 원리이다.

그밖에 조건반응설에서 나타나는 중요한 현상으로 강화 · 일반화 · 소거 · 자발적 회생 · 외부적 금지 · 고차적 조건화 등의 개념이 있다.

3) 조작적 조건화설

파블로프(Pavlov)의 조건반사는 외부자극에 의해 인출된 반응으로 동물이나 사람은 반드시 외부의 자극을 받지 않고도 어떤 행동을 자발적 · 의도적으로 행할 수 있다. 이렇듯 어떤 행동을 의도적으로 일으키게 하는 것을 조작적 행동이라 부르고 조작적 행동을 통한 조건형성을 조작적 조건화라 한다. 이와 같은 이론의 대표자는 스키너(B. F. Skinner)를 들 수 있다.

힐가드(Hilgard)는 파블로프(Pavlov)의 조건형성이론을 고전적 조건화라 부르고 스키너(Skinner)의 조건형성을 도구적 조건화라 구분하고 있다.

(1) 실험개요

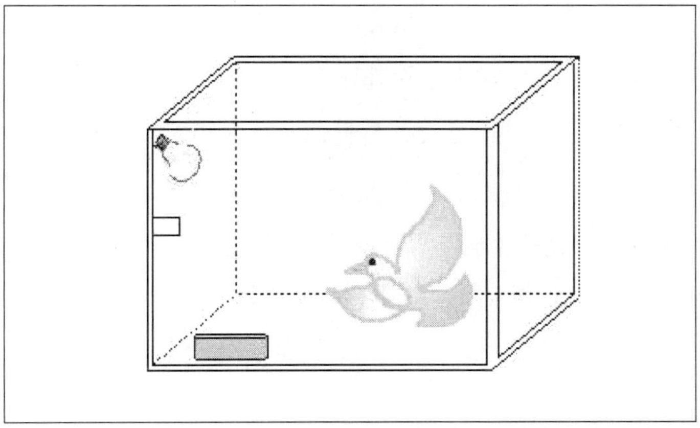

[그림 4-5] 초기 Skinner Box

스키너(Skinner)는 [그림 4-5]와 같이 장치된 Skinner Box에 훈련된 비둘기를 넣어, 지렛대를 조작하여 먹이를 획득하는 과정을 관찰했다. 실험동물인 비둘기는 1일 1회 일정한 시간에 먹이를 주는 상황에 순응시켜 굶주린 시간을 이용해서 실험했다.

Skinner Box에 넣은 후에도 처음 전원을 작동시켜 50~200개의 먹이를 방출하여 작동하는 소리와 더불어 먹이접시 쪽으로 가도록 순응시킨 후, 그가 자발적으로 지렛대를 눌러 먹이를 먹는 동작을 관찰하였다. 처음 2~3분에서 20분까지는 지렛대 반응 없이 탐색적인 반응이었으나, 우연한 지렛대 반응으로 먹이를 먹게 되었다. 그 후 계속적으로 지렛대 반응으로 먹이를 먹게 되었다. 그 이후에도 지렛대 반응은 향상적 속도로서 이루어졌다. 이때 먹이는 무조건 자극이며, 먹이를 먹으려는 욕구는 무조건 반응이다. 그리고 조건자극은 지렛대이며 조건반응은 지렛대를 사용하는 행동이다.

그리고 먹이가 나오지 않도록 전원을 단절해 놓으면 지렛대 반응은 점차 빈도가 낮아져서 결국 조건화 이전의 수준으로 다시 지렛대 반응을 하게 된다. 이는 자발적 회복현상(spontaneous recovery)이다. 아울러 비둘기에 따라 개별적인 차이를 보이게 된다.

먹이에 의한 행동은 강화되며, 조건반응은 보수(먹이)를 얻기 위한 수단, 즉 도구적 역할을 하며 보수가 강화되면 반응행동도 강화되어 간다는 것이다.

이 형의 반응유인은 처음부터 유기체의 반응목록에 있는 하나의 일정한 반응이 자발적으로 야기되어 그것이 강화됨으로써 반응이 이루어지는 기회를 줄 자극과 그것의 반응과 결합이 강화되는 것이라 할 수 있다. 고전적 조건화에서와 같이 강화가 수동적으로 이루어지는 것은 아니며 자극과 반응과의 새로운 결합이 형성되는 것도 아니다.

지렛대 반응은 먹이에 수반되어진 강화가 이루어지기 전에 이미 어느 정도 일어날 가능성을 내포하고 있다. 이것을 조작적 수준(operant level)이라 한다.

일상생활에서 조작적 행동에 강화가 항상 따르거나 규칙적으로 주어지지는 않는다. 조작적 조건형성의 실험에는 간헐강화 또는 부분강화에 의한 실험이 많다. 스키너와 그의 동료들은 쥐와 비둘기를 사용하여 간헐적 강화에 대한 실험보고를 많이 하고 있다.

(2) 간헐적 강화의 종류와 그 효과

① **간격강화**(interval reinforcement)

일정한 시간적인 간격을 두고 강화하는 것으로 고정간격강화와 변동간격강화의 두 종류가 있다.

고정간격강화는 일정시간을 경과하지 않으면 지렛대 반응을 해도 먹이가 나오지 않도록 계획된 것이다. 이 경우 간격시간이 길수록 반응빈도는 낮아진다.

변동간격강화도 일정간격이 아닌 간격시간 간의 평등과 편차에 관계되나 특히 변동간격강화에 의하여 형성된 조건반응은 소거에 대한 저항이 강하다. 즉, 쉽게 소거되지 않는다.

② **비율강화**(ratio reinforcement)

비율 강화란 일정 횟수의 반응을 한 뒤에 강화하는 것으로 고정비율강화와 변동비

율강화의 두 종류가 있다.

4) 접근적 조건화설

일명 점진적 조건화설이라고도 한다. 이러한 접근적 조건화설을 주장한 사람이 Guthrie이다. 거스리의 학습이론은 Pavlov, Thorndike 그리고 Watson 등에 영향을 받고 있다.

그러나 그 어느 한 이론도 그대로 수용하지는 않고 있는 점이 특징이라 할 수 있다. 왓슨(Watson)과 같이 파블로프(Pavlov)식 조건 형성이론을 학습의 원리에서 출발하고 손다이크(Thorndike)의 생각과 비슷하면서도 효과의 법칙을 부정하면서 다음의 두 법칙을 강조하고 있다.

① 어떤 운동이 일어날 때 수반된 자극군(combination of stimulus)이 그것이 재현될 때에는 그 운동이 그에 따라 일어나는 경향이 있을 것이다.
② 자극의 유형은 그것이 처음 어떤 반응과 결합되었을 때 그 연합강도를 획득한다.

5) 체제적 행동이론

헐(Hull)의 행동이론은 파블로프(Pavlov)와 손다이크(Thorndike)의 많은 영향을 받으면서 우드워어드(R. S. Woodworth, 1869~1962)가 제기한 자극(S)－유기체(O)－반응(R)의 형식을 도입하였다.

행동은 외계로부터 주어진 자극에서 시작되고 유기체가 환경과 역동적 관계에서 반응한다고 생각하고 자극과 반응 사이에는 과학적인 구성체, 즉 매개변수가 있다는 것으로 이 3자간의 관계에서 유기체가 환경에 적응하는 행동설을 정립하려고 하였다.

헐(Hull)의 학습이론은 학습된 반응을 확률적으로 보려는 것으로, 반응의 확률은 충동동기와 학습장면에 따른 특징과 학습의 강도 이전의 시행과정에서 형성 또는 소멸되었던 결합정도의 관계에 의해 좌우되는 것으로 정리할 수 있다.

이와 같이 그의 관점에서 행동의 성립과정을 입력인 독립변수, 매개 변출력인 종속

변수로 보았다. 따라서 행동이 유발되었을 때 수행하는 매개변수는 5개가 있다고 추론하고 있다.

① 강화(reinforcement) : 습관강도
② 일반화(generalization) : 학습강도
③ 동기(motivation) : 반응가능성
④ 동요(oscillation) : 순간적인 실효가능성
⑤ 반응유발(response evocation) : 반응확률

2. 인지이론

인지론은 지각이론의 바탕 위에 정립된 학습이론으로서 학습을 인지구조의 성립 또는 변용으로 보는 견해이다. 이들은 학습을 보다 대뇌작용과정으로 추론하여 항상 분석적인 관점보다는 전체적 관점에서 학습을 논하고 있는 점이 자극-반응설과 다른 점이다.

자극 · 반응설과 마찬가지로 인지론도 통찰설(insight theory), 장이론(field theory), 기호 · 형태설(sign-gestalt theory) 등 여러 이론이 있다.

1) 통찰설(insight theory)

형태심리학의 학습이론을 설명할 때 쾰러(W. K□hler, 1887~1967)의 통찰설에서 출발을 한다. 쾰러는 1917년 "유인원의 통찰실험"을 발표하였는데 그의 실험 내용은 우회로 실험, 도구사용 등이 포함되어 있다.

(1) 실험의 개요

<실험 1 : 우회로>

우회로실험은 [그림 4-6]과 같은 장애물과 개를 사용하였다. 개가 목적물을 취득하는 과정을 관찰하도록 하였다.

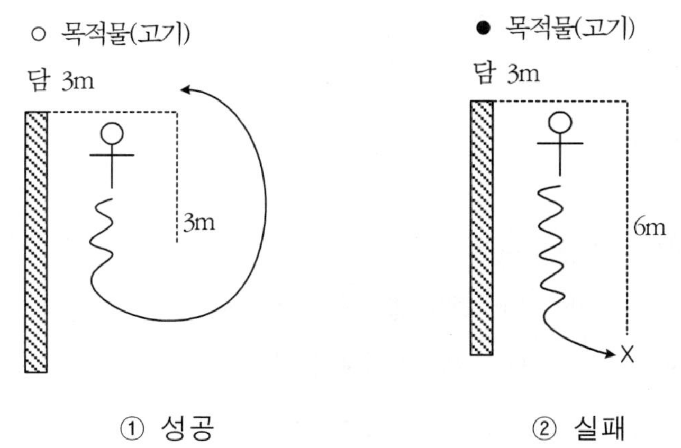

[그림 4-6] 우회로 실험

위의 그림에서 좌측은 개가 먹이를 얻는데 성공한 경우이고 우측은 실패한 경우를 도식화한 것이다.

좌측에서 개는 고기(목적물)를 보고 앞으로 다가갔으나 철조망인 장애에 부딪혔다. 그러나 개는 단념하지 않고 먹이를 눈에서 떼지 않고 뒷걸음하다가 장애물인 먹이가 한 눈에 들어오자 철조망을 돌아서 먹이를 먹을 수 있었다.

우측은 철조망의 길이를 배로 늘리고 같은 실험을 진행한 결과이다. 개는 앞의 실험과 마찬가지로 뒷걸음을 했다. 그러나 뒷걸음을 하는 거리가 멀어져 먹이가 시야에서 사라지자 실의에 찬 표정으로 철조망을 돌아가서 먹이를 먹는 행동을 하지 않았다.

<실험 2 : 유인원 실험>

굶주린 원숭이를 우리 안에 넣고 높은 곳에 바나나를 끈에 매달아 놓고 바닥에 상자와 막대기를 놓아두었다. 바나나를 먹으려는 원숭이는 애를 쓰다가 나중에는 상자를 놓고 막대기를 가지고 상자 위에 올라가 먹이를 먹는데 성공하였다.

이러한 실험을 통해 퀼러(K□hler)는 새로운 행동이란 생활행동의 전체과정을 인지하고 통찰함으로써 성립된다고 주장하였다. 그리고 또 학습이란 훈련된 자극을 절대적으로 선택하게 되는 것이 아니고 전체의 자극구조에 상대적으로 반응하는 병아리의 먹이 훈련으로 증명하기도 하였다.

(2) 통찰설의 4법칙

① 유사의 법칙(law of similarity)

K□hler는 동질의 한 쌍은 비슷하지 않은 한 쌍보다 쉽게 학습된다고 주장한다. 베르트하이머(M. Wertheimer)는 점과 선의 집결로서 형태를 형성하는 과정을 말하고 있다. 즉, 지각장면의 사태들이 비슷한 것끼리 군화되어 하나의 의미있는 형태를 형성한다는 원리이다.

유사의 법칙의 예

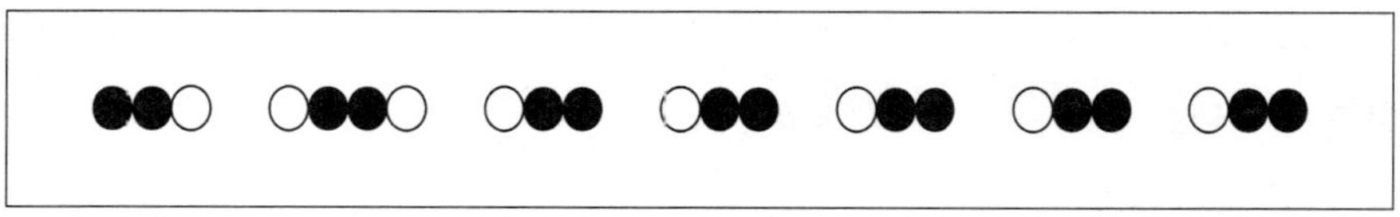

같은 종류는 각각 뭉쳐 지각된다.

② 근접의 법칙(law of proximity)

지각장면의 자극의 근접해 있는 것끼리 군화하여 하나의 의미 있는 형태를 형성한다는 원리이다. 수 개의 평행선을 넓고 좁게 배치했을 때 좁은 간격을 갖는 것끼리 응결하여 하나의 의미 있는 형태를 형성하고 넓은 간격을 가진 선분사이의 공백이 그

형태의 배경으로 지각된다. 이와 같이 체계화되기 쉬운 것은 학습되기 쉽고 파지되기 쉽고 또 재생되기 쉽다는 것이다.

근접의 법칙의 예

③ **폐쇄의 법칙**(law of closure)

닫혀진 영역은 닫혀지지 않은 영역에 비해서 더욱 안정되고 의미있는 도형으로 형성된다는 법칙이다. 힐가드(Hilgard)는 이 법칙을 효과의 법칙과 유사한 것으로 보고 있는데, 이는 코프카(K□ffka)가 "행위가 불완전한 한 그 행위에 의해서 이룩된 새로운 상황은 여전히 일시적 상황에 불과하며, 유기체가 스스로 목표를 획득했을 때 이것이 닫혀진 영역, 즉 완성된 단위라 할 수 있다.

폐쇄의 법칙의 예

사랑 ➡ 사랑

④ **계속 법칙**(law of continuation)

이 법칙은 베르트하이머(Wertheimer)의 원리 가운데 코프카에 의해서 계승된 것으로 예를 들면, 어떤 직선이 하나의 연결이 되어 보이거나 원의 일부의 선이 결여되어 있는데도 완전한 원으로 보인다는 원리이다.

계속의 법칙의 예

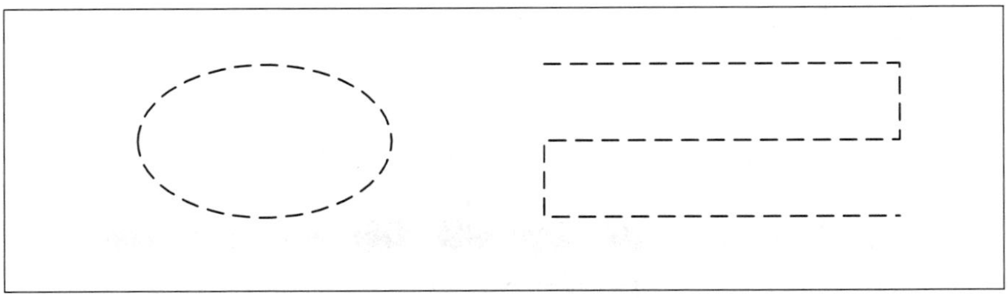

이상의 법칙들은 형태심리학의 지각이론의 근간을 이루는 것으로서 이와 같은 인지의 원리로 간과해서는 안될 것이다.

2) 장이론(field theory)

장이론의 대표적인 학자로 레빈(K. Lewin)을 들 수 있다. K. Lewin은 형태심리학의 창설에 기여한 한 사람으로 그의 연구는 형태심리학적 원리에 입각한 기억의 역학적 연구와 동기의 연구들이었다. 그러나 그 후 독자적 영역을 개척하여 행동은 그 행동이 일어날 당시의 장의 함수에서 결정된다고 주장하였다.

즉, B = F(P＊E)로 공식화하였다. 이때 B는 인간의 행동(behavior)이며 F는 함수(function)이고, P는 개체(person), E는 환경(environment)이다.

레빈은 학습이론을 깊이 체계화시키지는 않았으나 행동이 일어나는 변화의 종류를 기술하고, 그것을 인지적 구성 · 분화 · 체계화 · 통합 및 동기 등과 같은 구성개념에 귀착시키고 있다.

첫째, 신체적 통제로서의 학습
둘째, 동기의 변화로서의 학습
셋째, 인지구조의 변화로서의 학습
넷째, 이데올로기 변화로서의 학습

이 중에서 가장 일반적인 학습의 유형이 곧 인식구조의 변화로서의 학습이라고 보았으며, 이와 같은 학습은 생활공간에 있어서의 영역의 분과와 많은 하위구조로서의 분절이 있고 이 분절상호의 기능적 연관이 생겨서 어떻게 목표에 용이하게 도달하는가를 이해하는 인지구조의 변화가 학습이라고 보았다.

3) 기호-형태설(sign-gestalt theory)

기호-형태설은 톨만(E. C. Tolman)이 목적행동주의의 이론적 · 중심적 개념으로 사용한 것이다. 톨만은 종래의 인지에 관한 이론을 감각주의와 지각주의로 구분하고 자신의 이론을 명제주의라고 지칭하였다.

명제주의는 형태란 기호 · 기호대상 · 수단과 목적관계를 동반하고 보다 넓은 전체구조, 즉 기호형태의 구분으로 보고 있다.

힐가드(Hilgard) 등은 톨먼(Tolman)이 주장하는 학습, 즉 인지의 성립(기호 · 형태의 성립)에 작용하는 법칙으로서 다음과 같은 3군을 제시하고 있다.

① 능력의 법칙

㉮ 수식수단과 목적수단
㉯ 판별능력과 조작능력
㉰ 파지력
㉱ 수단목적능력
㉲ 관념적 능력
㉳ 창조적 능력

② 학습자료의 성질에 관한 법칙

㉮ 집합법
㉯ 융합법
㉰ 기타의 gestalt법칙
㉱ 선택지의 시공적 및 기타 성질간 상호관계
㉲ 장의 새로운 폐합 · 확대에 유리한 재료의 성질

③ 제시방법에 관한 법칙

㉮ 빈도와 친근성

㉯ 소거 후의 회로, 초두성(primacy), 분산적 반복 등

㉰ 동기형성

㉱ 강조

㉲ 선택지 제시의 시간적 순서

이상과 같은 관점에서 톨만(Tolman)은 어떤 구체적인 자극(기호)은 유기체 쪽에서 볼 때 일정한 형의 행동의 결과로서 일정한 자극대상(의미체)을 도출한다. 이와 같은 의미체로서 '자극대상이란 어떠한 수단이 어떠한 결과를 나타나게 할 것이다.'라는 수단과 결과관계의 성립을 의미하며 이는 행동이 아닌 사전지식이며 인지도(cognitive map)가 신경조직 속에 형성되는 것이다. 이 과정에서 수단과 결과관계가 성립된다. 예를 들면, 미로 속에서 어떤 통로(수단)를 통과하면 어떤 장소(결과)에 도달할 수 있는가를 습득하는 것이 학습이고 어떤 수단이 이끄는 결과가 학습자의 요구에 부합된 목표이면 그 수단을 통해 그 목표에 도달하려는 실천행동이 일어난다는 것이다.

| 단원 마무리 |

질문을 만들어 보고 동료들과 이야기를 나눠 보세요.

♠ 정답이 있는 질문(교재에서 답을 찾을 수 있는 질문)

- 손다이크(Thorndlike)의 시행착오설에 필요한 학습의 3법칙은 무엇인가?
- 지각이론의 바탕 위에 정립된 인지이론의 종류는?
-
-

♠ 정답이 없는 질문(더 궁금하고, 이유나, 추론, 적용 등을 묻는 질문)

- 학교현장에서 학습지도와 생활지도가 학생들에게 필요한 이유는?
- 퀼러(K□hler)의 통찰이론을 '아하' 현상이라 하는 이유는 무엇일까?
-
-

CHAPTER 05

발달

제1절 발달의 기초
제2절 인간학습의 3영역

chapter 05 발달

제1절 발달의 기초

1. 발달의 개념

발달(development)은 유기체가 그 생명활동에 있어서 환경에 적응하여 가는 과정이라고 정의하고 있다. 동물과 인간의 발달은 생후부터 사망까지 전 기간에 걸쳐 일어나며, 인간의 경우에는 아동발달에 특히 중점을 둔다. 발달의 개념은 다양하게 주장되고 있다.

아동심리학 이론개척자중 한 사람인 베르너(H. Werner)는 분화(differentiation) 또는 중심화(Centralization)라는 개념으로 설명하였으며, 피아제(J. Piaget)는 미분화 상태로부터 갈라지면서 통합을 꾀해 나아가는 과정, 카아이클(L. Carmichael)은 성장과 양적인 증가로 발달을 간주하는 것이며, 뷜러(K. Buhler)와 게젤(A. Gesell)은 보다 나은 단계로 전계되는 질적인 변화로 이해하였으며, 헐록(E. B. Hurlock)은 순서 있고, 전후맥락(前後脈饋)을 가진 한 패턴을 이루며 진행되는 점진적인 계열의 변화 과정이라 했으며, 레빈(K. Lewin)은 개체가 점차 분화되어 그 의미용량의 보다 풍부하게 변하는 것이라고 하였다.

여기서는 발달의 의미를 구체적으로 살펴보기 위하여 코프카(Kurt Koffka, 1886~1941)의 이론을 분석하여 보면 다음과 같다.

코프카는 「발달은 유기체의 양적 증대, 기능의 유능화, 구조의 정밀화」라 하였다. 그 개념을 분석하면 다음과 같다.

① **양적 증대**

성장과 발달에는 양적 증대 즉, 몸 전체가 늘어나는 경향이 많다. 이것은 갓난애의 몸무게를 보면 알 수 있다.

② **기능의 유능화**

신체적 성장과정에서 영아기나 유아기에 처음에는 몸을 자신의 마음대로 움직일 수 없으나 차차 마음대로 움직일 수 있다.

③ **구조의 정밀화**

유아기에 정신생활이나 신체적 행동양식이 거칠고 어색한 것이 많지만 차차 자라나고 교육을 받음에 따라서 정밀하게 짜여 간다.

또한 발달의 의미를 명확하게 하기 위하여 성장, 성숙, 학습, 발달의 관계를 밝혀보면 다음과 같다.

① **성장**(growth)

성장은 대체로 신체적인 면이 변화하고 자라는 것을 가르친다. 대체적으로 연령의 증가에 따라 개체내의 변인에 의하여 자연적으로 이루어진다. 또한 성장은 내적조건과 외적조건을 포함하는 것이므로 그 속에는 성숙도 포함한다.

② **성숙**(maturation)

영양학습 등과 같은 외부적인 조건과 내부적인 조건의 작용에 따라서 행동수준이나 몸무게 크기 등에 변화가 일어나는 것을 볼 수가 있는데, 특히 내부적인 조건에 이루어진 것을 추상해서 말한다. 특히 기능의 변화를 가리키는 경우가 많다.

③ **학습**(learning)

성숙이 신장, 체중, 체격과 같은 선천적 혹은 유전적 분야의 발달을 의미하는 반면에, 학습은 언어, 습관, 가치관, 태도와 같은 후천적으로 유기체 자신에 끊임없는 노력과 경험을 통하여 행동수준을 높여 가는 발달을 말한다.

④ **발달**(development)

발육하여 완전한 형태에 가까워지는 변화를 말한다. 심리학에서는 심신의 변화 즉 행동 수준과 형식의 변화를 말한다. 다시 말하면 환경에 보다 낫게 적응할 수 있는 태세를 갖추고 사실 적응을 잘 해 나아갈 수 있게 되는 모습을 갖추어서 보다 가치 있는 것이 되어 가는 것을 말한다.

발달은 성장과 학습을 포함하는 것이므로 발달은 가장 폭이 넓은 뜻을 가지고 있으며, 성장은 중간쯤 성숙은 가장 그 폭이 좁은 뜻을 가지고 있는 것이라고 할 수 있다. 그러나 이와 같은 것은 어디까지나 상대적인 구분임을 말할 것도 없다.

2. 발달의 원리

인간 유기체의 발달에 관한 여러 연구 결과들을 개관해 볼 때 다음과 같은 중요한 특징이나 일반적 원리가 있다고 본다. 이것은 교육에 방향과 방법을 제시하는 것으로 교육적 의의가 크며, 인간성장을 이해하는데 좋은 시사점을 받을 수 있다.

첫째, 발달에는 일정한 순서가 있고 그 진행은 방향성을 가진다. 개체의 신체와 운동능력의 발달순서는

① 두부에서 미부로 발달하는 경향
② 중심부에서 미소부로 발달하는 경향
③ 전체적 운동에서 특수운동으로 발달하는 경향
④ 미분화운동에서 분화적 운동으로 발달하는 경향이 있다.

둘째, 발달은 유전과 환경과의 상호작용의 결과이다.

아무리 유전요인이 좋더라도 환경적 요인이 없으면 발달할 수 없으며 아무리 환경이 좋아도 유전적 요인이 없이는 제대로 발달할 수 없다. 그러므로 유전과 환경은 상호보완적이다.

셋째, 발달은 분화와 통합의 과정이다.

발달은 처음에는 전체적이고 미분화된 기관 또는 기능이 부분적이고 특수적인 기능으로 분화되어 가는 동시에, 그 부분적인 기관 또는 기능이 전체적으로 통합되어서 하나의 새로운 체제로 통합되는 과정을 밟는다. 예를 든다면 신생아의 감각기관의 발달과 뛰는 능력, 달리는 능력, 던지는 능력, 받는 능력 등이 종합되어 농구를 할 수 있게 되는 것과 같다.

넷째, 발달은 개인차가 있다.

개인은 출생시부터 개인 간의 차나 개인내의 차를 가지고 있으며, 이런 차이는 연령의 증가에 따라 더욱 현저해지는 경향이 있다. 이 개인차는 인간발달의 기본원칙이며, 무한한 정도이다. 여기에 교육의 필요성이 있다.

다섯째, 발달은 연속적이며 점진적 변화의 과정이다.

인간은 수태에서부터 죽음에 이르기까지 계속적 · 점진적으로 발달되는 것이다. 발달은 비약적인 것이 아니다.

여섯째, 발달의 속도는 일정하지 않다.

심신의 발달은 동일한 속도로 진행되는 것이 아니라 각기 다른 속도로 진행된다. 성장의 속도는 출산초기에 가장 빠르고 그 다음 12~14세경에 다시 빨리 진다. 감각기관은 3세경에 고도의 기능을 발휘하게 되고, 생식계통은 사춘기까지 잠복기를 이루다가 그 이후에 가서야 급격히 발달하는 것을 볼 수 있다.

일곱째, 발달은 상호연관성이 있다.

인간의 모든 발달측면 즉 지적 · 정의적, 신체적, 사회적 등은 각기 독립적이기보다는 밀접한 연관성을 가지고 발달해 간다.

여덟째, 발달은 초기단계가 중요하다.

태아기(胎兒期), 신생아기(新生兒期), 영아기(嬰兒期), 유아기(幼兒期) 등의 기초단계의 기초가 그 이후의 성장과 발달에 큰 영향을 미친다.

3. 발달의 단계

발달단계란 발달의 전체과정 속에서 몇 개의 특징 있는 단계로 구분하는 것을 말한다. 여기서는 프로이드(S. Freud)의 견해를 살펴보고자 한다.

프로이드의 성(性)개념은 매우 폭넓게 이해되어야 하는데, 프로이드에 의하면 '性'이란, 단순한 성교만이 아니라 신체의 쾌락을 일으키는 모든 것을 포함하고 있다. 특히, 아동기의 성적인 감정은 매우 일반적이며 다양하여 쾌감을 느끼기 위해서는 빠는 행위, 수음, 다른 사람의 신체를 보거나 자신의 신체를 보여주고 싶은 욕망, 배설이나 보유, 심하게 흔드는 춤이나 그 밖의 신체운동, 심지어 물거나 꼬집거나 하는 잔인한 행동까지도 모두 성의 개념에 포함된다.

특히, 프로이드는 모든 본능이 근본적으로 성적인 것이라 믿었기 때문에 인간의 성격발달이 성적인 욕구와 밀접한 관련이 있다고 보았으며, 이 성격발달을 심리성적 발달이라 일컬었다. 그는 성적 충동을 정신적 활동에 미치는 영향과 생식기능에 미치는 영향으로 구별하여, 아동이 생식 할 수 없을지라도 아동은 성적 충동을 환상, 문제해결, 사회적 상호작용 등을 통해서 작용한다고 보았다.

프로이드의 심리성적발달 단계에 의하면 인간의 성격발달은 유아기부터 청년기까지 다섯 단계에 걸쳐 이루어지는데, 이 시기는 성적 만족(Libido)을 얻는 신체부위에 따라 각 단계별로 구분하였다.

일반적으로 이러한 단계는 그 이전 단계와 그 다음 단계가 어느 정도는 겹치게 되지만, 너무 오랫동안 겹치게 되면, 그 다음 단계의 진행에 방해를 받게 되어 특정 단계에서 고착될 수도 있다고 보았다. 그는 이러한 이론을 심리 성적발달 5단계 이론이라고 주장하였다.

프로이드 이론에서 리비도(Libido)는 개인의 성본능에 내재하는 에너지의 힘을 뜻하는 용어로서, 삶의 힘 또는 기본 심리에너지(basic psychic energy)를 개인의 쾌락에 어떻게 사용하느냐에 따라 성격 발달이 제각기 다른 모습으로 나타난다고 보았다.

이러한 에너지가 집중적으로 투자되는 신체 부분을 성감대(erogenous zone)라고 하는데, 이때 신체의 모든 부분이 성감대가 될 수 있지만, 쾌락의 각각 시기에 따라 가장 많이 추구되는 선택 부위에 의해 구순기, 항문기, 남근기, 잠복기, 성기기로 나누었다. 하지만 아동에 있어서 가장 중요한 성감대는 입(구순기), 항문(항문기), 성기(남근기) 부분으로 이 시기를 가장 중요하게 여겼다.

프로이드는 발달단계를 유아기, 잠복기, 성욕기, 성인기의 4단계로 구분하고 있다.

1) 유아기(幼兒期 : 0세~5, 6세)

Freud는 유아기를 다음과 같이 3기로 나누었다.

(1) 구순기(口脣期 : 0세~1세)

유아는 쾌락을 주로 입으로 빠는 것과 깨무는 것에서 얻는다. 이유와 결부된 욕구불만 때문에 어머니에 대하여 사랑, 우호적인 태도가 있는 동시에 적대적이고 파괴적인 태도를 가진다.

소아성욕(小兒性慾)이 나타나는 제1단계의 시기이다. 즉 아기는 젖을 물고 젖을 먹음으로 식욕을 충족시키지만, 빈 젖을 빨 때도 구순점막(口脣粘膜)이 자극을 받아 쾌감을 느끼게 된다. 프로이드는 이러한 쾌감을 성적인 징후로 생각하고, 구순점막을 일종의 성감대로 보았다. 말하자면 구순 성감대를 자극함으로써 성적 쾌감을 얻는 시기를 말한다.

소아성욕은 이러한 시기를 지나 항문기(肛門期) · 남근기(男根期)로 발달하지만 구순기 고착(固着)으로 인한 성격은 어린아이처럼 의존적이고 수동적인 점이 특징이다.

이 시기에 유아는 자신의 생존을 전적으로 타인(특히 어머니의 보호)에게 의존하여 본능적인 만족을 얻어야만 한다. 이 시기의 유아들은 구강부분인 입, 입술, 혀, 잇몸 등을 자극하는데 있어 만족을 느껴 빨고, 깨물고, 삼키고, 입술로 장난함으로써 충동적으로 즉각적인 만족을 얻는다. 게다가 음식을 먹고 음료를 마심으로써 본능적인 욕구를 만족시키려고 할 뿐 아니라, 긴장도 해소하려고 한다.

이러한 이유 때문에, 구강부위는 유아의 활동과 관심의 초점이 될 뿐만 아니라, 그들의 사회적 환경이나 물리적 환경과 접촉하는 일차적인 수단도 되고, 이 시기에 필요한 대부분의 성적 에너지도 포함하고 있다.

만약, 이 구강기(oral stage)때에 구강의 욕구를 만족시키고, 다음 단계의 성감대로 옮아가는 순조로운 발달이 이루어지면 별문제가 없지만, 이 시기에 충분한 구강의 욕구를 만족시키지 못하면 욕구의 불만이 생기게 되어 아기는 구강의 만족과 쾌감에 지나치게 집착하게 된다. 이러한 다음 발달단계를 제대로 이행하지 못하게 하고, 이 시기에서 고착(fixation)시켜 버린다. 이러한 고착현상은 구강의 과소충족으로 인한 욕구불만 현상이나, 과잉충족으로 인한 몰두 · 집착현상이 나타나서, 다음 단계로 이행되는 것을 방해하게 된다.

구순기때 유아에게 먹는 것이 너무 과도하거나 불충분하면 구강수동적인 성격형태가 이루어지는데, 이러한 성격의 소유자는 세상일에 낙관적이며 타인과 신뢰 의존적인 관계를 가진다. 그러나 자신이 남들에게 인정받지 못한다고 느낄 때에는 모든 것을 희생해서라도 타인에게 인정을 받으려고 노력하며, 심리적으로도 적응해사는 과정이 수동적이고 미숙하여, 안정감이 없고 남들에게 잘 속는 등의 특징을 갖게 된다.

프로이드는 구강의 일생을 통해서 중요한 부분으로 남아 있게 된다고 믿었다. 이러한 흔적은 성인에게 있어서 손톱을 물어뜯는 행위, 껌을 씹는 행위, 담배를 피우고 깨무는 행위, 키스, 과식 등에서 나타나는데, 프로이드 학파는 이러한 사실들이 리비도(Libido)가 구강부위에 부착되어 있다는 증거가 된다고 주장하였다.

(2) 항문기(肛門期 : 1세~3세)

이 시기는 쾌락을 항문에서 느낀다. 특히 용변 훈련은 성격발달에 중요한 의미를 가진다. 이제까지 이기적으로 자기중심적으로 지나던 어린이가 외부의사의 통제를 받게 되는 것이니 이것은 장차 그가 사회적인 통제와 규칙에 맞서게 되는 시초가 된다. 그런 배설충동에 대한 통제로서 사회화가 시작되는 것인데 이 점에서 성격의 발달에는 유전이 아니라 환경의 영향이 크다는 것을 알게 된다. 어른에 대한 어린이의 반항, 복종 그리고 그 밖의 행동유형의 시초를 이 단계에서 볼 수 있는 것이다.

구순기(口脣期)에 계속되는 소아성욕의 제2단계로서, 배설할 때 항문의 점막에 자극이 가해져서 쾌감을 느끼는 시기이다. 그러나 배설 때보다도 오히려 변이 체내에 머물러 있어 생기는 점막의 자극으로부터 쾌감을 얻는 수도 있다. 프로이드는 이 쾌감은 성적 색채를 띠며, 또 항문점막은 성감대(性感帶)라고 생각하였다. 항문기에의 고착(固着)과 반동형성(反動形成)에 의하여 생긴 성격은 인색하고, 고집을 부리며 꼼꼼한 것이 특색이다.

항문기 때에 아동이 괄약근을 자신이 조절하느냐 못하느냐에 따라, 자신의 신체와 부모를 조절할 수 있다는 것에 대해 아동은 만족을 하게 된다. 또한 대소변을 마음대로 배설하려고 하는 것과 부모의 통제로 인해 좌절되는 것으로 인해 부모와 심리적인 투쟁을 벌이면서, 부모에 대한 애증이 한데 얽힌 양가감정이 생기는데, 이러한 양가감정은 부모가 배변훈련을 시킬 때, 옳고 그름에 대해 아동에게 말을 할 때, 부모는 아동이 부모에게 동조하고, 부모의 의견을 내면화시켜서 이에 따르는 행동을 하도록 기대하게 된다.

이것은 초자아 발달에 시초가 되며, 이러한 배변훈련이 성공하게 되면 아동은 사회적인 승인을 얻은 쾌감을 경험함에 되어 자란 후에도 생산성과 창의성의 기초를 형성할 수 있게 된다. 왜냐하면 배설물은 완전무능하고 아동이 자신의 능력으로 창조하여 생산해 내는 중요한 일을 함으로서, 이를 인정해 주고 그 중요성을 알게 해 주었기 때문이다.

반면에 배변 훈련 방식에 있어서 부모가 너무 거칠거나 억압적으로 시킬 경우, 아이들은 대변을 참게 되어 변비가 생기게 되며, 이러한 억제 경향이 심해지면 다른 행동에까지 일반화되어 항문기적 보유(anal-retentive)성격이 된다. 이러한 성격이 성인에게 있어서는 고집이 세고 인색하며, 복종적이고 시간을 엄수하며, 지나치게 청결하거나 지나치게 불결한 현장으로 나타난다. 이것은 또한 혼란과 모호함을 참거나, 명확한 구분을 할 수 없는 것 같은 '추방(expulsion)'의 원형이 되기도 한다.

(3) 성기기(性器期 : 3세~6세)

Libido가 성기에 집중되어 관심이 많은 시기다. 성기기에 어린이는 자기의 성에 동일시해 남아는 남성답게, 여아는 여성답게 행동한다. 이 시기에 오이디푸스 콤플렉스(Oedipus Complex)와 일렉트라 콤플렉스(Electra Complex)가 나타난다는 것이다. 오이디푸스는 남아는 아버지를 배척하는 기제이며, 일렉트라 여아가 어머니를 배척하는 기제이다.

남근기(phallic stage)는 개인의 리비도가 항문에서 성기로 옮아간 시기를 말한다. 남근기의 아동은 사춘기에서 나타나는 것처럼 호르몬의 변화는 없지만, 남 · 여 모두가 음경에 대한 관심이 집중되고, 성에 대한 인식이 발달되는 시기이므로, 남근기 혹은 에디프스기(oedipal period)라고 한다.

이 남근기 때 아동들은 자신의 성기를 자세히 관찰하고, 자위행위를 하며, 출생과 성에 대한 관심을 나타낸다. 또한 부모와 형제 · 자매간에 갈등을 많이 느끼는 시기이기 때문에 가족 삼각관계의 시기라고도 한다. 남근기 때에는 이러한 많은 변화가 일어나므로, 프로이드는 심리성적 발달단계 중에서 이 시기를 가장 중요한 시기로 지적하였다.

프로이드에 의하면 이 시기의 남아는 외디푸스 콤플렉스(oedipus complex)를 경험하게 되고, 여아는 일렉트라 콤플렉스(electra complex)를 경험하게 된다고 하였는데, 남아가 겪는 외디푸스 콤플렉스는 남아가 어머니를 성적 애착과 대상물로 바라게 되나, 아버지가 어머니의 사랑을 얻은 성공적인 경쟁자라는 것을 알게 되어, 어머니를 혼자 소유할 수 없다는 것을 깨닫게 된다.

또한 어머니에 대한 애정의 경쟁 대상자인 아버지는 자신의 신체와 비교해 볼 때, 신체적으로 너무나 월등하기 때문에 아동은 아버지에게 적대감을 느낄 뿐 아니라, 아버지가 자신의 제일 중요한 부분인 성기를 제거할 것이라는 거세 불안까지 상상한다. 이러한 아버지에 대한 적대감과 어머니에 대한 성적인 욕망사이에서 느끼는 심리적 갈등은 그 욕망을 억누름으로써 동성의 아버지를 동일시하는 것으로 해결된다.

또한 여아가 겪는 일렉트라 콤플렉스(electra complex)도 남아처럼 여아가 최초로 사랑을 느끼는 대상이 아버지이다. 그러나 여아가 남근기로 접어들면서 자신은 아버지나 남자형제들처럼 음경이 없다는 것을 깨닫게 된다. 여아는 이런 해부학적인 발견을 함과 동시에 여아는 음경을 갖고 싶어 하게 되는데, 프로이드는 이를 '남근선망(penis envy)'이라고 했다.

이로 인해 때때로 여아들은 자신이 여성임을 비관하게 된다고 말했다. 동시에 여아는 그녀의 아버지가 남성적인 특징을 가지고 있기 때문에 아버지를 소유하고 싶어 하지만, 여아가 남근을 갖는 것이 불가능하다는 것을 깨닫게 되면 남근에 대처할 만한 다른 대상의 성적 쾌감을 찾게 된다. 이러한 여아의 갈등도 동성인 어머니를 동일시함으로써 심리적 갈등을 해결하게 된다.

이러한 동일시 과정에서 남아는 적절한 남성적 역할을 습득하게 되고, 여아는 여성적 특성과 역할을 습득하게 된다. 또한 부모의 도덕이나 윤리 등의 가치체계를 자신의 것으로 수용하여 양심이나 자아이상을 발달시켜 가게 된다.

이 외디푸스 콤플렉스나 일렉트라 콤플렉스가 동성의 부모를 동일시함으로서도 잘 해결되지 않는다면, 계속적인 갈등이 무의식 속에 남아서 앞으로의 성격에 결함을 주게 되는데, 남근기에 고착된 남자의 성격은 경솔하고, 과장이 심하며, 야심이 강한 반면, 여자는 난잡하고, 유혹적이며, 경박하다.

반면에 이 남근기를 무난히 통과한 아동은 자기가 앞으로 취할 성 정체감의 기초를 확실히 해둘 수 있고, 동시에 그에게는 건전한 의미의 호기심들이 늘어나 장차 학업이나 지적 성취에 쓰일 수 있다. 또한 자기 내부에서 오는 충동을 제어할 수 있다는 자신감이 증가하여 적당한 야심을 지니는 인격으로 발전하게 된다.

프로이드는 유아는 이 오이디푸스콤플렉스를 극복하고서야 비로소 성인의 정상적인 성애가 발전하는 것이지만 이를 이상적으로 극복한다는 것은 매우 힘든 일이며, 일반적으로 신경증환자는 이 극복에 실패한 사람이라고 주장하였다. 그리고 이 콤플렉스는 때와 장소를 가리지 않고 보편적으로 존재하는 생물학적인 것이라고 생각하였다.

그러나 신프로이드파의 학자들은 이 콤플렉스가 사회적 원인과 가족 내의 대인관계로부터 생기게 되는 것이라고 주장한다.

이러한 성기기(남근기)는 항문기(肛門期)와 잠재기(潛在期) 사이에 있는 시기를 말하며 남녀의 구별이 없다. 남자아이는 성기에 관심을 가지게 되고, 배뇨(排尿) 때 이외에도 성기에서 쾌감을 얻으려고 하며, 성기를 스스로 자극하기도 한다. 또 남녀 성기의 다른 점에 대하여 관심을 가지게 되며, 아이를 어떻게 낳는가를 질문하기도 하는 성적

호기심을 갖는다.

남근기에 대한 이러한 사고방식은 '신(新)프로이드 학파'로부터 그것이 프로이드의 '생물학적 편향'이라 하여 심한 반발을 샀다.

2) 잠복기(潛伏期 : 6세~11세)

6세에서 사춘기까지는 성적인 힘이 잠재적으로 남아 있다고 보고 부모에 대한 성적 관심은 애정, 존경, 헌신으로 변하고 특히 동성의 동무에 대한 관심이 많다.

그러나 이 시기에도 성(性)에너지 자체는 없어진 것은 아니다. 그리고 이 시기에 성에 대한 혐오감 · 수치심 · 도덕관 등이 형성된다.

프로이드는 이 시기부터 아동의 성적욕구가 철저히 억압되어 외형상으로는 '평온한 시기'라고 불렀다. 이 시기에 리비도가 승화되어 아동은 지적 활동인 학업에 열중하고 환경을 탐색하며, 앞으로 사회생활에 필요한 여러 가지 기술을 습득하게 된다. 또한 동성의 친구와 친하게 놀면서 집단을 이루어 몰려다니며, 놀이나 게임을 통해 규칙을 알게 되고, 사회규범에 대해서도 배우나, 이성에 대해서는 아직 배타적이다. 따라서 이 시기를 동성기라고도 부른다.

이 시기에는 외디푸스 콤플렉스를 잘 해결하고 잠복기를 성공적으로 보내는 것이 매우 어려운 일이다. 하지만 성공적인 잠복기를 보낸 청소년은 적응능력이 높아지고, 학업이나 대인관계의 원만함에서 오는 자신감이 높아진다. 반면에 이 시기의 과업 수행에 실패하여 고착현상이 일어나면 성인이 되었을 때, 이성에 대해 안정감을 갖지 못하고, 이성과의 성관계를 회피하거나, 성행위를 할 때 정서적으로 위축되거나 공격적이 될 수 있다.

3) 성욕기(性慾期 : 11세~19세)

이 시기는 잠복되었던 성적 에너지가 무의식에서 의식의 세계로 나오는 시기라고 보았다. 사춘기는 대개 11세 전후부터 시작되어 성적인 성숙의 준비가 시작된다. 사춘기는 신체적인 성숙이 이루어지면 불안정성도 사라지고 동년배와의 친교에 몰두한다. 이때 충동적 변혁기가 잘 제거되고 순화되는 데서 안정된 성격의 발달이 유지되고 성인기로 순조롭게 들어서게 되는 것이다

이성과 접촉하기를 바라는 욕망은 넓은 의미로 정의하면 종(種)의 보존을 목표로 하는 욕구이고, 좁은 의미에서 피부와 피부를 접촉하거나 이성에 밀착하고 싶어 하는 욕구이며, 성 물질을 방출하고 싶어 하는 욕구이다.

그러나 프로이드는 그밖에 입술의 쾌감이나 배설 때의 쾌감, 들여다보고 싶은 욕망, 노출시키고 싶은 욕망 등도 포함시켰다. 프로이드는 성욕은 사춘기에 갑자기 눈뜨게 되는 것이 아니라 태어났을 때부터 존재하며, 구순기(口唇期)·항문기(肛門期)·남근기(男根期)·잠재기와 같은 발달단계를 거쳐서 최후에 사춘기가 되어 어른의 성욕이 된다는 설을 세웠다. 그러나 그가 말한 '성욕'은 성감(性感)이란 말에 가깝다.

사춘기에 성에 눈뜨게 되는 것은, 이 무렵이 되면 뇌하수체 전엽에서 분비되는 생식선 자극호르몬 때문에 정소(精巢)의 라이디히(Leydig) 세포, 또는 난소(卵巢)의 난포가 자극되어 그 곳에서 분비되는 남성호르몬 또는 여성호르몬의 양이 급격히 많아지기 때문이다.

한편 대뇌변연계(大腦邊緣系)의 일부에 성욕을 억제하는 중추가 있다. 남성은 여성보다 심리자극으로 성욕이 고조되기 쉽다. 그리고 여성은 월경 전후에 성욕이 고조되는데 이것은 성호르몬에 의한 것이 아니고 다분히 심리적인 것이라고 보고 있다.

따라서 이 시기의 청년들은 이런 성적 충동을 현실적으로 수행할 신체적·생리적 능력을 갖추게 되어, 생식기관이 성숙하고, 내분비 기관의 호르몬을 분비함으로써 2차 성 특징이 나타난다. 남자에게는 턱수염이 나고, 여자들은 가슴이 발달된다. 이러한 변화들은 청년기의 흥분상태와 성적인 활동의 증가에 영향을 미치게 되고, 이성에 대한 진정한 관심을 갖게 되어, 시간이 지나감에 따라 성숙된 애정을 발전시켜 갈 수 있게 된다.

이 시기에 순조로운 발달을 성취한 청년은 타인에 대해 관심을 갖게 되고, 협동의 자세로 성숙되어 간다. 즉, 생식기적 성격(genital character)을 지닌 사람은 이타적이고, 숙성된 특징을 보이게 된다.

또한 이성에 대한 성적 욕구는 심리적인 활동을 통하여 승화시킬 수 있고, 독서, 운동, 과외활동, 사회봉사 활동 등은 도덕적 규범이 존재하는 사회에서 청년들이 승화

하는 대체 활동이라 하겠다. 이 시기의 청년들이 그들이 성적에너지를 잘 처리하지 못할 경우에는 이것이 비행으로 표출되기도 한다.

청년기 이후에 개인이 성취해야 할 발달과업은 '부모로부터의 독립'이라고 프로이드는 지적했는데, 아들의 경우에는 어머니와 연결된 끈을 풀고 자기 자신의 여자를 발견하는 것을 의미하며, 또한 아버지와의 경쟁을 버리고 아버지의 지배로부터도 자유로워져야 한다. 딸의 경우도 마찬가지로 부모와 떨어져 자기 나름의 삶을 확립해야 한다. 그러나 프로이드는 이러한 독립이 결코 쉬운 것은 아니라고 언급했다. 왜냐하면 오랫동안 쌓아진 부모에 대한 의존심이 끊어진다는 것은 감정적으로 매우 고통스럽기 때문이다.

4) 성인기(成人期 : 19세 이후)

성욕기를 지나 성숙한 성인이 되면 이성을 상대로 애정생활에 잘 적응을 하여 행복한 가정과 성공적인 직업 활동을 시작하게 되는 것이다.

제2절 인간학습의 3영역

1. 지적인 영역

교육을 통해서 기르려고 하는 행동의 종류는 미시적으로 본다면 거의 무한하다고 할 수 있다. 이러한 무수한 목표들이 또한 무수한 행동용어를 빌어 표현되고 있다는 점에도 문제는 있다. 그러므로 다양한 목표들을 어떤 원칙에 따라 체계적으로 정리하고 묶어 줌으로써 교육계획에서 보다 뚜렷한 목적성을 부여하고, 교육목표의 기술에서 어떤 의미 있는 통일성을 가져오기 위한 노력이 나타나는 것은 당연한 일이다. Bloom(1956)은 바로 이러한 의도에서 수없이 많은 교육목표의 진술문을 검토함으로써 그것을 의미 있게 분류하는 교육목표의 분류체계를 발전시켰다.

1) 개관

블룸(Bloom)과 그의 동료들은 교육목표의 전체영역을 일단 대별하여 인지적 영역·정의적 영역·운동기능적 영역으로 3분하고 있다. 물론 이 3영역 사이에는 상당한 상호관련성이 있으나 개념상 세 가지 영역으로 구분한 것이다. 그들은 이 세 가지 영역 중에서 인지적 영역과 정의적 영역에서 상세하고 구체적인 제안을 하고 있다. 그러므로 본 장에서는 인지적 영역과 정의적 영역에 대해 언급하기로 한다.

인지적 영역에서는 주로 복잡성의 원리(principle of complexity)에 따라 여섯 가지의 행동형으로 분류하고 있다. 즉, 어떤 인지적 행동에 필요한 정신적 작용이 얼마나 단순하며 복잡한가의 순서에 따라서 가장 단순한 행동형으로부터 가장 복잡한 행동형으로 배열한 것이다.

이를 표시하면 다음과 같다.

1.00 지식
2.00 이해
3.00 적용
4.00 분석
5.00 종합
6.00 평가

여기서 각 행동형은 1.00에서 6.00으로 나아갈수록 복잡한 정신작용을 수반하는 이른바 고차적 정신과정이라고 할 수 있다. 이 여섯 가지 행동 사이에는 일종의 위계관계가 성립되어 있는 것으로 가정되고 있다. 즉, 이해를 위해서는 지식이 전제되어야 하며, 적용을 위해서는 지식과 이해가 전제되어야 한다.

정의적 영역에서는 주로 내면화의 원칙(principle of internalization)에 따라 다섯 가지의 특성으로 분류되고 있다. 즉, 한 특성이 어느 한 개인의 어느 정도 심층적인 특성인가에 따라서 이런 내면화가 얕은 수준으로부터 깊은 수준의 순서로 배열된 특성들은 다음과 같다.

1.00 감 수
2.00 반 응
3.00 가치화
4.00 조직화
5.00 인격화

정의적 영역에서 그들이 사용한 용어는 상당히 생소한 느낌을 주지만 그 뜻은 대체로 다음과 같다, 예컨대, 민주적 태도라는 것은 맨 처음에는 민주적 상황에 주의를 기울이거나 수동적으로 감지하는 수준(감수)에서 출발하여, 다음에는 좀 더 직접적으로 민주적인 반응을 하는 단계(반응)로 옮아간다. 그 다음에는 자신의 민주적인 행동을 하나의 가치로까지 내면화(가치화)하고 여러 사태에서의 행동기준을 민주적 가치체계로 내면적으로 조직(조직화)하여, 궁극적으로는 민주적 가치기준 자신의 인격의 일부분이 될 정도로 성격화(인격화)되는 수준에 도달하게 된다.

2) 인지적 목적의 분류체계

앞에서도 말한 바와 같이 인지적 영역의 교육목표는 여섯 개의 분류덕목 이상으로 나누어져 있으며 각각의 분류 목은 적용의 경우를 제외하고 대개 두 가지 이상의 하위분류 목으로 세분되어 있다.

(1) 지식(knowledge)

이 분류 목에서는 학습자들의 기억이나 상기와 같은 심리적 과정에 관련된 목표들이 소속된다. 그리고 기억과 상기의 내용은 특수사실과 보편적 법칙, 방법과 절차, 형태와 구조 등의 여러 영역에 걸친다. 학습자들의 머리는 일종의 저장고에 비유될 수 있으며, 평가 장면에서는 주어진 문제 속에 포함된 단서나 신호나 암시에 따라 알맞은 지식을 이 저장고로부터 원형 그대로 끄집어내는 과정과 비슷하다고 할 수 있다.

이 지식이라는 분류 목의 하위분류 목은 다음과 같다.

1.10 특수사항에 관한 지식
1.11 용어에 관한 지식
1.12 특수사항에 관한 지식
1.20 특수사실을 다루는 방법과 수단에 대한 지식
1.21 형식에 관한 지식
1.22 추세와 순서에 관한 지식
1.23 분류와 분류 목에 관한 지식
1.24 준거에 관한 지식
1.25 방법론에 관한 지식
1.30 보편적 및 추상적 사상에 관한 지식
1.31 원리와 일반화에 관한 지식
1.32 원리와 구조에 관한 지식

《목표의 실례》

- 속성 · 특징 · 관계 등을 밝힘으로써 전문용어를 정의한다.
- 현명한 구매를 위한 신빙성 있는 정보원에 관한 지식.
- 특정 문화체계에 관한 주요 이론을 상기한다.

(2) 이해(comprehension)

이해로부터 시작하여 평가에 이르는 다섯 개의 분류 목은 지식자체를 다룬 다기 보다 지식을 어떤 모양으로든 사용하고 처리하는 지적기능에 관련되어 있다. 따라서 이해라고 하는 이 분류 목은 지표기능의 가장 낮은 단계를 차지한다. 학습자는 자신에게 주어진 의사전달의 내용을 이해하며, 이 내용을 다른 수준의 내용으로 바꾸거나, 또는 이 내용 속에 포함된 경향으로부터 후속될 경향을 추론할 수 있어야 한다. 이 내용의 타 내용과의 관련성이나 함축적 의미 등의 충분한 이해를 반드시 요구하지는 않는다.

이해의 하위분류 목은 다음과 같다.

2.10 변환
2.20 해석
2.30 추론

《목표의 실례》

• 수학적인 언어적 자료를 기호체제로 바꾸는 기능.
• 한 작품에 포함된 생각을 전체적인 수준에서 파악하는 능력.
• 어떤 추세의 후속되는 동향을 예측하는 기능.

(3) 적용(application)

학습자들은 여러 가지 추상화된 개념이나 법칙을 구체적인 새로운 문제 사태에서 그 해결을 위하여 사용할 수 있어야 할 것이다. 이러한 적용이나 응용을 위해서는 관련된 추상개념이나 법칙이 미리 학습되어 있고 이해되어 있어야 한다는 것에 적용은 지식이나 이해보다는 위계상의 상위에 놓여지고 있음을 의미한다. 학교교육에서 가장 중요시되는 목표의 하나라고 할 수 있다.

《목표의 실례》

• 사회과학에서의 제 원칙을 실제의 사회문제에 적용하는 능력.
• 평균상태에 있는 생리적 조건 속의 한 요소가 변화함으로써 발생될 전체적인 효과를 예측하는 능력.
• 어떤 심리학적 원칙의 적용한계를 알고 있다.

(4) 분석(analysis)

어떤 전달내용을 그 구성요소나 부분으로 분해하여 그 속에 포함된 개념간의 상대적 위계관계가 분명해지도록 하는 심리적 과정을 분석이라 한다. 이 분석의 과정을 통하여 전달내용을 더욱 분명히 하고 전달내용이 어떻게 구성되어 있는가를 밝히고 전달내용이 갖고 있는 기본가정이나 배열뿐 아니라 전달내용이 어떤 방법에 의하여 효과를 거두려하고 있는지를 밝힐 수 있다.

분석의 하위분류목은 다음과 같다.

4.10 요소의 분석
4.20 관계의 분석
4.30 조직원칙의 분석

《목표의 실례》
- 명확히 진술되어있지 않은 가정을 발견해 낼 수 있다.
- 작품 속에 감추어진 작가의 의도 · 견해 · 사상 및 감정의 특징을 추정하는 능력.
- 역사적 설명에 보이는 저자의 편견이나 견해를 인식하는 능력.
- 경제현상에서의 인과관계를 세워 보는 능력.

(5) 종합(synthesis)

요소나 부분을 결합하여 하나의 새로운 전체를 구성하는 심리적 과정을 종합이라고 할 수 있다. 여기서는 서로 분리된 단편이나 부분 혹은 요소를 조작하는 절차와 더불어 전에는 명백한 모양으로 나타나있지 않은 새로운 형태나 구조를 구성할 수 있도록 그것들을 재배열하고 결합하는 절차도 포함되어 있다. 발견이나 창의력과 같은 심리적 과정과 가장 비슷한 행동형이라고 할 수 있다.

종합의 하위분류목은 다음과 같다.

5.10 독특한 전달내용의 산출
5.20 계획 및 조직절차의 산출
5.30 추상적 관계의 도출

《목표의 실례》

- 여러 가지 생각과 내용을 잘 조직하여 훌륭한 문장을 완성하는 능력.
- 어떤 가설을 검증하기 위한 일련의 방법을 구사하는 능력.
- 새로운 수학적 발견이나 일반화를 해내는 능력.
- 특정한 규격 명세표에 따라 건축물을 설계하는 능력.

(6) **평가**(evaluation)

일정한 목적에 비추어 소재나 방법의 가치나 중요성을 판단하는 심리적 과정을 평가라고 한다. 이러한 판단에서 사용되는 판단기준이나 감정기준은 양적일 수도 있고 질적일 수도 있다. 그것은 또한 학생 자신이 설정한 것 일수도 있고 주어진 것일 수도 있다.

평가의 하위분류 목는 다음과 같다.

6.10 내적 준거에 의한 판단
6.20 외적 준거에 의한 판단

《목표의 실례》

- 논쟁과정에서의 논리적 비일관성을 지적할 수 있다.
- 한 작품을 정평 있는 타 작품과 비교하게 우열을 구별할 수 있다.

2. 정의적 영역

정의적 영역에 소속하는 목표들이 내면화의 수준에 따라서 다섯 개의 분류 목으로 분류된다는 점은 앞에서 말한 바 있다. 여기서도 각 분류 목은 다시 두 개 이상의 하위분류 목으로 세분되고 있다. 이 정의적 교육목표를 체계적으로 분류한 것은 크래스홀, 블룸 및 마시아(Krathwohl & Bloom & Masia, 1964) 등이 제안하였다.

1) 감수(awareness)

이 수준에서 우리가 관심을 갖는 것은 학습자로 하여금 특정현상이나 자극의 존재에 대하여 감수성을 갖게 하는 일이다. 즉, 그러한 현상이나 자극에 대해 회피하려 하지 않고 받아들이어 기울이게 하는 일이라고 할 수 있다. 교사가 가르치려하는 것에 대해서 학습자가 적절한 주의를 해야 학습이 일어난다고 할 수 있으므로 학습자에 의한 감수는 학습을 위한 첫 단계이며 결정적인 단계이다.

이 감수의 분류 목은 어떤 현상에 대해서 기울여야 할 주의의 수준에 따라서 다시 세 가지의 하위분류 목으로 구분될 수 있다. 이런 하위분류목간의 분할 점은 임의적인 것이지만, 전체로서는 하나의 심리학적 연속성을 이룬다. 그것은 학습자가 전혀 수동적인 관점이나 역할을 갖는 수준에서 시작하여 학습자가 스스로 고른 자극에 대하여 적어도 반의식적인 상태에서나마 주의를 기울이게 되는 수준에 까지 이르게 된다.

감수의 하위분류 목은 다음과 같다.

1.1 감지
1.2 자진감수
1.3 주의집중

《목표의 실례》

- 의상 · 실내장치 · 건축 · 도시설계 · 미술 등에 있어서의 심미적 요인에 대한 감각을 발달시킨다.
- 대화 · 전화 · 강연 등에서 다른 사람의 말을 주의 깊게 듣는다.
- 시나 산문의 낭독에서 리듬에 귀를 기울이기.

2) 반응(response)

이 수준에서는 현상이나 자극에 대해서 다만 유의하는 정도를 넘어서서 그것에 대하여 어떤 모양의 반응을 나타내게 된다. 이 단계에서의 학생들은 1.2 자진감수를 넘어설 정도로 동기화되어 있어서 능동적으로 주의를 기울이고 있다. 이 분류 목은 흔히 "흥미"라고 하는 교육목표와 가장 밀접히 관련되어 있다.

반응의 하위분류 목은 다음과 같다.

2.1 묵종반응
2.2 자진반응
2.3 만족반응

《목표의 실례》

- 건강을 위한 규칙을 스스로 지키려고 한다.
- 청소년 잡지나 신문을 자발적으로 읽는다.
- 혼자서 즐기기 위해서 시를 낭독한다.

3) 가치화(value)

어떤 현상이나 변동에 단순히 관여하고 반응하는 수준을 넘어서서 그런 현상이나 활동을 가치 있게 여기며 적극적으로 일관성있는 반응을 보이게 되는 수준을 가치화의 단계라고 할 수 있다. 이 수준에 분류되는 행동은 일괄성과 안정성이 충분하여 하나의 신념이나 태도와 같은 것으로 굳어지게 된다. 태도라는 말이 붙는 수많은 교육목표나 수입목표가 바로 이 분류 목에 해당한다. 이 단계의 행동이 보여주는 한 특징은 추종이나 복종을 하려는 욕구에 의해서가 아니라, 행동의 밑바탕이 되어있는 가치에 대한 개인 스스로의 확신에 의해서 동기화 되어 있다는 점이다.

가치화의 하위분류목은 다음과 같다.

3.1 가치 수용
3.2 가치 선호
3.3 확신

《목표의 실례》
- 공적 토론에 귀를 기울이고 거기서 참여해야 하겠다는 책임감을 느끼게 한다.
- 강하게 느끼고 있는 문제에 관하여 신문사나 통신사에 편지를 보낸다.
- 민주주의 기본이 되고 있는 이념이나 이상에 대한 헌신

4) 조직화(organization)

우리는 여러 가지 가치를 차례로 내면화해 감에 따라 복수의 가치가 얽혀있는 사태에 직면하게 된다. 그래서 여러 가지 가치를 하나의 체계로 조직하고, 여러 가치 간의 상호관계를 밝히며 전체를 꿰뚫는 지배적인 가치를 정립하게 된다. 이러한 가치체계는 서서히 형성하며 새로운 가치가 들어옴에 따라 조금씩 변화된다. 정립해 나가는 초기단계를 조직화의 단계라고 할 수 있다.

조직화의 하위분류 목은 다음과 같다.

4.1 가치의 개념화
4.2 가치체계의 조직

《목표의 실례》
- 좋아하는 예술작품의 특징을 발견하려고 노력한다.
- 사회정책이나 관습을 특수집단이나 소수인의 이익보다는 공공복지라는 기준에 비추어서 판단한다.

5) 인격화(characterization)

내면화가 이 수준에 도달하게 되면 개개의 가치는 개인이 갖고 있는 가치위계 속에 흡수되어 일종의 내적으로 일관되는 체계 속으로 조직되어 버린다. 그것은 또한 개인의 행동을 일관성 있게 장기적으로 통제하여, 어떤 한 가지 방식으로 행동하도록 개인을 내모는 힘을 갖게 된다. 그리고 특별한 위협이나 도발이 없다면 이런 수준의 행동이 일어남으로 해서 어떤 감정이나 정서가 유발되지는 않는다.

인격화는 두 가지의 하위분류 목으로 다시 나누어진다.

5.1 일반화된 태세
5.2 인격화

《목표의 실례》
- 일관성 있는 인생철학을 발전시킨다.
- 양심을 발달시킨다.

즉 감수단계는 자극에 대하여 자진참여, 반응, 고려대상, 감지 등을 하고 있느냐의 수준이다. 반응의 단계에 오면 받아들이는 수준을 넘어서서 자발적인 반응을 한다. 따라서 선호와 불선호가 뚜렷하다. 가치화의 단계는 단순한 자발적 행동을 넘어서서 일관성, 열정, 자아동조의 요소가 포함된 행동을 보인다. 조직화의 단계에 오게 되면 어떤 가치를 개념화하여 활동 등에 관한 판단을 하는 기초로서 사용한다. 인격화의 단계는 완전히 체계화된 가치관이 확립되어 있어서 그것이 일괄적인 체계를 가지고 모든 사물, 사건, 행동에 나타낸다.

3. 신체기능적 영역

신체기능적(운동기능적, 심리운동적) 영역에 속하는 교육목표를 분류체계를 제시한 해로우(Harrcw)는 신체기능적 영역의 목표를 다음 여섯 개의 유목으로 분류하였다.

첫째, 반사적 동작 둘째, 기본적 기초 동작 셋째, 운동지각능력 넷째, 신체적 능력 다섯째, 숙련된 동작 여섯째, 동작적 의사소통이다.

첫째, 반사적 운동

반사적 운동은 무릎 반사와 같이 개인의 의지와 관계없이 나타나는 단순한 반사운동을 말한다. 이러한 반사적 운동은 훈련이나 교육에 의해서 발달되는 것이 아니므로 수업목표로 설정될 수 없는 행동이지만 보다 높은 운동기능 발달의 기초가 된다.

둘째, 기본적 기초 동작

초보적 기초 동작은 잡고, 서고, 걷고와 같이 여러 가지 또는 몇 개의 반사적 운동이 함께 발달되고 통합됨으로써 이루어지는 동작을 뜻한다.

셋째, 운동지각 능력

운동지각 능력은 감각기관을 통하여 자극을 지각하고 해석하며 그것을 토대로 환경에 대처하고 적응하는 기능을 말한다.

넷째, 신체적 능력

신체적 능력은 숙달된 운동 기능의 발달에 반드시 필요한 부분이며 민첩하고도 유연하게 일련의 숙달된 운동을 연속시켜 가는데 필요한 기초기능을 가리킨다.

다섯째, 숙련된 동작

타자 및 기계체조와 같이 비교적 복잡하고 숙련된 기능을 요구하고 운동을 할 때

동작의 능률성, 숙달성, 통합성을 요구하는데 이와 같이 숙련된 운동기능은 능률성과 숙련도를 필요로 하는 운동기능을 말한다.

여섯째, 동작적 의사소통

동작적 의사소통은 간단한 안면 표정 등을 비롯해서 무용과 같이 신체적 운동 및 동작을 통하여 감정, 흥미, 의사, 욕구 등을 표현하고, 그 표현 자체를 창작하는 운동기능을 의미한다. 이것은 정교한 신체 동작 표현을 의미한다.

이 중의 신체능력은 민첩하고도 유연하게 일련의 숙련된 운동을 연속 시켜 가는데 필요한 기초기능을 말한다. 신체능력의 하위영역으로는 다시 지구력, 체력, 유연성, 민첩성이라는 네 개의 유목으로 나누고 있다.

| 단원 마무리 |

질문을 만들어 보고 동료들과 이야기를 나눠 보세요.

♠ 정답이 있는 질문(교재에서 답을 찾을 수 있는 질문)

· 심리성적 발달 단계를 연구한 프로이드(S. Freud)가 말한 리비도의 의미는?

· 오이디푸스 콤플렉스와 일렉트라 콤플렉스의 차이점은?

·

·

♠ 정답이 없는 질문(더 궁금하고, 이유나, 추론, 적용 등을 묻는 질문)

· 유전과 환경 중 어느 요인이 발달에 결정적 영향을 미치는가?

· 자신은 유전과 환경 중 어느 쪽에 더 영향을 많이 받고 자랐는가?

·

·

CHAPTER 06

스트레스와 대처법

제1절 스트레스의 개념

제2절 스트레스의 반응

제3절 스트레스의 대처방법

제4절 스트레스와 성격유형

chapter 06 스트레스와 대처법

제1절 스트레스의 개념

산업사회가 고도로 발달하고 개인주의가 만연해 짐에 따라 현대인은 여러 가지 스트레스 속에서 살아간다. 그 스트레스는 가정생활, 직장생활, 기타 개인이 속해 있는 여러 사회생활에서 오는 것이며 그 종류와 정도 또한 다양하다고 할 수 있다.

이 장에서는 일반적인 스트레스의 개념과 스트레스의 반응, 스트레스의 대처방법을 알아보고자 한다.

1. 스트레스의 정의

스트레스의 용어는 압력, 어려움, 곤란, 역경의 뜻으로 질병이나 정신질환의 원인으로 사용되어 왔다. 오늘날에 와서는 스트레스는 삶의 한 부분이며, 사람에게 신체적으로나 정신적으로 부정적인 영향을 미치는 외부적인 압력으로 이해되고 있다. 넓은 의미에서는 인간과 환경간의 상호작용의 결과로 해석할 수 있다.

질병의 대부분이 스트레스에서 유발된다는 결과 역시 정신 건강과 신체 건강 간에는 밀접한 관계가 있음을 나타내 주는 것이다.

스트레스는 캐나다의 의학자 셀리(selye)가 처음 사용한 말로서 생체에 가해지는 여러 가지 상해 · 자극에 대해 체내에서 일어나는 적응반응이라고 하였다. 스트레스는 몸이 아프고, 식욕이 부진해 지고, 힘이 빠지고, 혈압이 상승하고, 성취욕을 상실하는 등의 여러 가지 증상을 유발시키는데, 이러한 모든 증상을 스트레스라 한다.

세계보건기구는 마음을 쓰는 데서 일어나는 생리현상을 몸의 각 기관이 그 부담을 보이지 않게 감당하는 것이 스트레스 반응이라고 규정하고 있다. 즉 신체 기능을 지나치게 사용함으로 인해 기능의 이상이 생긴 것으로 본다.

그러므로 스트레스란 "몸에 육체적 · 정신적인 자극이 가해졌을 때 그 생체가 나타내는 반응"을 말한다. 스트레스가 전혀 없는 생활을 생각하기는 힘들다. 그리고 스트레스를 전혀 받지 않고 사는 사람이 존재한다고 생각하기도 힘들다. 가정에서 직장에서 기타 우리들이 속한 다양한 집단들 속에서 각 개인은 크건 작건 스트레스를 경험한다.

그러나 똑같은 스트레스 상황일지라도 개인에 따라 그 사건이 생활에 해가 될 수도 있고, 반대로 활력소 역할을 할 수도 있다. 그것은 스트레스 상황에서 당면한 개인이 그 스트레스 상황을 어떻게 받아들이는가 하는 태도에 따라 나타내는 차이이다. 똑같은 상황에서도 각 개인은 서로 다른 방법으로 반응하고 대처한다.

어떤 일에 대해 모든 사람이 똑같이 스트레스를 느끼는 것은 아니며 어떻게 받아들이느냐에 따라 스트레스를 더 받기도, 아니면 즐거워 할 수도 있습니다. 즉, 받아들이는 사람의 주관적 해석에 따라 많은 차이가 있을 수 있습니다. 적당한 자극과 변화는 삶의 활력소가 되므로 스트레스가 부정적인 측면만 있는 것은 아닙니다.

이와 같이 스트레스의 효과와 역할 면에서는 스트레스는 삶 그 자체에서 비롯되기 때문에 긍정적인 면에서는 생에 활력을 주고 성장을 촉진시키는 기능적일 수도 있고 불쾌감이나 수치심 같은 부정적인 효과 즉 역기능적일 수도 있다.

2. 스트레스의 원인

스트레스의 원인으로는 심리 · 사회적 원인, 생물학적 원인, 성격적 원인으로 크게 분류할 수 있다.

심리 · 사회적 원인은 스트레스 유발자는 사회적인 행동과 그런 행동을 해석하여 일어나는 우리 다음의 반응과 복잡한 상호작용의 결과로 볼 수 있다. 여기에는 적응, 압박감, 좌절, 갈등, 과잉부담 등이 요인으로 작용 할 수 있다.

생물학적 원인은 스트레스 유발인자를 생물학적인 것과 분리시킬 수 없으며, 우리 주변환경과의 관계로부터 발생한다는 것이다. 여기는 생물학적인 리듬, 영양섭취나 식생활습관, 소음 등의 요인으로 작용할 수 있다.

성격적 원인은 개인의 자기에 대한 지각, 독특한 태도 및 행동유형이 스트레스 유발의 원인이 되는 것이다. 자기지각은 평소 생활하면서 자기를 비판하거나 무력감, 희망이 없는 자아상들이 스트레스를 증가시키는 요인이며, 짧은 시간에 많은 일을 성취하려는 공격적인 행동이나 불안 반응적 성격으로 지나치게 민감하게 되는 것이 스트레스의 원인이 될 수 있다는 것이다.

그리고 스트레스의 원인을 외적 원인과 내적 원인으로 나눌 수가 있다.

외적 원인은 소음, 환경공해, 더위, 제한된 공간과 같은 물리적 환경, 소외감, 외로움, 좌절감, 업무수행의 과중과 능력부족, 무례한 명령, 타인과의 충돌과 같은 사회적 관계, 규칙 · 규정 · 형식과 같은 조직사회, 배우자, 친인척, 친구의 죽음, 직업상실, 승진과 같은 생활의 큰 사건, 통근 등 일상의 복잡한 일 등이 있다.

내적 원인은 카페인, 불충분한 잠, 과중한 스케줄과 같은 생활양식의 선택, 비관적인 생각, 자신 혹평, 과도한 분석과 같은 부정적인 생각, 비현실적인 기대, 독선적인 소유, 과장되고 경직된 사고와 같은 마음, 완벽주의자 · 일벌레 등 스트레스가 잘 생길 수 있는 개인특성 등이 있다.

제2절 스트레스의 반응

해로운 인자나 자극을 스트레서(stressor)라 하고, 이때의 긴장상태를 스트레스라고 한다. 보통 스트레스가 일어나는 단계를 3단계로 나눈다.

1단계는 경고 반응단계는 신체가 스트레스 원에 반응하기 시작되는 단계로 정서적 흥분, 긴장 같은 변화를 보이며, 체온 및 혈압 저하, 저혈당, 혈액농축 등의 쇼크가 나타나고 다음에는 그것에 대한 저항이 나타난다. 이 상해가 치명적이 아닌 이상 계속하여 뇌하수체와 수신계 호르몬이 분비되고, 생체는 해로운 인자에 대하여 적극적으로 저항(혈압상승 · 체온상승 · 고혈당 등)을 나타낸다. 여기까지가 경고반응단계이다.

2단계는 저항단계로 계속하여 스트레스에 대한 반응을 보여야 할 때 정상수준 이상의 반응을 나타내는 시기이다. 이는 경고반응단계를 지나고도 계속 해로운 인자에 노출되면 저항기로 이행되는 점이다. 해로운 인자에 대한 저항이 가장 강한 시기이다. 그러나 다른 종류의 해로운 인자에 대해서는 저항력이 약화된다.

3단계는 소모단계로 신체가 적응해야 하는 스트레스 원에 장기간 노출되었을 때 일어나는 것으로 적응증상이 발생된다. 이는 해로운 인자에 대한 저항력이 떨어져 생체에 여러 증상이 나타나며 몸의 저항력이 극도로 약화된 상태가 된다.

스트레스 반응은 자극 호르몬인 아드레날린이나 다른 호르몬이 혈중내로 분비되어 우리 몸을 보호하려고 하는 반응으로, 위험에 대처해 싸우거나 그 상황을 피할 수 있는 힘과 에너지를 제공한다.

1. 신체적 반응

생리적 반응을 또한 신체적 반응이라고도 하는 데, 이는 자기의 적응능력을 능가하는 스트레스로 식욕상실, 피로, 두통, 소화불량, 불면증, 근육통이나 경직(특히 목, 어깨, 허리), 심계항진(맥박이 빠름), 흉부통증, 복부통증, 구토, 전율, 사지냉감, 안면홍조, 땀 등의 신체적 이상을 일으키는 현상으로 일반적으로 신체의 모든 자원을 동원하여 대항하는 변화를 보인다.

행동적 증상으로는 안절부절 함, 손톱 깨물기 · 발 떨기 등의 신경질적인 습관, 먹는 것, 마시는 것, 흡연, 울거나 욕설, 비난이나 물건을 던지거나 때리는 행동이 증가한다.

2. 심리적 반응

심리적 반응은 정서적, 인지적 반응이라고도 한다. 이는 스트레스에 대한 심리적 반응으로 충격이 심한 경험에서 그 원인을 찾는다. 정서적 증상으로는 불안, 신경과민, 우울증, 분노, 좌절감, 근심, 걱정, 불안, 성급함, 인내부족 등의 증상이 나타나며,

인지적 증상으로는 집중력이나 기억력 감소, 우유부단, 마음이 텅 빈 느낌, 혼동이 오고 유머감각이 없어진다.

스트레스 반응은 자극 호르몬인 아드레날린이나 다른 호르몬이 혈중 내로 분비되어 우리 몸을 보호하려고 하는 반응으로, 위험에 대처해 싸우거나 그 상황을 피할 수 있는 힘과 에너지를 제공한다.

스트레스 반응에 대한 신체의 변화는 다음과 같다.

① 근육, 뇌, 심장에 더 많은 혈액을 보낼 수 있도록 맥박과 혈압의 증가가 나타난다.
② 더 많은 산소를 얻기 위해 호흡이 빨라진다.
③ 행동을 할 준비 때문에 근육이 긴장한다.
④ 상황 판단과 빠른 행동을 위해 정신이 더 명료해지고 감각기관이 더 예민해진다.
⑤ 위험을 대비한 중요한 장기인 뇌 · 심장 · 근육으로 가는 혈류가 증가한다.
⑥ 위험한 시기에 혈액이 가장 적게 요구되는 곳인 피부 · 소화기관 · 신장 · 간으로 가는 혈류는 감소한다.
⑦ 추가 에너지를 위해서 혈액 중에 있는 당 · 지방 · 콜레스테롤의 양이 증가 한다.
⑧ 외상을 입었을 때 출혈을 방지하기 위해 혈소판이나 혈액응고인자가 증가 한다.

우리가 위협적인 장면에 부딪칠 때 몇 가지 변화들이 신체적으로도 변화가 있는데, 이러한 변화는 교감신경계라는 자율신경계가 흥분이 되어서 생기는 변화이다. 스트레스를 받아서 걱정을 하면 불안해지고, 긴장이 되고, 그렇게 되면 교감신경계가 흥분이 되어 여러 신체 기관에 다음과 같은 영향을 준다.

우선, 뇌가 각성이 되어 잠을 못 자게 되고, 어지러운 증상도 생길 수 있다. 심장이 빨리 뛰어 가슴이 두근거리는 증상이 생긴다. 호흡도 빨라지고, 답답하다는 느낌이 든다. 신경 쓰는 일이 있을 때 위장 증상을 보이는 경우가 많다. 위장의 운동이 저하되어 소화가 잘되지 않거나, 위액분비가 많아져 위 점막을 손상시켜 위염을 일으키고, 오래 동안 지속될 경우에는 위궤양도 생긴다. 창자의 운동에도 이상이 생겨, 너무 활동이 저하되어 변비가 생기거나 너무 활동이 많아져 설사가 생기기도 한다. 시험 때 긴장을 하면 변비가 생기거나 변이 묽어져 자주 화장실을 찾게 되는 경험이 있으신분들도 있을 것입니다.

또한, 스트레스를 받으면 근육이 긴장되어 여러 증상을 일으킬 수 있다. 머리 주변에 근육이 긴장되면 머리 뒤가 당기듯이 아픈 두통이 생기고, 가슴 주위의 근육이 긴장이 되면 가슴에 압박감이나 통증을 느낄 수 있다. 목 주위에 근육의 긴장은 목 안에 무엇인가 있는 듯한 느낌을 갖게 한다. 근육이 긴장이 되면 떨림 등의 증상을 보일 수 있다. 손발로 가는 혈관은 수축이 되어 손발이 차게 느껴지거나 저린 감각을 갖게 되며, 침샘의 기능을 저하시켜 입을 다르게 한다.

제3절 스트레스의 대처방법

1. 직접적인 대처

스트레스와 직접관련이 되는 도전이나 위협을 다루려고 노력하는 것으로 스트레스의 원인을 직접적으로 밝혀내어 처리한다거나 문제를 인식하고 적절한 결과를 검토하면서 대처하는 방법이다.

직접적인 대처의 종류에는 현실직면, 철회와 조절, 긴장완화반응이 있다.

현실직면은 긍정적인 자아감으로 어떤 상황에도 정면으로 맞서서 자신이 원하는 방향으로 해결점을 찾아 정면으로 도전하고 목표를 선정하여 그 목표를 향하여 단호하게 밀고 나아가는 것이다.

철회와 조절은 신체적으로나 심리적 안정에 필수적이며 스트레스를 해소시키는데 많은 기여를 할 수 있다.

긴장완화반응은 심장박동률이나 혈압, 산소 소모량의 저하와 같은 생리적 변화를 가져와 스트레스를 경감시킨다. 긴장해소에는 알코올이나, 진정제 등을 사용할 수도 있고 참선, 요가 등 자기숙달을 통하여 해소시킬 수도 있다.

2. 방어적 대처

방어적인 대처는 원래의 문제 상황을 놓아두고 그로 인해 유발된 불안, 분노와 같은 감정들만 약화시키거나 없애려는 노력이다. 여기에는

① 고립은 욕구가 충족하지 못할 때 현실과 접촉을 피하는 행위이다. 여기에는 완전고립과 영구적인 고립이 있다.
② 억압은 불쾌한 일들을 의식면에서 무효화하거나 제지함으로서, 불안하고 불쾌한 상황에서 벗어나고자 하는 것이다. 억압과 유사한 방법은 억제하는 행위나, 의식을 격려시키거나, 있는 일을 부정하는 것이다.
③ 고착은 신체적 발달 부진과 같이 정신면에서도 새로운 사태나 생소한 상황에 대처하지 않고 편안한 상태에 머물려는 심리적인 반응이다.
④ 퇴행은 현실의 곤란한 상태를 후퇴하여 현재와 같은 갈등이 없었던 시기의 이전의 상태로 되돌아가는 것이다.
⑤ 백일몽은 욕구불만 되는 일들을 상상이나 공상의 세계에서 만족시키려는 행동이다. 일시적인 현상으로는 긍정적인 면이 있을 수 있으나 나약하고 안일한 행위를 유발할 수 있다.
⑥ 보상은 어떤 욕구불만을 다른 방면에서 만족시키려는 것이다. 즉 대리적 경험으로 실제적으로나 상상 속의 약점들을 감추려고 하는 것이다.
⑦ 합리화는 자기의 욕구불만을 어떠한 구실과 변명으로 해결하고자 하는 것이다.
⑧ 동일시는 다른 사람의 특성 즉 성격, 태도, 가치, 행동 등을 동등시하거나 받아들려 그것을 자기의 특성으로 하는 것이다.
⑨ 전이는 한 대상에서 다른 대상으로 이동하는 것이다. 여기에는 발전적이고 긍정적인 전이현상들도 포함될 수 있다.
⑩ 승화는 본능에너지가 전환하여 사회적으로 가치 있는 활동으로 변환하는 것이다.
⑪ 반작용 행동은 반동형성과 유사하게 자신의 감정과 충동을 정반대의 태도나 행동으로 표현하는 것이다. 즉 어떤 행동이 자아에 압력을 가하면 자아는 불쾌한

행동을 피하며, 좋은 반응으로 자기를 보호하는 것이다.

⑫ 투사는 어떤 행동이나 생각의 책임을 자신으로부터 외부의 대상이나 다른 사람에게 돌리는 과정이다.

⑬ 주지화는 인지과정을 통하여 자기의 불안이나 스트레스를 해소시키려는 과정으로 정서적 느낌보다는 인지적 사고과정을 통하여 불편한 상황들을 제거하려고 하는 것이다.

⑭ 해리는 고통스런 생각이나 상황을 의식으로부터 분리함으로서 그 상황을 탈피하고자 하는 것이다. 불난 자기 집을 멍하니 바라보는 경우인데, 이는 의식간에 합리적으로 해결이 불가능 할 때 의식의 일부분을 의식의 다른 부분과 분리하는 기제이다.

⑮ 상징화는 의식적으로 인정받을 수 없는 어떤 욕망이나 충동을 상징적인 것으로 억압하고 이것으로서 만족을 얻으려고 하는 것이다. 상징적 행위는 꿈으로 많이 나타난다.

⑯ 신체화는 심리적 갈등이 신체부위에 그 증상이 표출되는 현상으로 다른 사람의 좋은 일에 대하여 반대적으로 좋지 못한 생각을 가지는 것이다.

그리고 일상생활에서 많이 느끼고 있는 스트레스의 조절 및 극복방법은 다음과 같다.

첫째, 우선 마음을 편하게 갖는다.

그 일에 대하여 정확하게 분석하여 원인을 살핀다.

둘째, 자신의 사고나 행동방식을 이해한다.

스트레스를 느낄 때마다 그 자기가 그 일을 처리하는 방법과 다른 사람이 그 일에 임하는 자세를 비교 검토해볼 필요가 있다.

셋째, 일상생활에서 운동을 습관화한다.

자기가 좋아하는 운동이나 다른 사람과 함께 할 수 있는 운동을 규칙적으로 행한다. 매일 30분 정도로 운동시간을 정해둔다.

넷째, 수면과 휴식을 충분히 취해 본다.

하루 6~8시간을 정해진 시간에 깊게 자고 새 기분으로 깰 수 있게 한다. 잠들 때는 편안한 마음을 유지한다.

다섯째, 식사시간을 즐겁고 균형 있는 식단을 준비한다.

식사시간이 마음 편하고, 즐거우면 유익한 대화의 시간이 되어야 한다. 그리고 건강에 필요한 식단이 되어야 한다. 스트레스는 비타민 B와 C가 많은 과일, 야채류는 많이 섭취하고 인스턴트식품(간편식)은 가능한 적게 섭취한다.

여섯째, 다른 사람과 상의하며 도움을 받을 필요가 있다.

자신의 시각에서 만 바라보지 말고 다른 사람의 생각과 힘을 받을 필요가 있다. 모든 일은 내 손을 거쳐야 한다는 강박적인 생각을 버린다. 잘못된 일에 대해서는 관계된 사람에게 이야기해서 이해를 얻는다. 그리고 꾹 참지 말고 남에게 나의 심정을 이야기한다.

일곱째, 지금의 상황에 변화를 시도해 볼 필요가 있다.

일상생활의 불필요한 부분은 무엇이고, 보충할 부분 등을 고려하여 생활환경이나 사고방법을 다시 고쳐 볼 수 있다.

여덟째, 신체적으로나, 정신적으로 긴장을 푼다.

신체적으로는 목욕을 하여 몸을 부드럽게 할 수 있다. 그리고 목뼈 부근을 손바닥으로 눌러서 쓸어 주고, 손가락으로 머리카락과 피부 사이 선을 따라 압박해준다. 손바닥이나 발 부위는 신경선이 집중되어 있으므로 문질러주면 신체적 피로를 덜어 준다. 정신적으로는 명상하는 것이 좋다.

조용한 장소를 골라 편안히 앉아 눈을 감고 모든 근육을 이완시킨다. 아침 식사전후 혹은 저녁 식사전후에 10분 정도 실시하는 것이 좋다.

스트레스의 측정방법으로 아래 항목의 1/3이상이 자신에게 해당할 경우에는 휴식이 반드시 필요하다.

① 두통이 있고 머리가 무겁다.

② 감기가 잦고, 잦은 변비와 설사를 경험한다.

③ 숨이 차고 몸이 떨리고 경직이 일어나다.

④ 몸이 나른해지고 쉽게 피곤해지면 눈이 쉽게 피로하며, 불면증 기미가 있다.

⑤ 자그마한 일에도 놀래며, 초조한 감정을 자주 느낀다.
⑥ 집중력이 저하되고 끈기가 없어지고. 건망증과 혼란을 일으키기 쉽다.
⑦ 가만히 앉아 있지 못하고, 용무도 없는데 이리저리 돌아다닌다.
⑧ 논리 정연하게 이야기를 하거나 글로 쓸 수 없다.
⑨ 기분이 자주 변하고, 사소한 일에 화를 잘 낸다.
⑩ 복장과 머리 형태를 자주 바꾸거나 또는 전혀 바꾸지 않는다.
⑪ 마치 무엇인가에 이끌린 것처럼 필요이상으로 일에 몰두한다.
⑫ 태도가 안정적이지 못하고, 성급하게 결단을 내리려고 한다.
⑬ 말수가 없거나 별일도 아닌 것을 요란하게 떠들어댄다.
⑭ 일의 실수가 늘어나고, 일의 능률이 떨어진다.
⑮ 일 도중에 자주 쉬고, 개인적인 전화와 화장실에 가는 횟수가 늘어난다.
⑯ 결근, 지각, 조퇴가 늘어난다.
⑰ 말수가 적고, 우울하여 기분이 가라 앉고, 생각이 많아진다.
⑱ 아침까지 피곤이 남아 일을 할 기력이 생기지 않는다.
⑲ 사람과 만나서 이야기하는 것이 귀찮고, 혼자 공상에 잠기는 일이 자주 있다.
⑳ 화장과 복장에 관심이 없고, 모든 일에 자신이 없고 인생이 귀찮게 생각된다.

무조건 건강에 좋지 않은 영향만 끼치는 것이 아니다. 적당하면 오히려 스트레스는 신체와 정신에 활력을 주는 것으로 알려져 있다. 그러나 내·외적 자극에 대해 한 개인이 감당할 능력이 약화되거나, 이러한 상태에 장기간 반복적으로 노출되면 스트레스는 만성화되어 정서적으로 불안과 갈등을 일으키고, 자율신경계의 지속적인 긴장을 초래하여 정신적·신체적인 기능장애나 질병을 유발시킨다. 특히 노이로제 또는 심신장애의 병적인 증상이 진행하거나 악화되어 온갖 장애와 만성질환에 걸리게 된다.

스트레스는 어느 한 시기에만 나타나는 것이 아니라 인간의 전 생애에 걸쳐 나타난다. 특히 중년기에는 심장병, 위궤양, 고혈압, 당뇨병 등 성인병의 원인으로 작용하고, 노년기에는 신경증, 심신증 등을 초래해서 우울하게 만든다. 그러나 어느 누구든지 스트레스를 피해서 살 수 없으므로, 자신의 역할을 감당해 내기 위해서는 적당히 스트레스에 익숙해지도록 노력해야 하고 여기에 적응해야 한다.

제4절 스트레스와 성격유형

1. 에니어그램

'스트레스를 잘 받는 나는 누구일까?' 이 문제를 해결하기 위하여 자신을 알게 해주는 '에니어그램(enneagram)'을 활용해 보자. 인간은 살아가면서 스트레스를 받기 마련이다. 스트레스에 어떻게 대응할 것인가는 삶의 중요한 부분의 문제이다. 나는 스트레스에 강할까, 약할까? 이를 위하여 인간의 9가지 성격유형을 정의한 심리체계로 성격의 장단점을 파악해 대처해 보고자 한다.

1) 나의 성격유형

아래문장의 <그룹 1>, <그룹 2>에서 자신에게 해당되는 문항을 각각 한 개씩 고른다. 두 개의 조합을 엮은 번호가 자신의 성격 유형이다.

(1) 그룹 1.

① 독립적인 편이고 자기주장을 잘한다. 내가 원하는 것을 잘 알고 목표를 설정해 일을 추진한다. 성과가 크면 모든 것에 영향력을 행사하길 원한다. 일과 놀기를 모두 열심히 한다.

② 조용하게 혼자 있길 좋아한다. 나를 부각시키거나 내 의견을 강하게 주장하지 않는다. 사람들은 나를 꿈꾸는 사람이라고 말한다. 나는 조용한 상태를 충분히 즐길 수 있다.

③ 아주 책임감이 강하고 헌신적이다. 다른 사람들을 위하여 내가 최선을 다하리라는 것을 그들이 알아줬으면 좋겠다. 주어진 일을 끝마친 다음에야 개인적으로 하고 싶은 일을 한다.

(2) 그룹 2.

① 긍정적인 자세로 생활하고 모든 일이 잘 풀려나간다고 느낀다. 사람들이 함께 행복해지도록 돕는 것을 좋아한다. 다른 사람에게 긍정적으로 보이고자 때로는 내 문제를 미룬다.

② 감정이 강해 대부분의 사람이 내가 기분 나쁠 때 쉽게 알아차린다. 화날 때 남들이 감정적으로 동조해 주길 원한다. 규칙을 잘 알지만 무엇을 하라고 지시 받는 것을 싫어한다.

③ 자제를 잘하고 논리적이다. 효율적이고 완벽하게 일을 처리하며 혼자 일하는 걸 좋아한다. 너무 차분하고 냉정하게 보일 수 있지만, 감정적으로 반응해 일을 그르치고 싶지 않다.

2) 성격유형의 장 · 단점

번호	문항 조합	장점	단점	비고
1	다–바	침착	분노	
2	다–라	겸손	교만	
3	가–바	정직	기만	
4	나–마	평안	선망	
5	나–바	애착하지 않음	탐욕	
6	다–마	용기	두려움	
7	가–라	절제	탐닉	
8	가–마	적절한 힘	과도한 욕망	
9	나–라	행동으로 옮김	자기 망각	

3) 성격유형의 관계

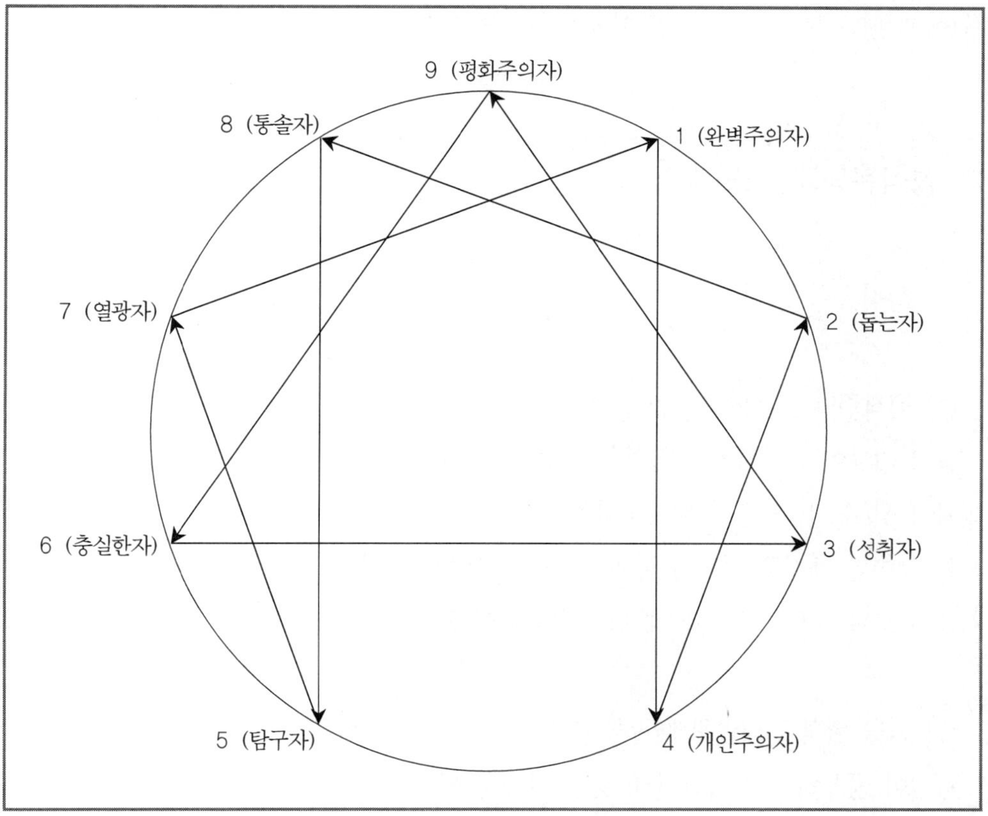

4) 에니어그램 보는 법

(1) 성격유형 찾는 법

<그룹 1>, <그룹 2>에서 각각 자신에게 가장 해당되는 문항을 1개씩 고른다. 그 문항조합의 앞에 있는 번호(1~9)가 자신의 유형이다.

(2) 원보는 법

자신의 성격번호를 기준으로 시계방향(예: 1번의 경우는 2번)은 '좋아하는 모습'이며,

시계반대방향(예: 1번의 경우 9번)은 '싫어하는 모습'이다.

화살표 중에서 나를 향한 쪽(예: 1번의 경우 7번)과는 잘 어울리지만, 화살이 가는 쪽(예: 1번의 경우 4번)과는 잘 어울리지 않는다.

2. 성격유형과 스트레스

1) 성격유형별 특징

(1) 원칙주의, 이상주의 <간디, 힐러리>

옳고 그름이 분명하며 양심적이고 실수를 두려워한다. 자칫하면 비판적이고 완벽주의자가 될 수 있다. 분노와 조바심을 잘 억제하지 못한다. 이런 유형은 삶이란 즐기고 노는 것이란 생각을 갖도록 애써야 하며, 무엇이든 내가 꼭 해결해야 한다는 강박에서 자유로워져야 한다. 현재에 만족하고 타인에게 도움을 청하라.

(2) 남을 위하고 대인관계 존중 <테레사수녀, 나이팅게일>

감정이 풍부하고 성실하며 따뜻한 마음을 지녔다. 다정다감, 솔직, 칭찬을 아끼지 않으며 자신을 희생한다. 하지만 감상적이고 아첨과 아부를 잘하며 자만심이 강하다.

이런 유형은 아첨이나 거짓말에서 자유로워야 하며 겸손을 실천하는 노력이 필요하다. 무조건 '예스(Yes)'보다 '노(No)'라는 단어를 배워라.

(3) 융통성 있고 성공지향적 <케네디, 오프라 윈프리>

자신감있고 낙천적인 성격으로 매력적이다. 야망이 크고 재주가 많으며 에너지가 넘친다. 교섭에 능하고 침착하지만 일중독 성향을 보인다. 실패한 사람을 무시하는 것이 단점이다.

이런 유형은 쉬어라. 매일 스트레스 관리를 해야 한다. 자신의 말만 하지 말고, 타인의 말도 경청하다.

(4) 내성적 낭만적 <셰익스피어, 빈센트 반고흐>

감수성이 예민하고 말이 적다. 창의적이고 개인적인 성향이 짙다. 결혼 후에도 또 다른 이상형을 기다리는 것이 특징이다. 쉽게 우울해지며 우울증, 방종 때문에 문제를 엮는다.

이런 유형은 현실에 만족하고 감사하는 마음이 필요하다. 원하는 것, 원하지 않는 것을 명확하게 설정하고 감정을 조절하고 참는 연습을 하라.

(5) 지적이고 사색적 <에디슨, 다윈>

집중력, 통찰력이 있고 호기심이 많다. 하지만 비정상적인 행위, 허무주의, 고립감 등으로 고민을 많이 한다. 구두쇠 소리를 들으며, 대체로 차갑다.

이런 유형은 기분을 표현하는 방법을 배우고, 미래보다는 현실 위주로 생각하라. 자신이 아는 것은 무조건 증명 하려는 욕구도 줄이는 것이 좋다. 인간관계를 돈독히 하려면 헌신, 사랑을 배워라.

(6) 충성 안전 중시 <햄릿, 히틀러>

책임감이 강하고 믿을 만한 '문제 해결사', 전통적인 것을 좋아한다. 사랑하는 사람에게 몸과 마음을 다 바친다. 그러나 소심하고 타인을 의심하고 자기 비하 발언을 서슴지 않는다.

이런 유형은 혼자 해결하기보다 남과 협력해야 한다. 스트레스 받을 때 혼자 끙끙 앓는 버릇이 있으므로 주위 사람에게 터놓고 말하는 연습을 하라.

(7) 바쁘고 생산적 <모차르트, 돈키호테>

외향적이고 긍정적이며 다재다능하고 자발적이다. 권위, 규칙, 법을 싫어한다. 시간이나 돈에 대한 관념도 부족하며 폭음, 폭식, 무절제한 생활에 빠지기 쉽다.

이런 유형은 먹는 것, 잠, 운동 등 건강을 항상 생각하면서 행동해야 한다. 현재에 만족할 줄 알아야 한다. 상대의 말을 잘 들으려는 노력이 필요하다.

(8) 힘있고 적극적 〈삼손, 후세인〉

보스 기질이 강하다. 화끈하고 담대하며 노골적이다. 자기 주장이 강하며 직설적이다. 다혈질이며 화를 잘 내지만 뒤 끝은 없다. 자존심이 강하고 사람들을 통제해야 한다고 생각한다.

이런 유형은 상대방의 의견을 존중하는 노력이 필요하다. 남의 의견을 존중하고 협상하는 법을 배우며, 강하고 직선적인 면을 좋아하는 친구를 사귀라.

(9) 조화와 평화 지향 〈링컨〉

가식과 편견이 없고, 공정하고 겸손하다. 낙천적이며 잠이 많다. 그러나 지나친 겸손으로 자기 비하가 심하다. 게으름과 고집이 대조적인 면이 단점이다.

이런 유형은 자기 비하를 줄여라. 분노를 너무 참지 말고 표현하는 법을 배워라.

2) 긍정과 감사의 힘

인간의 삶에는 두 가지 측면이 항상 존재하고 있다. 긍정과 감사하는 마음과 부정과 불평하는 마음으로 크게 나눌 수 있다. 옛말에 '말이 씨'가 된다는 것은 자기가 생각하고 있는 바가 이루어진다는 것으로 해석할 수 있다. 기도하는 마음, 어머님이 멀리 떠난 자식을 위하여 정성을 바쳐 기원하는 마음 등은 그것이 지향하는 곳이 긍정과 감사하는 마음일 것이다. 긍정적이고 감사하는 마음이 운동, 금연, 비타민보다 더 훌륭한 건강비결이 될 수 있다.

우울증이나 불안장애 같은 정신질환만 스트레스 반응이 아니다. 스트레스로 내분비계가 교란돼 호르몬 분비에 이상이 생기면 인체의 모든 기능이 저하되거나 중지되고, 면역계가 교란되면 온갖 세균과 바이러스의 공격에 무방비 상태가 돼 심하면 중병에도 걸린다. 위장병 같은 소화기 질환, 심장병 같은 순환기 질환, 발기부전 같은 비뇨기 질환, 만성 신경통 같은 근골격계 질환 등은 모두 스트레스와 밀접한 관련이 있다.

'생체나이(Real Age)'연구로 유명한 미국의 마이클 로이진 박사는 수백만 명에 달하는 미국인 건강통계를 바탕으로 '큰 스트레스를 당했을 때 해소할 방법이 없다면 생체나이가 30년 늙는다'고 주장하고 있다. 감사와 긍정이 그가 말하는 최선의 스트레스 대처법인데, 생체 나이통계에 따르면 많이 웃는 사람은 2~8년, 감사하고 긍정적인 태도는 최소 6년 이상 생체 나이가 젊어진다는 것이다.

감사와 긍정의 힘은 과학적 한계를 초월하는 무서운 힘을 가지고 있다는 사실은 우리의 일상생활에서 경험적으로 증명되는 경우가 많다. 아무리 어려운 상황에 몰리더라도 건강만 있으면 얼마든지 재기할 수 있고, 끝내기 역전 홈런도 날릴 수도 있다. 운동, 금연, 규칙적 생활 같은 건강습관이 중요하지만, 그 보다 위기를 바라보는 관점의 교정이 필요하다. 부정과 불만의 힘이 뇌의 통제력을 빼앗아 몸 전체를 병들게 하기 전에, 감사하고 긍정적으로 생각하는 훈련은 해야 한다. 이것이 스트레스를 극복하는 힘이 될 수 있고 삶의 건강을 유지하는 지름길이 될 수 있다.

| 단원 마무리 |

질문을 만들어 보고 동료들과 이야기를 나눠 보세요.

♠ 정답이 있는 질문(교재에서 답을 찾을 수 있는 질문)

· 스트레스를 받게 될 때 정서적으로 나타나는 증상은?

· 스트레스의 직접적 대처 방법은 무엇이 있는가?

·

·

♠ 정답이 없는 질문(더 궁금하고, 이유나, 추론, 적용 등을 묻는 질문)

· 일상생활에서 스트레스를 극복하는 자신만의 방법이 있다면 무엇인가?

· 성격유형에 따른 스트레스 대처 방법은 무엇인가?

·

·

CHAPTER 07

성격

제1절 성격과 성격이론

제2절 정신분석적 성격이론

chapter 07 성격

제1절 성격과 성격이론

1. 성격의 개념

Personality는 우리말로 인격, 인성, 성격, 사람됨이라는 말로 옮겨지고 있으나 대체적으로 성격으로 이해하고 있다.

하바드대학의 올포트(G. W. Allport)의 정의에 의하면 성격이란 「환경에 대한 그의 독특한 적응을 결정지어 주는 한 개인의 심리적 · 신체적 역동적인 조직」이라고 했고, 길포드(J. P. Guilford)는 성격을 「인간의 사회적 자극체제」로 보았으며 모든 능력의 집합체와 개인의 일반적 특징, 그리고 적응과정이 다른 것을 강조하였다.

즉 성격을 실제로 존재하는 생물 · 사회적 또는 생물 · 신체적인 관점에서 보고, 성격은 환경에 대한 개인의 독특한 적응을 결정하는 정신 · 물리적 체계를 가진 개체내의 역동적 조직이라고 하였다. 또한 성격은 그 개인이 가지고 있는 정신적 · 심리적 특성에 따라 표현되는 것이라고도 했다.

아들러(A. Adler)는 성격이란 「인간의 사회적 자극치로서 다른 사람에게 어떠한 영향을 미치는 개인의 생득적 본성」라고 정의하였다. 다시 말하면 성격은 다른 사람에게 어떠한 자극체제를 가지고 있는가 하는 것이다.

크럭칸(Kluckan)은 "어떤 개인에게는 다른 사람과 공통된 부분이 많이 있고, 또 어떤 개인은 보통 사람들과 몇 가지만 공통된 부분이 있으며, 또 어떤 개인은 아무하고도 같지 않은 독특한 부분"이 있다고 말한 바 있다.

프롬(Fromm)은 성격이란 "한 개인의 특징이 되며, 독자성을 만들어 주는 선천적 또는 획득적인 정신적 특질의 총체"라고 말하였다. 그러면서 프롬은 이 성격 중에서 선천적 특질을 기질이라 부르고, 획득적인 특질을 성질(character)이라고 불렀다.

카텔(Cattell)은 "인간의 모든 행동은 유기체와 환경과의 관계에서 나오는 것으로서, 어떤 상황이 주어지면 그 개체의 행동을 예언할 수 있는 것이 그 개체의 성격"이라고 하였다. 이러한 성격을 카텔은 역동, 능력, 기질의 세 가지로 파악하였다.

위와 같은 성격의 분류방법은 3가지 관점에서 정의본질의 차이점을 나타낼 수 있다.

첫째, 성격을 정의함에 있어서 생물리학의 관점에서 이론을 전개하기도 하고 생 사회학의 관점에서 이론을 전개하기도 한다.

둘째, 성격이론의 목적이 일반적 법칙의 발견을 강조하는가 아니면 특정한 개인을 이해하고 기술하기 위한 것인가에 따라 성격에 대한 정의가 달라진다.

셋째, 성격을 개인의 일관된 특성으로 보느냐 아니면 유형으로 보느냐에 따라 그 개념이 달라진다.

이와 같이 성격에 관한 정의는 다양하나, 이런 내용들을 종합하면 다음과 같이 통합적 기능, 적응 기능, 행동의 독특성, 인간의 본질 등 크게 4가지로 나누어 정리할 수 있다.

① 통합적 기능

성격의 통합적 · 조직적 기능(integrative organization function)을 강조하는 것으로서, 성격은 개인의 단편적인 부분의 총합이며, 이러한 조직은 개인내의 능동적 세력인 성격에 의해서 이루어진다고 본다.

② 적응 기능

많은 이론가들은 성격을 개인의 적응기능(adjustment function)에 초점을 두었는데, 그 이유는 성격은 개인이 인간관계 및 사회생활에서 수행하는 적응능력을 의미하기 때문이다.

③ 행동의 독특성

성격은 개인이 다른 사람과 구별되는 독특한 존재로서 행동의 독특성 또는 개성적(individuality)인 면을 설명하고 있다.

④ 인간의 본질

어떤 이론가들은 그 사람의 성격에 따라 '선하냐?, 악하냐?'라는 본질적인 의미를 내포하고 있기 때문에 인간의 본질(essence)을 나타내는 것으로 보고 있다.

이상의 의견을 종합해 볼 때 성격이란 「다른 사람에게 주는 그 사람의 전체적인 인상이며, 개인의 행동을 규정하는 일반적 경향」이라고 할 수 있다.

한편, 인격과 구분하여 보면, 성격이란 있는 그대로의 개인의 특질을 나타내는 말이며, 인격이란 마땅히 어떻게 되어야 한다는 당위성(當爲性) 내지는 가치평가가 포함된 말이다. 그러므로 성격은 기술적(記述的)인 개념이고, 인격은 가치적 개념이라고 구별하기도 한다.

또한 성격은 인격이라는 용어로 대치되기도 하는데, '인격'이라는 용어는 정신의학 영역에서 주로 사용하고 있다. 심리학에서 '인격'이나 '인성' 혹은 '인품' 등의 용어는 개인차 성분들 중에서 도덕이나 사회적 가치의 면에서 좋은 평가를 받은 부분만을 지칭하는 데 사용하는 반면, 성격은 가치 평가를 개입시키지 않고 모든 개인차를 취급하는 용어로 사용되는 경향이 있다. '성실하다'거나 '책임감이 있다'거나 '성숙하다' 혹은 '원만하다'는 등의 성격 측면들은 사회적으로 바람직하다는 평가를 받은 인격이나 인성 혹은 인품으로 지칭할 수 있을 것이다.

한편, 기질(temperament)은 생래적으로 타고난 성격의 원재료라는 측면에서 성격과 구분할 수 있다. '지능'이나 '체격' 뿐만 아니라 '정서적 안정성', '활동 수준', '사회성' 및 '충동성' 등에서 출생 후부터 상당히 안정적으로 지속되는 개인차가 발견되고 있다.

2. 성격의 형성

성격은 어떻게 형성되는 것일까? 인간 행동의 다른 측면과 마찬가지로, 성격은 선천적이며 기질적 요소인 생물학적 요인과 후천적이고 경험적인 요소인 환경적 요인의 복잡한 상호작용을 통해 형성될 것이다.

무력해 보이지만 신생아는 많은 잠재력을 가지고 태어나며 여러 가지 면에서 안정된 개인차를 보인다. 눈동자나 머리카락 색깔이나 신체의 골격 등 많은 신체의 특징들은 수정의 순간에 결정되며 지능과 특정한 지적 잠재력(예, 음악이나 미술적 재능) 등도 유전에 의해 크게 결정된다.

출생 직후부터 신생아들은 활동 수준이나 주의 집중의 폭, 환경의 변화에 대한 적응력과 정서적 민감성, 충동성 및 사회적 접촉을 추구하는 정도 등에서 안정된 차이를 보인다. 이런 기질상의 차이는 부모나 주변 사람들이 아이에게 보이는 반응의 차이를 만들어내기도 한다.

개인이 타고난 기질적 소질들은 성장 과정의 경험을 통해 강화되거나 새롭게 변화해 간다. 출생 직후부터 사회적 관계를 맺고 있는 부모를 비롯한 주위 사람들의 양육 특성들이 일차적으로 아동의 성격 형성에 영향을 미칠 것이다. 아울러 하위문화 집단이 지닌 규범이나 가치관 혹은 역사적 사건 등의 공통적 경험과 개인이 성장하면서 만나게 되는 형제나 친구, 교사 등과의 상호작용 경험들이 성격 형성에 영향을 줄 것이다.

성격의 형성은 타고난 기질이라는 원재료가 환경과의 만남을 통해 어떻게 조형되어 가는가? 하는 문제로 바라볼 수 있다. 물론 이 과정에 본인의 의지나 의도도 작용할 수 있을 것이다. 원재료에 해당하는 생물학적 요인과 환경적 경험요인에 대해 좀 더 자세히 알아보자.

1) 생물학적 요인

(1) 유전적 요소

신생아들의 기질 차이는 유전이 성격에 영향을 미치고 있음을 시사한다. 성격 형성이 유전에 의해 얼마나 영향을 받는가를 연구하는 방법으로, 일란성 쌍생아와 이란성 쌍생아들 사이의 성격 유사성을 비교하는 방법이 흔히 쓰인다. 일란성 쌍생아는 하나의 접합자가 둘로 나누어지면서 발생하기 때문에 유전적으로 동일하다.

이에 반해 이란성 쌍생아는 2개의 난자에서 발생하기 때문에 이들 사이의 유전적 유사성은 보통 형제들 사이의 유사성(50%)과 같다. 일란성 쌍생아와 이란성 쌍생아들이 공유하게 되는 환경적 경험이 별 차이가 없다고 가정할 수 있다면, 이란성 쌍생아들에 비해 일란성 쌍생아들 사이의 유사성이 정도가 높을수록 유전이 미치는 영향력이 큼을 시사한다.

(2) 생리적 요소

체격이 성격과 관련이 있다는 생각은 오래 내려온 고정관념에 잘 반영되고 있다. 예를 들어, "뚱뚱한 사람은 사교적이고 이완되어 있으며 유머를 좋아한다"거나 "근육질의 사람은 강인하고 자기 주장적이며 정력적이다"라거나 "마른 사람은 수줍어하고 내성적이며 지성적이고 생각하기를 좋아한다"는 등의 고정관념이 널리 퍼져 있다.

이런 고정관념들이 실증적 연구를 통해서 확실한 증거를 찾지는 못했지만 체격 특성이 간접적 경로를 통해서라도 성격 형성에 영향을 미치리라는 점은 자명해 보인다. 예를 들어, 체격이 우람하고 키가 큰 사람은 왜소한 체격의 사람에 비해 사회적으로 기대받는 역할이나 다른 사람들의 반응에서 상이할 것이고, 이런 기대와 반응이 그 사람의 성격형성에 영향을 미칠 것이다. 그러나 현재로서는 이런 생리적 요인들의 차이 중, 어느 정도가 유전에 의해 결정되고 그리고 어느 정도가 인생 과정의 경험으로부터 유래하는지를 결론짓기는 어렵다. 아마도 유전적 소질이 인생 경험과 영향을 주고받으며 함께 작용한다는 주장이 실제에 더 가까울 것이다.

2) 환경 경험적 요인

(1) 공통 경험

모든 경험은 궁극적으로는 개인적이겠지만 객관적 상황이 공통적으로 제공되는 정도가 높다는 점에서 공통 경험과 개인경험을 구분해 성격 형성에 미치는 영향을 접근

할 수 있다. 특정 문화권에서 함께 성장하는 아이들은 그 문화권에 공통된 특정한 신념과 관습 및 가치관 등으로 대표되는 문화의 옷을 자신도 모르는 사이에 입게 된다고 할 수 있다.

아울러 같은 시기를 사는 사람들은 공통 경험을 함께 하게 된다. 문화나 사회적 격변이 개인 개인에게 지각되고 작용하는 과정들은 다양하겠지만, 이런 공통 경험들을 함께 한 사람들은 그렇지 않은 사람들에 비해 서로 더 유사한 성격을 보일 가능성이 높다.

물론 생태적 환경은 그 위에 축적되어 온 문화적 영향과 역사적 사건 등에 의해 다르게 조절되어 그 영향의 방향이나 강도가 달라질 것이다. 유사한 생태적 환경에서 비슷한 시기를 함께 사는 사람들 사이에서도 남자와 여자들은 서로 다른 문화적 환경에 노출되어 서르 간에 차이를 보이기도 한다. 이런 차이는 흔히 '성 역할' 기대에서의 차이에서 유래한다고 한다. 환경이나 공통적 사건 경험과 문화가 유사한 성격을 형성하는 데 일조를 하지만 유사한 환경에서 자란 사람들도 모두가 서로 다른 개성을 보인다. 이런 차이는 기질에서의 개인차와 개별 경험에 기인하는 것으로 생각할 수 있다.

(2) 개별 경험

부모의 사망이나 불화 혹은 부모의 유별난 자식 사랑, 학업에서의 성공이나 실패, 심각한 질병이나 아동기 학대, 혹은 이사 경험 등 개인이 특유하게 경험하는 환경적 영향은 그 사람의 독특한 성격 형성에 큰 영향을 미칠 것이다. 각 개인은 나름대로 독특한 방식으로 환경이나 문화적 영향력에 반응한다. 사람들의 개성을 더욱 조장하는 것은 동일한 외적 자극도 각자의 마음속에서는 각기 다르게 지각되고 해석된다는 사실이다. 어머니의 엄격함이 한 자녀에게는 사랑을 담은 규율로 지각되는가 하면 다른 자녀에게는 성질이 모질거나 이기적인 데서 나오는 고집으로 해석될 수 있다.

3. 성격의 이론

성격이론(Personality Theory)은 성격이 무엇이고 어떻게 발달하며, 왜 그런 행동을 보이는지에 대하여 과학적으로 이론을 추구하는 것이라 할 수 있다. 그러나 이러한 성격이론에 대한 견해는 매우 다양하다. 이는 인간본성의 관점이 매우 상이함을 말해주고 있다. 즉 학자들의 인간본성에 대한 기본 가정에 따라서 이질적인 많은 성격이론이 나타나게 되었다.

프로이드의 정신분석 이론을 토대로 하여, 파생된 아들러(Adler)의 개인심리학적 이론, 융(Jung)의 분석심리적 이론, 하트만(Hartman)의 자아 심리학적 이론, 에릭슨(Erickson)의 심리 사회적 이론, 프롬(Fromm) 등의 신 프로이드에 이르기까지 많은 정신 역동적 성격이론 들을 들 수 있다.

프로이드는 생물적 기본욕구의 충족 여부를 강조한 데 반하여 아들러는 전체성을 강조하였고, 신프로이드 학파는 사회 · 문화적 요소들에 초점을 두고 있는 것을 알 수 있다.

한편 순수하게 심리학적 연구에 기초한 알포트(Allport), 카텔(Cattell) 그리고 아이젠크(Eysenk) 등에 의하여 발전된 특질이론이 있다. 알포트는 행동관찰이나 자서전적 분석을 강조하였고, 카텔이나 아이젠크는 심리측정과 요인분석으로 발전시켰다.

또한 학습실험에서 발전된 행동주의 이론과 인지적 속성을 강조하는 사회학습 이론 등이 있으며, 임상경험과 연구에 기반을 둔 로저스(Rogers), 매슬로우(Maslow) 그리고 켈리(Kelly) 등의 임상가도 있다. 이 중에도 로저스와 매슬로우는 인간주의 심리학의 기치를 들고 인간의 실현가능성에 초점을 둔 성격이론, 켈리는 과학연구 방식으로 성격구성 개념을 형성하는 이론을 개발하였다.

여기서는 성격이론 중 정신분석 이론, 인본주의적 이론, 특성이론, 행동주의 이론에 대하여 그 대강의 흐름을 소개하면 아래와 같다.

1) 정신분석 이론

프로이드는 그의 생애를 통하여 노이로제 환자를 치료하면서 정신분석 치료 기법을 개발하였기 때문에 성격 발달에 대해 명시적으로 기술하고 있다. Freud는 성격 특성들이 심리성욕의 발달에 따라 결정되며, 몸이 자극을 받아 느끼는 즐거움은 성적(sexual) 요소이며 출생 때부터 성생활이 이루어진다고 본다.

시기에 따라 관능적 감각에 특히 예민한 신체의 부분들이 달라지는데, 처음에는 입에서 시작을 해서 항문과 성기로 옮겨간다. 아동의 성생활은 아주 어릴 때부터 시작해서 5세 말경에 절정에 달하고, 그 이후 잠재기가 이어지며 사춘기 이후에는 타인으로부터 만족을 얻는 단계에 이른다.

심리성욕의 발달이 부드러우려면 각 단계에서 욕구의 자유로운 표현이 외부로부터 제약 당하지 말아야 한다. 특정 단계에서 심리성욕의 충족이 너무 부족하거나, 많으면 다음 단계로 넘어가기를 두려워하는 현상이 일어난다. 이를 일러 '고착(fixation)'이라 한다. 고착은 두 가지 결과를 초래하는데, 자아가 감당하기 어려운 스트레스를 경험할 때 고착된 단계로 '퇴행'하는 경향이 생길 수 있다. 어느 단계에 고착되는가에 따라 특정한 성격 특성이 형성이 된다.

한편, 프로이드(Freud)이론의 문제점을 수정 · 확장하려고 한 시도들 중의 한 사람인 에릭슨은 심리 · 사회발달을 주장하였다. 그는 성 충동이 아니라 '열등감을 극복하려는 권력이나 우월에 대한 추구'를 강조한 아들러(Adler). '집단 무의식과 중년기의 성격 변화와 통합'을 강조한 융(Jung)이 프로이드(Freud)와 자신들의 접근법을 독립적 학파로 보려는데 반해, 에릭슨(Erickson)은 자신의 이론을 프로이드(Freud)의 이론에 대한 강조점이 달라진 것이라고 생각한다.

또한 그는 자아가 원초아나 초자아의 객체가 아니라 외부 환경에 적극적이고 창조적으로 적응하는 주체이라고 보았다. 그는 인간의 자아와 심리적 특징들은 우리의 신체 발달이 그러하듯이 생물학적으로 정해진 청사진에 따라 발달한다고 보았다. 또 사회는 프로이드의 이론에서처럼 개인과 갈등적이기만 하지 않고, 개인들이 특정 시기에 당면하는 핵심적 문제(위기)들을 잘 해결하도록 돕는 장치나 제도를 마련한다.

예를 들어, 인생의 초기 단계들에서 위기해결에 결정적으로 중요한 가정이라는 울타리를 법과 관습을 통해 보호하며, 학교라는 제도적 장치를 통해 학동기 아동의 자아 발달을 돕는다. 물론, 이런 사회적 장치가 반드시 순기능만을 하지는 않겠지만 말이다.

에릭슨 이론의 확장은 크게 세 가지 방향으로 일어났다. 그는 우선 성격 형성과 발달에서 사회 · 문화적 영향력을 강조했다. 또한 원초아 대신 자아의 기능과 역할을 강조했다. 마지막으로 그는 남근기 이후에도 성격의 발달이 계속되어 노년기까지 계속 발달한다는 평생 발달적 관점을 가졌다.

에릭슨의 심리사회 발달 단계를 Freud의 것과 비교하여 표에 제시했다. 프로이드의 심리성적 발달 단계가 5개인데 비해 에릭슨의 심리·사회적 발달 단계는 8개다. 에릭슨이론에서 각 단계는 중심적으로 해결해야 하는 과제가 있고 이를 잘 해결하면 긍정적 결과가 자아 특성으로 남는 반면 잘 해결하지 못하면 부정적 결과가 흔적을 남긴다.

어느 한 단계에서의 위기가 잘 해결되면 성격에 그 단계에 해당하는 추구되는 가치가 포함되고 다음 단계의 위기를 잘 해결하는 데 도움이 된다.

에릭슨은 프로이드가 아주 이른 시기에 성격이 형성되어 그 영향이 성인기까지 지속된다고 보는데 반해, 사춘기 이후의 시기에도 발달이 계속 이루어진다고 생각한다. 그는 특히 청년기를 공들여 분석했다.

Erickson의 심리사회 발달 단계

단계	심리성적	발달단계	추구가치
1. 영아기(0세–1세)	구강–감각적	신뢰감 대 불신감	희 망
2. 유아초기(1세–3세)	항문–근육적	자율감 대 수치감	의 지
3. 유아후기(3세–6세)	생식기–운동적	자발성감 대 죄책감	목 적·계 획
4. 아동기(6세–12세)	잠복기	근면성 대 열등감	성 장·능력
5. 청년기(12세–25세)	사춘기	정체감 대 정체감혼미	대 응·적 응
6. 성인기(25세–35세)	성기기	친밀감 대 고립감	공유된 정체감
7. 중년기(35세–60세)		생산성 대 침체감	배 려
8. 노년기(60세–)		통합성 대 절망감	지 혜

2) 인본주의 이론

임상이나 상담 분야에서 큰 영향력을 떨치던 정신분석학의 인간에 대한 비관적 관점과 일반 심리학 분야에서 위세를 떨치던 행동주의의 기계적이고 수동적인 인간관에 반대하며, 인본주의는 자기실현 같은 주제들에 깊은 관심을 보인다.

즉 과학적 심리학을 대표하는 행동주의에서는 인간을 외부의 자극조건에 의하여 행동이 습득되고 통제되는 고도의 정교한 것으로 보는 기계론적 인간관과 정신분석에서는 인간은 의식적 욕망이나 본능에 의하여 지배되는 피동적 존재로 이해한다.

이러한 행동주의와 정신분석의 인간관에 대한 반동으로 사람에게는 기본적으로 선하며 성장하고 자기실현을 할 수 있는 능력을 본래부터 타고나는 것을 강조하는 심리학이 생겼다. 이 심리학이 인간주의 심리학이다.

(1) Maslow의 인본주의 성격 이론(인간욕구 위계설)

매슬로우(Maslow)는 인간이 여러 측면의 복잡성을 지니고 있는 존재지만 근본적으로 선하고 건설적이며 창조성을 타고난다고 보았다. 또 선택을 통해서 자신의 본질을 창조해 갈 수 있는 존재라고 가정했다. 인간 본성에 대한 성선설이라 할 수 있다. 그는 인간을 통합된 전체로 다루어야 인간다움의 모습이 제대로 드러나며 동물 연구나 부적응한 환자들에 대한 분석 결과만으로 인간의 본 모습을 그려낼 수 없다고 보았다. 그래서 그는 주로 건강한 사람들의 연구에 노력을 쏟았다.

매슬로우는 인간욕구 5단계 설을 주장하였다. 이는 ① 생리적 욕구, ② 안전의 욕구, ③ 소속과 사랑의 욕구, ④ 지위의 욕구, ⑤ 자기실현의 욕구 등이다. 이 욕구의 위계설에는 단계설과 회전성이 있다.

(2) Rogers의 현상학적 성격이론(인간중심이론)

로저스(Rogers)는 인간을 미래와 자기 지시적인 목적을 지향하고 있는 에너지로 충만한 존재로 본다. 그는 인간에게 유기체를 실현하려는 선천적 경향성이 있으며, 인간은 스스로 분화와 자기책임, 협동, 성숙의 방향으로 진전해 간다고 가정한다.

그는 개인의 행동은 개인이 체험하는 총체인 '현상적 장'에 의해 결정된다고 보았다. 현상적 장은 느끼고 지각하는 체험의 세계이다.

유기체는 자신을 유지 또는 고양시켜 주는 방향으로 그것의 모든 역량을 발달시키려하는 선천적 경향성인 '유기체적 실현경향'을 지니고 태어난다. 이 욕구는 모든 생명 있는 존재들의 공통된 성질이며, 인간의 경우 성욕이나 공격욕구도 이 욕구를 표현하는 한 방식으로 볼 수 있다. 순간순간의 체험들은 실현경향을 기준으로 좋고 나쁨이 평가되는데, 이를 '유기체적 평가과정(organismic valuing process)'이라 한다.

유기체적 평가과정만 따라가면 건강과 성장을 이룰 수 있지만, 많은 경우에 우리는 자신에게 기쁨을 주는 것만 하면서 살지는 못한다.

유아기에는 주로 유기체 차원에서 산다고 할 수 있다. 아기들은 배고프면 울고, 배가 부르면 먹기를 중단한다. 아기에게는 체험이 곧 현실이 되지만 점차 자라면서 엄마와 내가 분리되고, 현상적 장의 일부가 나와 연결된다. "나는 배가 고프다"거나 "나는 엄마가 밉다"와 같은 느낌이나 생각을 '자기체험'이라 한다. 이러한 자기체험이나 지각들이 조직화되어 나에 관한 안정된 견해를 이루는 것이 '자기(self)'다. Rogers의 자기는 각자가 지각하는 나, 즉 '자기개념'이다. 아이는 "나는 어떻다"는 자기 외에 "나는 어떻게 되고 싶다"는 '이상적 자기(ideal self)'도 발달시킨다.

매슬로우와 로저스의 이론은 사적 경험의 중요성과 인간의 긍정적이고 전체적인 측면에 대해 강조함으로써 정신분석 이론과 행동주의의 부정적이거나 기계적인 인간관의 편향을 균형 잡게 하는 기여를 했다. 그러나 정신분석 이론의 경우와 유사하게 이론의 개념과 주장을 검증하고 타당화 하는데 어려움이 있다. 주로 학생 등 건강한 집단을 자기보고식 자료를 통해 연구한 점도, 동물이나 부적응한 사람 집단만을 연구했다고 비판받는 것과 마찬가지로 편향된 표본과 방법이라는 비판을 받을 수 있다.

3) 행동주의 이론

행동주의는 환경적 영향에 따라 행동이 어떻게 변화해 가는지를 학습 이론을 통해 설명하려 한다. 따라서 '개인 내부에 있는 행동을 결정하는 원인'이라는 의미의 성격에 대한 이론은 행동주의적 접근에서는 찾기 어렵다. 그러나 개인에게 환경적 영향력이 유사한 양상으로 작용한다면 행동의 일관성을 관찰할 수 있을 것이다. 행동주의 이론에서는 성격이 그 사람의 강화의 과정에 의해 형성된다고 주장한다.

스키너(Skinner)는 자기주장이 강한 성격은 자기 의견을 주장한 뒤에 보상적인 결과(예, 인정이나 칭찬 혹은 목표 달성 등)가 일관되게 따라 나올 경우에 형성된다.

이에 반해, 수줍은 성격은 자기 의견을 표명하지 않고 뒤로 숨는 행동을 했을 때 보상적인 결과(예, 인정이나 수용 혹은 책임 면제 등)가 따라 나와서 형성된다는 것이다. 서로 상반되는 성격 특성이 행동 뒤의 보상적(혹은 처벌적) 결과라는 공통적 원인에 의해 조성된다고 할 수 있다. 스키너는 그의 조작적 조건형성의 원리들을 적용해서 개인의 일관된 행동 특성을 설명하고 있다.

반두라(Bandura)는 자신이 직접 경험하는 강화뿐만 아니라 타인의 행동과 그 결과를 관찰해서 복잡한 행동을 학습하는 관찰학습이 인간 행동을 결정하는 데 중요하며, 강화의 출처도 외부뿐 아니라 자기 스스로에게서도 올 수 있음을 지적한다.

예를 들어, 내가 직접 주장적인 행동을 하고 보상을 받는 경험을 통해 자기 주장적이 되는 외에도, 다른 사람이 주장적인 행동으로 좋은 결과를 얻는 것을 관찰함으로써 자기주장적인 행동을 하게 되고 나아가 자기 주장적인 성격이 될 수 있다. 또 외부에서 유래하는 강화보다 자기 스스로 일정한 기준을 정해서 그 기준 이상이면 보상을, 그렇지 못하면 처벌하는 자기 강화가 성인의 행동에 더 큰 영향을 미칠 수 있다.

반두라(Bandura)는 '특정한 과제를 이루는 데 필요한 행동을 수행할 수 있다는 능력감'에 해당하는 '자기 효능감(self-efficacy)'이 인간의 목표지향적 행동에 결정적으로 중요한 영향을 미친다고 강조하고 있다. 정보처리적 접근에서는, 현상학적 이론과 유사하게, 개인이 자기 자신, 타인들 및 세상을 지각하고 해석하는 방식에 성격이 반영된다고 본다. 현상학과 정보처리적 접근을 구분하는 일차적인 근거는 시대적인 것이라 한다.

컴퓨터의 발전에 힘입어 인간을 자극에 대한 수동적으로 반응하는 학습 기계가 아니라 능동적인 정보처리 장치로 조망하고, 그 정보처리 과정을 과학적 방법으로 연구하려는 인지적 접근법이 심리학 전반에 영향을 미치고 성격심리학에도 스며들었다.

주된 초점은 사회적 상황을 선택, 해석하고 반응함에 있어 인지 과정이나 내용의 개인적 특성들이 어떻게 표현되는가를 밝히는 데 있다. 자신이나 타인, 중요한 상황 혹은 사건과 관련되는 정보를 어떤 내용으로 어떻게 표상(represent)하는가? 의 차이로 개인차를 설명하려 한다.

그러나 행동주의적 접근의 경우, 인간을 너무 기계적이고 수동적으로 바라보고 있다거나, 이론이 결여되어 있으며, 특히 학습된 행동들이 전체 성격 구조에 어떻게 통합되는지에 대한 진술이 없고 인간의 인본적이고 실존적인 측면을 무시하고 있다는 등의 비판을 받기도 한다. 성격에 대한 정보처리적 접근에 대해서는 충분한 평가를 하기에 아직 이른 면이 있다.

4) 특성이론(trait theory)

인간의 행위에서 지속적이면서 규칙적인 속성을 기술하는 개념으로 특성을 제의하고, 이를 개인의 독특성이나 개인간의 차이를 이해하는 성격의 기본단위로 보고 찾으려는 성격이론이 있다. 이런 성격이론을 특성이론이라고 한다.

사람들의 지속적인 개성을 표현하는 데 사용하는 가장 일반적인 용어는 유형(type)이나 특성(trait)이다. 히포크라테스는 인체는 혈액, 점액, 담집, 흑담집으로 분류하였고, 그 후 가레노스(Galenos)는 4종 체액의 우세에 따라 다혈질, 점액질, 우울질, 담집질로 구분한 것이 유형론의 대표적 예다.

이밖에도 융(Jung, 1875-1961)의 내·외향성의 구분이나 슈프랭거(E. Spranger)의 경제형, 이론형, 심미형, 사회형, 권력형, 종교형으로 크레치멜(E. Kretschmer)은 비만형, 세류형, 투사형 등도 이런 예에 속한다. 유형론은 이해하기는 쉬우나 실제 사람들의 성격의 복잡성이 그렇게 단순하게 질적으로 구분되는 유형으로 파악하기가 어렵다는 문제에 부닥친다.

유형론이 사람들을 질적으로 구분되는 비연속적인 범주들의 집합으로 구분하려는데 반해, 특성론에서는 특성들의 연속선상의 어느 한 지점에 개인을 위치시킬 수 있다고 본다. 유형론에서 사람들은 특정한 유형에 소속하지만 특성론에서는 특정한 특성을 얼마만큼 지닌다고 표현할 수 있다.

성격심리학을 심리학에 처음으로 도입한 사람은 알포트(Allport)이다. 그는 사람은 각기 나름대로 일관되게 행동하지만 다른 사람과는 다르게 행동하는데, 이를 설명할 수 있는 개념이 특성(trait)이라고 하였다. 특성이란 사람이 특정한 방식으로 반응하게 하는 경향성이라고 정의한다.

특성론의 대표적인 학자들로 고든 알포트(Gordon Allport)와 레이몬드 카텔(Raymond Cattell)을 들 수 있다. 알포트는 인간의 성격을 기술하고 설명하기가 기존 용어로는 불충분하다고 생각하고 trait라는 용어를 만들었다. 그는 특성이 다양한 상황을 기능적으로 유사하게 받아들이고 또 유사한 형태의 표현적 행동을 하게 만드는 개인 내부에 실재하는 신경 · 심리적 구조로 보았다.

알포트(Allport)는 특성이 행동의 원인이 되며, 특정 상황을 초월하여 비교적 일반적이고 지속적인 성질을 지닌다고 보았다. 그는 특성을 몇 가지 방식으로 분류하는데, 그 하나는 특성이 개인의 행동에 영향력을 발휘하는 정도에 따라 주 특성과 중심 특성 및 이차 특성으로 나누는 것이다. '주특성'은 그 사람 행동의 전반에 걸쳐 강력한 영향을 미치는 것으로, 슈바이처의 생명에 대한 경외 등 소수의 사람들만 주 특성을 보인다고 생각한다. '중심 특성'은 주 특성보다는 덜하지만 상당한 범위에 걸쳐 행동에 영향을 미치는 것으로 보통 사람들의 성격 비교의 기본 재료가 된다.

알포트는 공통 특성과 고유 특성을 나누기도 했다. '공통 특성'은 특정 문화권 내의 모든 사람들에게 공통적으로 존재하고 상호 비교가 가능한 것으로 흔히 정상분포를 이룬다. 반면 '고유 특성'은 개인 각자에게 고유한 것으로 그 사람의 참 모습을 이루며, 사례연구나 일기 혹은 편지 등의 개인고유의 자료를 통해 파악할 수 있다. 알포트는 개인의 성격은 고유하며, 그 참 모습은 그 사람의 고유 특성에 대한 파악을 통해서 비로소 가능하다고 보았다. 그는 특성에 초점을 강조하는 외에도 성숙되고 건강한 성격과 동기의 기능적 자율성을 중시해서 건강한 성인은 과거의 동기에 매달려 있지 않고 현재와 미래가 중요하다고 보았다.

알포트가 특성을 찾고 연구하는 데 개인의 사례 사나 소설 혹은 일반인들의 성격에 대한 진술 등의 방법을 사용한데 반해, 카텔은 생활기록부, 질문지 검사, 자기에 대한 자기보고 등 여러 출처에서 나온 자료를 요인분석이라는 통계적 방법을 통해 성격을 기술하기 위한 특성을 찾는 데 사용했다.

그는 겉으로 드러나 보이기에 공통 주제에 관련되는 것처럼 관찰되는 행동들의 집합(예, 미소 짓기, 인사하기, 응답하기 등은 '친절성'이라는 특성에 해당)을 뜻하는 '표면 특성'과 행동의 실제적 원인이 되는 저변 구조로 개인들 행동의 일관성을 결정하는 '근원 특성'을 구분한다. 그는 표면 특성이 아니라 근원 특성을 찾는 것이 성격 연구에서 중요하며 요인분석을 통해 근원 특성을 찾아낼 수 있다고 보았다. 그는 수많은 요인분석적 연구를 종합해서 인간의 성격이 16개의 근원 특성으로 기술될 수 있다고 주장했으며, 이를 측정하기 위한 16성격요인(16PF) 검사를 만들었다.

성격에 대한 특성론적 접근은 사람들의 성격을 구성하는 기본 특성이 무엇인가를 밝혀내고 이를 어떻게 측정할 수 있는가의 문제를 해결할 수 있다면 사람들의 성격을 매우 정밀하게 수량적으로 기술하고 연구할 수 있는 장점을 가졌다. 이는 성격과 같은 매우 복잡한 대상에 대해 부족한 자료를 가지고 섣불리 설명이론을 만들어 접근했을 때 생길 수 있는 문제에서 벗어나 관찰 자료에 충실할 수 있는 장점도 있다.

그러나 연구자에 따라 특성의 수나 종류를 각기 다르게 주장하고 있어 혼란스러우며, 이론이 기술적 수준에 머물러 성격이 어떻게 형성되고 변화·발달하는가에 대해 아무런 답을 줄 수가 없다는 취약점이 있다. 최근에 여러 문화에서 이루어진 연구 결과들을 보면 인간의 성격 특성이 다섯 개의 큰 요인(Big Five Factor)으로 수렴되고 있다는 증거가 늘고 있어 희망적 기대를 가질 만하다.

코스타(Costa)와 맥크래(McCrae, 1992)의 성격 5요인 모형에서는 5개의 상위요인에 각기 6개의 하위 요소들이 소속되는 위계적 구조로 성격 특성을 나타낸다.

5개의 성격 요인은 다음과 같다.

① 정서적 불안정성과 낮은 좌절 인내 능력으로 특징 지워지는 '심리적 민감성'
② 대인간 상호작용의 선호와 높은 활동 수준으로 특징 지워지는 '외향성'
③ 경험의 적극적 추구와 감상으로 특징 지워지는 '개방성'
④ 세상과 타인에 대한 신뢰와 불신 혹은 적대의 정도로 특징 지워지는 '호감성'
⑤ 자기조절과 인내 및 목표지향적인 행동에 대한 동기화로 특징 지워지는 '성실성'이 속한다.

제2절 정신분석적 성격이론

프로이드(Freud)는 신경증 환자의 치료를 위한 정신분석학을 발전시켜 나아가는 동안 인간의 성격이론을 완성하였다.

그가 세상에 내놓은 최초의 저작 <꿈의 해석>을 비롯하여 최후의 저작인 <정신분

석개요>가 간행되기까지 전부 24권에 달하는 저술을 통하여 그는 20세기의 인간관을 형성함에 있어서 위대한 업적을 남겼다.

프로이드 정신분석의 학문적 세계를 요약 정리해 보면 다음과 같다.

① 인간행동의 근원을 리비도(libido)라고 한다. 이는 유기체 생명현상의 범 성욕설(pansexualism)에 기초하고 있다.

② 인간협동의 결정적시기를 만 2세의 초기경험을 중요시 하는데, 이는 백지의 원리에 기초한 것으로 깨끗하라(cleanness), 순수하라(purity), 소박하라(simplicity)라는 인간의 원초적 본질문제와 관련성이 있다.

③ 인간행동의 영향은 의식세계(conscious)보다 무의식세계(unconscious)가 중요하고 많은 영향을 미친다는 것이다.

④ 프로이드 무의식세계의 탐구는 그의 저서인 토템과 타부, 종교의 기원, 히스테리의 연구, 꿈의 해석 등에서 찾아볼 수 있다.

⑤ 현대인의 무의식세계는 술, 꿈의 세계, 미친 사람의 행동, 무당의 굿 행위, 명상, 카타르시스(catnarsis) 등에서 찾을 수 있다.

⑥ 무의식세계가 많이 남아있는 곳은 나라별로는 물질문명이 발달된 곳 보다 정신문명이 보존되고 발달한 곳이며, 현대도시사회보다 원주민 집단촌이다. 종교의 세계에서는 유일신보다 다신의 자연숭배사상에 많이 자리매김 하고 있다. 그리고 유전적 요소의 생리적변형도 이러한 영역에 속한다고 생각된다.

⑦ 치료로서의 정신분석은 다양한 치료 기법을 제시하고 있다. 이에 자유연상법, 꿈의 해석, 압박설, 전이와 저항을 다루는 치료로 요약할 것이다.

⑧ 콤플렉스(complex)의 문제는 태어날 때부터 숙명적으로 가지고 나온 것으로 최고가 되고 싶은 욕망을 인간생명 탄생시 부터 갖고 태어난 것으로 생각할 수 있다.

⑨ 절대지(absolute knowledge)의 문제인데, 융의 심리학에서 인간의 무의식에는 절대지가 있다고 주장하고 있으며, 인간자발성은 미지의 상황에 대한 적절한 반응, 특히 예술가는 탈 규격화로 나타나고 있다. 루소는 인간에 대한 신뢰를 가지고 있으며 보통사람들이 한쪽에 장애를 받으면 다른 쪽에 무서운 생명력을 높이는 것도 인간의 절대지가 있다는 것을 증명한 것이다.

⑩ 인간생명체의 본성 측면에서 정자와 난자의 무의식은 인간 생존을 위한 모든 체험의 축약으로 설명할 수 있다.
⑪ 인간생명탄생의 과정측면에서 강한 삶의 본능과 최고를 향한 끊임없는 욕망인 생명잉태의 과정을 엄밀히 분석해 보면 쉽게 이해할 수 있는 문제이다.

프로이드 정신분석학 학문세계의 기저를 이해하기 위하여 무의식세계를 중심으로 살펴보았다. 그밖에 인간사고과정의 동양과 서양의 차이점과 삶의 본능과 죽음의 본능, 에너지 보존의 법칙 문제, 인간정신세계에 있어서 구조이론(structural theory)과 지형이론(topographic theory) 등은 프로이드 학문을 이해하는데 중요한 요소로 존재하고 있다.

1. 의식구조

그의 성격 구성도에 의하여 성격은 원본능(原本能, Id), 자아(自我, Ego), 초자아(超自我, Supper Ego)로 나누고 인간의 성격을 이 3요소의 상호작용에 의하여 형성된 조직체로서 협동적인 사명을 다 함으로써 환경과 더불어 효과적인 적응을 해 나갈 수 있다고 한다. 그러나 이 3요소가 어긋나고 부조화(不調和)되면 부적응아(不適應兒)가 된다.

프로이드는 사람이 가지고 있는 근본적인 활력을 libido라 불렀는데 이것은 좁은 의미에서 말한다면 성적 욕구이다. libido는 무의식의 세계에 그 원천이 있다. 사실상 우리들의 의식현상이란 정신생활의 전부가 아닌 것이며 보이지 않는 무의식의 세계가 엄청나게 더 크다는 것이 프로이드의 인간관의 특색이다. 이러한 프로이드의 성격구성을 그림으로 나타내면 다음과 같다.

성격 구성도

Super Ego : 초자아 · 이타주의	Ego : 자아 · 이기주의
• ideal-principle • 자아이상, 양심, 윤리 • 제3차적 과정	• real-principle • 합리성, 과학성 • 제2차적 과정 의식세계(conscious)
Id : 원본성(libido) • 신체적 · 충동주의 • Pleasure-Principle • 욕구, 자기만족 • 제1차적 과정	무의식세계(unconscious)

1) 3자아의 구조

(1) 원초아(id)

위 그림에서 나타나 있듯이 원초아(원본성)는 충동주의, 동물성, 자기중심, 욕구충족 등의 성질을 가지고 있으며, 쾌락의 원리(Pleasure Principle)가 지배하며 주관적 원리의 성격을 가지고 있는 제1차적 정신과정이며, 원초적으로 태어날 때부터 그 성질을 가지고 나온다. 그래서 인류의 공통적인 성질에 속한다.

즉 원초아는 생물학적으로 타고난 모든 것이며, 성과 공격을 중심으로 하는 모든 추동이 여기서 유래하며, 현실(혹은 외부)과의 접촉이 없어서 외부상황과는 무관하게 고통을 피하고 즐거움을 추구하려는 '쾌락원리'를 따른다.

쾌감원칙은 불쾌를 피하고 쾌락을 구하려는 경향을 말하며 '쾌 · 불쾌 원칙'이라고도 한다. 프로이드에 따르면 리비도에 의하여 긴장이 고조된 상태는 '불쾌'이며, 이것을 해소하는 일은 '쾌'이다. 인간에게는 '쾌'를 구하고 '불쾌'를 피하려는 선천적인 경향이 있다는 것이 그 기본적인 구상(構想)이다. 곧, 에스(S) 또는 이드(id)는 이 원시적 · 본능적인 쾌락 원리에 따르는 것으로 본다.

또한 현실과 마음속의 환상 사이를 구분하지 못하고 즉각적으로 추동에 따라 긴장을 방출하는 욕구충족 방식인 '일차과정'적으로 작동한다. 즉, 원초아는 추동이 생기면 현실과 환상을 구분하지 못하고 추동에 따른 욕구를 즉각적으로 충족시키는 방식으로 작동한다. 예를 들어, 배고픔의 욕구가 생긴다면 즉각적으로 배고픔의 욕구에서 유래하는 긴장을 실제 음식을 먹거나 예전에 먹었던 음식에 대한 심상을 만들어서 방출하려 한다.

일차과정적 사고 양식은 비합리적이고 시각적인 심상에 의존하며 시간 의식이 없다. 꿈이나 백일몽 또는 정신분열증환자의 망상에서 이러한 사고양식이 드러난다고 본다. 인간이 태어날 때는 원초아만 있어서 현실과 환상을 혼동하며 나와 외부 세계를 구분하지 못한다. 따라서 주위의 각별한 보살핌이 없다면 원초아만으로는 생존이 불가능하다. 좌절 경험을 통해 아이는 욕구를 근원적으로 충족시켜주는 것은 외부에 있는 대상이며, 욕구 충족의 대상이 그 당장에는 없을 수도 있음을 배우게 된다. 이런 과정에서 원초아에서 자아가 분화 발달한다.

(2) 자아(ego)

자아는 이기주의이지만 합리성과 과학성을 가지고 있다. 현실의 원리(Real Principle)가 지배하고 객관적 원리에 기초한 제2차적 정신과정으로 대개 생후 2세부터 발달된다고 한다.

즉 자아는 나로 인식되는 마음의 부분이며 원초아로부터 발달해서 어느 정도 독립적인 성격의 부분이 된다. 현실과 마음속의 환상을 구분할 수 있으며 세상과 나를 구별한다. 보고 듣고 기억하고 감정을 느끼며 판단을 내린다. 현실의 자극을 수용하고 현실로부터 유기체를 보호하는 기능을 한다. 나와 외부 그리고 현실과 환상을 구분하고 외부 상황에 맞고 안전하게 욕구를 충족시키려는 '현실원리'에 따른다.

자아의 중요한 과제는 현실검증과 자기 욕구의 조절이라 할 수 있다. 원초아의 요구들을 현실에서 충족시키기 위하여 자아는 적당한 자극을 찾아내고 외부 세계를 유리한 쪽으로 변화시키기를 배운다. 자아는 현실을 상대하는 성격 구조로 원초아의 힘을 빌려서 발달하지만 차츰 원초아에 대항해서 추동 요구들을 통제하고 조절하기도 한다. 그래서 자아는 초자아의 요구들을 충족시킬 것인지 말 것인지, 지금 충족시킬 것인지 아니면 나중으로 미룰 것인지 등을 결정한다.

자아는 '이차과정'적으로 작동하는데, 이는 현실과 환상을 구분하며 현실의 제약을 감안하여 원초아의 요구를 지연시켜서 안전하고 효과적인 방법으로 만족을 추구하는 방식이다. 이를 위해서 자아는 기억, 지각 및 사고 기술 등을 발달시키고, 현재뿐만 아니라 미래를 생각하며 장기적으로 볼 때 무엇이 더 좋은가를 생각하고, 문제를 분석하고 추상적으로 생각하며 논리와 추리 등의 고등 정신기능을 사용하기도 한다.

(3) 초자아(super ego)

초자아는 이타주의 성격을 지닌 자아이상, 양심, 윤리, 도덕, 종교성의 성질을 가지고 있다. 이상의 원리(Ideal-Principle)가 지배하는 제3차적 정신과정이다. 생후 3세 이후부터 발달된다고 한다.

즉 개인의 정신내에서 사회나 이상의 측면과 관계있는 것으로, 정신분석의 인격이론 중 구조론에서 인격의 사회가치 · 양심 · 이상의 영역. 상위자아라고도 한다. 구조론에서는 인격을 하부의 충동 · 본능영역의 이드(id)와 의식적 주체의 중핵이 되는 자아, 그리고 초자아의 영역으로 나누어 생각한다.

초자아의 기능으로서는 개인의 행동에 대해 내부로부터 선악의 판단을 내려서 그 행동을 촉진하거나 제약하거나 한다. 또 행동을 비판적인 눈으로 보기도 하고, '나쁜' 행동을 하였을 경우 죄악감을 불러일으키기도 하고, '착한' 행동을 하였을 경우 자존심을 높여 주기도 한다.

초자아는 자아로부터 분리 발달하며 나를 넘어선 부분으로 인식되는 성격의 독립적 성분이 된다. 부모에게 의존하는 아동기가 유난히 긴 인간은 부모로부터 큰 영향을 받으며, 이런 부모의 영향을 내면화하여 생기는 성격의 도덕적이고 윤리적인 부분에 해당한다. 두 가지 성분으로 나뉘는데, 나쁜 행동에 대한 부모의 처벌을 통해서 형성되는 '양심'의 부분과 착하게 행동할 때 보여주는 칭찬을 통해 형성되는 '자아이상'이 그것이다.

초자아도 원초아처럼 현실검증 능력이 없다. 그래서 실제 행위에 대해서 뿐만 아니라 생각이나 의도만으로도 칭찬하거나 질책한다. 심지어 내가 의식하지 못하는 나쁜 생각에 대해서도 스스로를 나쁜 사람이라고 비난하며 죄책감에 시달린다. 우연히 일어나는 듯한 사고나 실패 등이 이런 무의식적 과정에서 기인할 수 있다.

아이가 태어났을 때는 원초아만 존재하다가 현실의 제약과 요구들에 직면하면서 자아가 발달하고, 뒤 이어서 사회를 대표하는 초자아가 자아로부터 발달한다. 성격의 세 가지 구조는 이 중에서 어느 것이 강해지면 다른 것은 약해지는 관계에 있다.

현실이나 사회적 규범을 무시하고 자기 욕망을 즉각적으로 채우는 데만 몰두해 있는 사람이 있는가 하면, 현실만 따지며 지극히 논리적인 컴퓨터 같은 사람도 있고, 자기의 욕구나 현실을 무시한 채 옳고 그름만을 따지는 성인군자 같은 사람도 있다.

2) 의식과 무의식

인간의 의식구조는 의식, 전의식, 무의식으로 나눌 수 있는데, 프로이드는 인간의 마음을 빙산에 비유하면서, 물위에 떠 있는 작은 부분이 의식(consciousness)이라면, 물 속의 더 큰 부분을 무의식으로 비유했다. 이러한 무의식의 영역 속에는 추진력과 정열 그리고 억압된 관념과 감정들이 숨어 있으며, 이것들은 인간생명의 거대한 하층으로서 인간의 의식적 사고와 행동을 통제하는 것으로 인간의 눈으로는 볼 수 없는 힘(power)으로 설명하였다.

(1) 의식

의식(consciousness)이란, 개인이 자기 자신에게 주의를 기울이는 바로 그 순간에 알아차릴 수 있는 정신생활의 일부분이나, 깨어 있을 때 작용하는 마음의 일부분으로서, 합리적인 사고와 신중한 행동을 하도록 이끌어준다. 그러므로 프로이드는 정신생활의 극히 일부분(사고, 느낌, 지각, 기억)만이 의식의 범위 안에 포함된다고 말하였다.

(2) 전의식

전의식(preconsciousness)이란, 주의를 집중하고 노력하면 의식이 될 수 있는 정신생활의 일부분으로서, 생각과 반응을 저장하였다가 부분적으로 망각되는 마음의 일부분을 회상하려고 할 때 마음을 집중하면 쉽게 의식으로 떠올릴 수 있는 것을 말한다. 즉, 전의식은 어느 순간에는 의식되지 않으나 조금만 노력하면 곧 의식될 수 있는 경험(기억)을 말하는 것으로서, 결국, 전의식은 의식과 무의식 사이에서 중간 역할을 한다고 볼 수 있다.

(3) 무의식

무의식(unconsciousness)이란, 일반적으로 각성되지 않은 심적 상태, 즉 자신의 행위에 대하여 자각이 없는 상태이다. 전적으로 의식 밖의 존재하는 것으로서, 일생동안 경험한 지식이나 감정 또는 경험이 모두 저장되는 영역으로, 인간의 마음에 가장 큰 부분을 차지하고 있다.

이러한 무의식은 인간정신의 가장 크고 깊은 심층에 잠재해 있으면서 의식적 사고와 행동을 전적으로 통제하는 힘을 가지고 있다. 주로 이드와 초자아로 구성되어 있는 무의식의 내용은 행동과 사고의 결정에 아주 중요하며, 대부분의 방어기제도 이 무의식의 일부분으로 나타난다.

프로이드는 이 무의식은 생의 초기 6년 동안에 억압된 모든 경험이 기억에 담겨져 있는 것으로 간주했으며, 이것은 계속적으로 모든 행위에 영향을 주는 주된 요인이 된다고 하였다.

즉 프로이드는 심적 현상을 의식과 무의식으로 나누고, 후자를 다시 전의식과 본래의 무의식으로 나누었다. 무의식은 정신분석의 수법에 의해서 비로소 의식화할 수 있는 부분이다. 프로이드에 의하면 무의식의 심적 내용은 억압된 관념 및 본능(특히 성적 본능)으로 이루어진다. 프로이드의 영향을 받은 융은, 무의식중에는 개인이 체험하고 억압한 것 외에 어느 종족집단이 오랜 세월을 통해 체험한 것이 누적되어 종족의 성원이 공유하게 된 무의식도 있다고 주장하고, 전자를 개인적 무의식, 후자를 집단적 무의식이라고 하였다.

여기에서 무의식세계의 형성과정을 살펴보면 아래와 같다.

우리 의식의 가장 밑바탕에 최초로 형성되는 의식은 어머니 배속의 태아시절에 10개월 동안에 일어나는 일들이다. 그 다음은 태어나서 3세까지의 시기로 대개 수유형태에 의한 성격형성이다. 그리고 3세부터 6세사이의 시기에는 가정의 분위기 특히 부부의 화목성에 의하여 많은 영향을 받는다. 이 6세까지의 경험이 무의식 세계에 자리잡고 있으면 사람의 일생에 지대한 영향을 미친다.

2. 성격구조

프로이드는 성격의 구조가 이드(원초아 · 원본성), 자아, 초자아의 상호 관련된 세 부분으로 구성되어 있다고 보는 구조적 이론을 주장하였다.

1) 원초아

원본성은 생물적 욕구의 총체로 쾌락추구 과정에서 즉각적인 만족을 요구하는 성질을 가지고 있다. 욕구가 충족되어 쓸 때 인체는 긴장을 해소한다.

욕구가 충족이 되지 않았을 경우에 인체는 기억영상을 동원하는데 처음에는 상상이나 공상을 하다가 비정상적으로 발전될 때 환상의 세계로 들어갈 수 있다. 이러한 욕구충족이 현실에서 만족하지 못해 쓸 때 꿈의 세계로 나타날 수가 있다.

원본성의 성질은 가치, 윤리, 도덕과는 원래부터 무관하다. 즉 고통을 피하고 쾌락을 추구하는 동물적인 성격이다. 그러나 원본성은 정신에너지의 활력의 근본적인 원천으로 여기서 자아, 초자아가 발전된다. 그리고 일생동안 유아적인 성격을 가지고 있는 것이 특징이다.

즉 성격의 기초를 이루는 이드(id)는 출생 시부터 타고나는 본능과 충동 또는 정신에너지의 근원으로서, 모든 심리적인 구성분자로 이루어져 있는 무의식적인 영역으로, 후에 자아와 초자아를 분화시키는 모체가 된다. 이러한 이드는 옳고 그름의 판단이 없으며, 즉각적인 본능적 욕구의 만족을 요구하기에 '쾌락 원칙'에 따라 움직이는 경우가 많다. 또한 본능적 자극에 대해서는 일차 사고 과정을 통하여 그 나름대로의 특징적 기능을 수행하게 된다.

결국, 이드는 생존에 필요한 음식, 공기, 물, 영양분을 찾는 본능적 욕구로서의 기능과, 체온을 유지하고 생체 조화를 유지하는 기능 및 생식기능을 가진다.

(1) 쾌락 원칙(pleasure principle)

원초아(id)는 쾌락적인 욕망을 수행하려 들고, 고통스러운 것은 회피하고자 하기 때문에 시장기나 갈증을 느끼는 등의 긴장상태에 이르게 되면 음식이나 음료수를 찾으려 한다. 하지만 원초아(원본능)는 기능상 외부세계와 교섭할 수 없으므로 음식이나 음료수에 대한 욕구를 환상으로서 해소하려고 하나, 환상으로서는 실제적인 시장기나 갈증을 하소하지 못하면, 비현실적인 환상으로써 욕구를 충족시키려는 시도를 하게 되는데 이를 프로이드는 일차적 과정(primary process)이라고 하였다.

(2) 일차 사고 과정(primary process thinking)

일차 사고 과정은 쾌락원칙에서 말하는 것처럼 불편한 감정을 경감시켜 줄 수 있는 대상이나 상황에 대해 개인 스스로가 정신적 이미지를 형성하는 것이다. 그러나 그 정신적 이미지는 순간적인 안정은 줄 수 있지만, 실제적인 욕구를 충족시켜 줄 수는 없다. 따라서 원초아(id) 그 자체만으로는 본능을 만족스럽게 충족시킬 수가 없으므로, 이드는 궁극적으로 현실과 접촉해야만 한다.

2) 자아(ego)

자아는 현실세계에 합리적으로 적응하는 실체로서 3종류의 자아가 있다. 정상아는 보통 현실세계에 합리적으로 적응하고, 실패 아는 죽을 때까지 미숙아나 환상을 쫓는 정신병자가 된다. 장애아는 현실대결에서 물러나 상상이나 공상, 백일몽의 기제에 머물게 된다.

자아의 성질은 이와 같이 성격의 책임자이며, 고등정신능력을 장악하고 있다. 그리고 중요한 성질은 원본성과 초자아의 상이한 욕구를 조정하는 역할도 한다.

즉 원초아(id)의 욕구를 충족시키기 위해서는 환상이 아닌 현실적인 방법이 필요하게 되는데, 이때 적절한 기능을 발휘하는 것이 자아(ego)이다. 자아는 '합리적 자기' 혹은 '현실원칙(reality principle)'이라고 불리는데, 출생시에는 생존에 필요한 만큼만 존재한다. 자아는 보고, 듣고, 만지는 것을 통해 외부세계를 배우고, 외부세계에서 이드(id)의 충동을 만족시키는 방법을 조절한다.

예컨대 자아는 공복과 갈증을 느끼는 개인이 청한 현실에 비추어 적절하게 시장기와 갈증을 해소시켜 줄 수 있는 환경조건이 마련될 때까지 원본능의 욕구충족을 보류시켜 주기도 하고, 때로는 현실적이고도 합당한 방법으로 시장기와 갈증을 해소시킬 수 있도록 방법을 찾아주기도 한다. 그러므로 자아는 이드(id)와는 달리 현실원리에 지배를 받게 되는데, 이는 이차 사고 과정이라고도 한다.

자아는 현실을 평가하고 판단하므로, 이드가 갈망하는 무분별적 만족 추구로 인해서 야기될 수 있는 많은 위험으로부터 개인을 보호해 줄 뿐만 아니라, 추론에 의해서 안전하고 성공적으로 갈망을 만족시켜 줄 때까지 이드의 갈망을 지연시키려고 노력한다. 프로이드는 이러한 현실적 사고를 '이차 사고 과정이라고 불렀다.

세 성분 중, 집행 역할을 하는 것은 자아다. 자아는 원초아, 초자아 및 현실이 서로 다른 것을 요구할 때, 그 갈등을 견디고 타협점을 찾아내는 역할을 한다. 세 성분의 조화와 일치는 예외에 해당하며, 자아가 탄력 있고 충분히 강해야 현실과 마찰하지 않으면서 내적인 평화를 유지할 수 있다. 성격 특성은 작동방식이 상충되는 내부의 세 성분들 사이에 이루어지는 역동적 작동을 반영한다.

자아가 원초아와 초자아 및 현실의 요구들을 감당하기 어려울 때 자아는 '불안'으로 반응한다. 원초아로 부터의 위협은 '신경증적 불안'이라고 하며, 초자아로부터의 위협은 '도덕적 불안 혹은 죄책감' 그리고 현실로부터의 위협은 '현실 불안 혹은 공포'라고 구분한다. 불안은 위험이 임박해서 대책을 강구해야 한다는 경고신호에 해당하며, 자아 강도가 약하면 더 빈번하고 강하게 불안을 경험할 수밖에 없다. 그러면 왜 사람들은 서로 다른 성격을 보이며 정신분석 이론에서는 이를 어떻게 설명하고 있는가를 알아보자.

3) 초자아(superego)

초자아는 보다 높은 수준의 이상적 완전성을 지향하는 실체이다. 인생의 참 즐거움은 원본성의 만족보다 초자아의 추구에서 있다는 평범한 사실을 인식할 필요가 있다. 이와 같은 초자아의 형성은 부모나 교사의 도덕적 권위를 내면화해 쓸 때에 초자아는 발달된다. 인간에 초자아의 성질이 없으면 비도덕적이고 삭막한 세상이 될 것이다.

프로이드는 원초아로 부터 자아가 발달하는 것과 마찬가지로 초자아는 자아로부터 발달한다고 생각하였다. 즉 초자아(superego)는 개인을 양육하는 부모나 주변사람들로부터 개인에게 투사되는 사회의 도덕적 · 윤리적 가치가 개인에게 내면화된 표상으로서, 무엇이 옳고 그른가를 판단하는데 관여하는 성격의 일부분이다.

초자아는 아동기에 양육을 담당하는 부모와 아동과의 상호작용에서, 부모의 보상과 처벌을 통해 발달하게 되는데, 프로이드는 초자아를 양심과 자아이상의 두 측면으로 보았다.

(1) 양심(conscience)

부모나 양육에 관계한 사람이 아동의 언행에 대해 비난했거나 벌을 주었던 일들이 토대가 되어, 그들이 금지했던 어떤 행동이나 생각을 할 때 죄책감(guilt-feeling)을 느끼는 것이다.

(2) 자아이상(ego ideal)

아동이 부모나 다른 사람들로부터 칭찬을 받았을 때, 그 칭찬들이 토대가 되어, 아동은 그 칭찬에 대한 자아이상을 추구하게 되고, 그러한 자아이상은 개인으로 하여금 목표나 포부를 갖게 해준다.

초자아는 성격의 도덕적 체계이며, 현실의 쾌락보다는 인내와 절약을 통해 미래의 이상과 완성을 추구하는 내 마음속에 있는 나이다. 그것은 행동의 옳고 그름을 결정하여 주고, 또한 사회에서 공인된 도덕 기준에 맞추어 행동하는 것이다.

이들 세 가지 성격구조는 상반된 목적을 추구하고, 상반된 기능을 수행사지만, 평상시에는 상호충돌하지 않는다. 그러나 세 가지 구조가 잘 조화되지 못하는 경우가 종종 발생하는데, 이럴 경우에 강력한 자아가 원본능의 욕구충족을 보류시키거나, 초자아의 지나친 도덕적 규제를 완화시켜 상충상태로 해결하기도 하지만, 만약에 자아가 약해서 제대로 조절기능을 수행하지 못할 경우에는 갈등이 야기되어, 지속되면 성격적 장애가 나타나기도 한다.

3. 성격의 역동

성격의 역동적인 견지에서 원초아(id), 자아(Ego), 초자아(Super-Ego)는 사람의 일생을 통해서 서로 작용하고 통합해 간다. 자아(Ego)는 원초아(id)의 욕망을 현실적 측면에서 조절하고 억제하여 주며, Super-Ego는 비판기능을 가져서 원초아나 자아가 사회적으로 도덕적으로 위배되지 않도록 인도하는 역할을 한다.

이러한 역동적 측면으로 인간을 이해하게 된 것은 물리학의 에너지 보존의 법칙에 큰 영향을 받은 결과이다. 프로이드는 에너지와 역학의 법칙이 인간의 실체뿐만 아니라 성격에도 적용될 수 있음을 알아내기 위한 역동적 심리학의 연구에 착수하였던 것이다. 그는 물체에서 볼 수 있는 에너지 변화가 사람의 신체 내에서도 그대로 가능하여 호흡이나 순환에 작용되는 에너지가 그대로 사고나 기억에도 작용하는 것이라고 생각하였던 것이다.

따라서 이 체계간의 균형에 따라서 성격이 다르게 나타난다. Id에 의해서 지배받으면 충동적인 사람이 되고, 자아에 의해서 지배받으면 현실적인 인간이 되며, 초자아에 의해서 지배받는 인간은 도덕적이고 윤리적인 사람이 되는 것이다.

1) 생의 본능과 사의 본능

프로이드는 이드의 에너지가 선천적 욕구인 무의식적 본능으로부터 일어난다고 주장하면서, 이드를 삶의 본능 또는 성적 본능과 죽음의 본능 또는 공격적 본능으로 구별하였다. 그는 이러한 이론을 본능이론이라고 주장하였다.

생의 본능은 애정적이고 건설적이며 외면적인 동시에 활동적이다. 그 반면 사의 본능은 증오적이고 파괴적이며, 내면적인 동시에 수동적이다. 인간은 이 두 본능의 역동적인 관계에서 움직이고 있다.

(1) 삶의 본능 · 성적본능

프로이드는 '삶의 본능'에서 성, 배고픔, 자기 보호 등 개인과 종족의 생존에 관련된 모든 본능을 포함시켰으며, 삶의 본능인 에로스(eros)는 생명을 유지 발전시키고 사랑을 하게 하는 본능이라고 하였다. 성적 본능에 의해 야기되는 에너지인 리비도(libido)와 밀접한 관련이 있는 삶의 본능은 개체의 정신 구조에 중요한 역할을 하기 때문에, 프로이드는 이것이 성격발달에 가장 큰 영향을 주는 본능이라고 주장했다.

이러한 성적 본능에서 유래된 것으로는 사랑과 열정, 생식에 대한 욕망, 타인의 필요성, 그리고 일이나 예술에 대한 창조성 등이 있다.

(2) 죽음의 본능 · 공격적 본능

죽음의 본능은 모든 유기체는 자신이 생성되어 나온 근원인 무생물의 상태로 되돌아가려는 충동이 있기 때문에 모든 사람은 죽으려고 하는 무의식적인 소망이 있다고 믿었다. 프로이드는 죽음의 본능이 자신에게로 향해 있을 때에는 공격성이 나타난다고 주장하였다.

이러한 공격적 본능은 인간의 마음속에 내재되어 있는 모든 파괴적이고 공격적인 힘으로서, 자기주장, 야심, 경쟁심, 성공하고 싶은 욕구, 에너지 활용, 결단력, 정력 등이 여기에 속한다.

2) 생과 리비도 관계

산다는 것은 무엇을 의미할까? 곰곰이 생각하여 보면 생물학적인 측면에서 보면, 신진대사의 작용인 것이다. 모든 생명체는 새로운 것은 받아들이고, 불필요한 것은 밖으로 내보내면서 생명체의 활동이 계속적으로 이루어지고 있다. 여기서 In put과 Out put이 이루어지고 있는 곳은 사랑의 개념이며 또한 즐거움이나 쾌락의 극치인 것이다. 즉 삶은 사랑이며, 즐거움이라는 등식이 성립되는 것이다.

리비도는 생의 본능인 에로스의 에너지가 된다. 한 개인 속에 저장된 이 리비도의 분량은 일정한 양으로 한정되어 있어, 이것을 무한정하게 사용할 수는 없다. 그래서 어느 한 가지에 이 에너지를 많이 사용해 버리면, 다른 쪽으로 유출시키려고 해도 저장량이 없으므로 자연히 결함이 생기게 되어 사용할 수 없게 된다.

이 에너지는 정신적인 힘이지 생물학적인 것이 아니며, 더구나 물리화학적인 힘은 더욱 아니다. 이 에너지는 인간생활의 전 영역에서 표출되지만, 특히 성 활동에서 많이 표출되는 것이 연구되었고, 또 그 표출양상이 전형적으로 알려지게 되었다. 그래서 리비도의 중요부분을 성적인 힘으로 보고 있다.

여기에서 성적이란 말의 뜻은 넓은 의미로는 모든 활동에서 쾌락추구적인 요인이 있을 때 이를 성적이라고 보았지만, 또 좁은 의미에서는 양성의 결합과 교섭을 말하는 것이다. 이 후자 역시 궁극적으로는 쾌락추구적인 것에는 틀림이 없는 것이다.

3) 역동성면의 3자아

정신에너지는 생물학적 기초를 가지며, 늘 어떤 형태로든 이용가능하고, 폐쇄체계이기 때문에 체계 내에서의 총에너지 양은 변하지 않는다. 그리고 체계전반에 걸친 에너지 분배는 생물학적 욕구, 개인의 발달단계, 과거의 경험, 현재의 환경 등과 같은 많은 요인들에 의해 좌우된다.

프로이드는 정신에너지를 정신기능 수행을 위하여 요구되는 힘이나 추진력으로 믿었으며, 이는 이드에서 자아의 형태고, 그 다음에는 자아에서 초자아의 형태로 전환된다고 설명했다. 정신에너지는 이러한 세 가지 인격요소에서 자가가 가장 잘 유지되고, 이드의 충동적 행위와 초자아의 이상적 행동간의 형평을 유지하도록 분포되어 있어, 이 세 가지 중에 어느 하나가 많은 양의 정신에너지를 가지게 되면 행동은 인격부분에 영향을 미치게 된다. 또한 프로이드는 신체적 흥분이 소망의 형태로 나타나면 그것이 바로 '본능'이 되며, 인간의 모든 행동의 근원은 본능에 의해서 결정된다고 주장하였다.

이러한 정신활동을 하는데 필요한 에너지의 양은 제한되어 있기 때문에, 어떤 정신활동에 많은 에너지를 소모한다면 당분간 새로운 에너지가 다시 생성될 때까지는 정신활동을 하여도 별 성과가 없다.

여기서 구체적으로 3자아의 역동적인 측면에서 분석하여 보면 다음과 같은 성질이 있음을 알 수 있다.

(1) 원본성

원본성은 대상을 선정할 때에 식별능력이 부족하여 전이현상이 일어난다. 그리고 유사성에 의하여 대상물을 동등시하여 사고의 왜곡이나 혼란을 초래한다. 무엇보다도 원본성의 근본적인 성질은 동물성으로서 대상분별능력이 없다는 점이다. 그래서 인격이 수양된 사람이란 너무 자신을 믿지 않는 것이 중요한 점이다.

(2) 자아

자아는 원본성의 에너지가 자아의 합리적인 과정으로 전환하는데 크게 촉진되고 발전된다. 자아의 발달은 현실유이 상태에서 욕구를 충족시켜 쓸 때 그 욕구 에너지 일부가 자아의 합리적 과정으로 전환 될 때 형성된다는 점이다.

그리고 인간 문화의 발달도 생명체의 기본적인 욕구충족이 기초가 되어 자아에너지로 전환하는 과정에서 이루어진 것이다. 인간 문명의 시원도 아담(Adam)과 이브(Eve)가 자신의 나신(裸身)에 대한 수치심을 느낄 때부터 시작 됐다고 한다.

(3) 초자아

초자아가 원래 좋은 성격이나 현실과 유리되었다는 점에서는 원본성과 같다. 다만 그 방향이 반대로 지향하고 있다는 점이다. 초자아도 지나치면 결벽증, 강박신경증, 우울증 등의 현상을 유발할 수도 있고, 자학이나 자살도 일어날 수가 있다. 그리고 이상주의자가 된다.

4. 인간의 본성

1) 프로이드의 인간본질관

프로이드는 '문명과 불만'에서 인간의 본성은 원래 공격적이지 우정적이 아니라 하였다. 얼른 보기에 세련된 것 같은 행동은 문화라는 사회적 껍질 속에 숨어있는 동물적인 탐욕이 승화된 것이라고 하였다. 이 승화된 차이가 매너(Manner), 인격(Personality), 성격

(Character), 도덕(Morality), 윤리(Ethics) 등이라 하였다.

2) 건강한 성격 특성

건강한 성격이란 어떤 것일까? 이 질문에 대한 대답은 성격 이론마다 다를 수 있다. 더욱 중요한 점은 시대와 문화에 따라서 건강한 성격을 보는 관점이 다르다는 사실이다.

프로이드(Freud)는 일과 사랑에서 즐거움을 느낄 수 있는 것이 건강한 성격의 핵심적 특징이라고 보았다. 그는 이런 건강한 성격은 심리성욕이 초기 발달 단계에 고착되지 않고 성기기까지 잘 발달했을 때 가능하다고 보았다.

아들러(Adler)는 건강한 성격의 중요한 특징으로 실패에 대한 공포나 자신의 참 모습에 대한 직면을 회피하지 않는 '용기'와 삶을 현실적으로 조망하고 책임을 지는 '상식' 그리고 자신의 이해관계를 넘어서 사회적 완전과 우월을 추구하는 '사회적 관심'을 들고 있다. 사회적 관심에 대한 강조가 두드러진다.

로저스(Rogers)는 완전하게 기능하는 사람을 건강한 성격의 전형으로 보고 있는데, 이런 사람들은 경험에 대한 개방성이 높고, 자유롭게 선택하고 책임지는 실존적 삶의 태도를 보이며, 자기를 신뢰하고, 높은 창조성을 보인다고 한다. 그는 건강한 성격을 구현할 수 있는 잠재력이 우리 누구에게나 갖추어져 있다고 본다. 따라서 성격의 변화도 우리의 내부에 원래부터 갖추어져 있는 이 잠재력이 개발될 수 있는 조건을 갖추어주면 자동적으로 일어난다고 본다. 매슬로우(Maslow)는 건강한 성격의 사람을 '자기실현자'로 표현하고 있는데, 이들의 특성은 결핍 욕구에 얽매이지 않고 성장 욕구를 추구하는 것이다.

마지막으로 건강한 성격 연구에 노력을 기울여 온 알포트(Allport)가 보는 건강한 성격의 특성들을 열거해 본다.

① 넓게 확장된 자기의식을 가졌다.

자신만의 이익에 사로잡히지 않고 직업이나 가족, 사회적 문제 및 종교 등에 적극적으로 관여하고 있다. 사회적 관심이 높다.

② 타인과 우호적인 관계를 유지하고 있다.

소유욕이나 시기심이 없는 상대에 대한 배려와 사랑 및 인간 조건(예, 생로병사)에 대한 깊은 이해에서 유래하는 친족감 등으로 특징 지워지는 따뜻한 대인관계를 맺고 있다.

③ 정서적으로 안정되고 자기수용이 높다.

긍정적인 자기개념을 지니며 약점을 포함해서 고유한 인간으로서 자신을 수용하고 있다. 타인의 복지를 손상시키지 않고 자신의 신념이나 감정을 표현하며 타인의 부당한 영향에 위협받지 않는다.

④ 현실적으로 지각하고 문제 중심적이다.

자신의 욕구에 따라 현실을 편향되게 바라보지 않고 문제 중심적이 된다.

⑤ 유머 속에서 자기를 객관화하고 통찰한다.

⑥ 일생을 통해 추구하려는 의미 있는 과업에 개입하고 통합된 삶의 철학이 있다.

3) 인간본성과 제도

인간은 원본성(원초아), 자아, 초자아로 구성되어 있다. 원본성은 원래부터 충동적이고 동물적인 성향을 가지고 있어 자아나 초자아가 항시 감시하고 지도하면서 원만한 생활을 영위하도록 한다. 그래서 자아나 초자아가 원본성을 원만히 좋은 방향으로 선도할 수 있을 때 우리는 인격이 수양되었다고 한다. 즉 자기 자신의 행동이 사람의 도리에 어긋남이 없어서 민주시민으로 생활 할 수 있게 하는 것이다. 교육이 지향하는 목표가 사람됨에 있는데 법 없어도 살아가는 사람, 자기 자신을 억제할 수 있는 사람, 양심적인 사람 등으로 불리 우는 것이 교육이 지향하는 인간상이고 자아나 초자아가 원본성을 잘 다스릴 수 있는 관계를 말한다.

그러나 원본성의 충동이나 동물성이 강한 관계로 자아나 초자아만으로 자기통제의 원만한 생활이 잘 이루어지지 않는 경우가 많으므로 인간은 서로가 함께 살아갈 수 있도록 일정한 약속인 제도를 만들었다. 학교생활에서 학칙이 있고, 사회생활에서는 법이라는 제도가 있다. 이 법의 강도는 벌금형부터 사형이라는 중형까지 있는데 이는 인간의 원본성의 성질을 다시 한 번 더 생각하게 한다. 물론 원본성 때문에만 법이 존재하는 것은 아니지만 그 중심에 원본성의 동물성이나 욕구만족의 기질이 자리 잡고 있는 것이다.

또 인간은 전통이나 풍속, 관습이나 국민성, 민족성이라는 규범적 형식이 있어 그 속에 살아가고 있는 사람에게 좋은 영향을 주고 있다. 이러한 규범적 형식이 그 속에 살아가는 사람에게 자부심도 되지만 한편으로 자기를 규제하는 요소로 작용하여 건전하고 품위있는 생활을 할 수 있게 해준다.

그리고 인간이 만든 제도는 외적인 지향인 법이 있는가 하면 내적으로 규제하는 것이 있어서니 이것이 옛 역사에 나오는 내시제도이다. 한편 성인들은 종교를 통하여 인간을 올바른 삶을 이끌려고 하였다. 이 모두가 인간의 원본성과 관련하여 생각해 볼 수도 있으면, 우주의 주제자가 있을 수 있다는 생각은 인간과 동물의 생리적 · 생물적 구조의 차이점에서 느낄 수가 있는 것 같다. 인간이 만든 제도 중 인간결혼제도의 변천된 모습을 살펴보면 인간본성과 인간제도의 관계를 다시금 생각하게 한다.

| 단원 마무리 |

질문을 만들어 보고 동료들과 이야기를 나눠 보세요.

♠ 정답이 있는 질문(교재에서 답을 찾을 수 있는 질문)

· 성격형성의 생물학적 요인을 분류해 본다면 무엇이 있는가?

· 프로이드(S. Freud)의 성격구조를 자세히 설명해 본다면?

·

·

♠ 정답이 없는 질문(더 궁금하고, 이유나, 추론, 적용 등을 묻는 질문)

· 원초아와 자아의 갈등상황에서 초자아의 역할이 있었던 사건이나 경험은?

· 특정한 과제를 수행하는데 자기효능감이 발휘된 적은 무엇인가?

·

·

CHAPTER 08

이상행동의 이해

제1절 이상행동의 개념과 기준

제2절 이상행동의 유형

제3절 기질적 정신장애와 갈등행위

chapter 08 이상행동

제1절 이상행동의 개념과 기준

1. 이상행동의 개념

1) 행동의 의미

레빈(K. Lewin)은 인간의 행동은 개체와 환경의 함수에서 결정된다는 장이론 B=f(P · E)를 발표하였다. 즉 그 사람의 개인적 특징들과 개인이 처한 사회적 상황에 관련하여 인간행동이 결정된다는 것이다.

2) 이상행동의 의미

이상행동이란 정상행동 이외의 행동을 말하는 것으로 즉 심리적 장애로 자기 자신이나 타인의 건강, 성장 그리고 행복한 삶을 저해하는 빗나간 행동으로 정의할 수 있다.

이상행동의 넓은 개념으로는 행동장애, 정신장애, 정신적 질병, 정서장애, 정신질환, 정신지체 등이 포함된다.

이상행동의 판정은 판단하는 사람이 가지고 있는 기준에 따라 다르기 때문에 어떤 사람의 행동이나 정서적 반응이 정상에서 벗어났다고 말하기 위해서는 어떠한 판단기준을 사용했는지 알아야 한다. 판단의 기준으로는 통계적인 기준, 사회적 기준, 주관적 기준, 상식적 기준, 전문적 기준으로 구분할 수 있다.

① 통계적 기준

대부분의 사람들이 하지 않는 행동을 혼자서 한다든지 또는 여러 사람이 하는 행동을 혼자하지 않을 경우인데, 이를 통계적 기준 이탈이라고 한다. 예를 들면 대부분의 사람들이 울고 있는데 혼자서 큰 소리로 웃고 있는 경우가 이에 속한다.

② 사회적 기준

사회적 규정에서 크게 벗어나 용인될 수 없는 행동이다. 이때 사회가 문화적 또는 지리적으로 다른 경우 이상행동의 기준이 달라 질 수 있다.

③ 주관적 기준

개인이 경험하고 있는 심리적 · 정신적 갈등의 정도가 얼마나 심하게 느껴지는가에 따라서 정상과 장애를 구분할 수 있는데 이는 주관적 자각증상에 의한 것이다.

④ 상식적 기준

다른 사람의 행동을 보고 그가 잘 적응하지 못하고 있다고 생각될 때의 경우로 타인에 의하여 판단되는 것이다.

⑤ 전문적 기준

전문적인 교육과 훈련에 많은 시간과 노력이 필요한 것으로 심리학적 평가나 정신과적 진단방법에 의한 판단으로 객관적인 기준으로 제공되는 것이다.

2. 이상행동의 기준

이상행동의 기준과 그에 따른 치료법에는 생물학적 기준, 정신분석적 기준, 행동주의적 기준, 인본주의적 기준으로 구분할 수 있고 이에 따른 치료법을 병행할 수 있다.

1) 생물학적 기준

신체적인 역기능으로 설명하는 일종의 질병으로 취급하는 것이다. 예컨대 우울증에서 왜곡된 사고나 빈약한 인간관계를 강조하기보다는 환자의 생물학적인 과정에 관련된 증상에 초점을 두는 것이다.

우울환자가 우울의 상태에 있을 때에 그의 뇌에서 일어나는 화학적 변화의 증거를 조사하는 것이다. 생물학적 모델의 이상행동의 원인으로는 세균, 유전적인 요인, 생화학적 요인, 뇌의 역기능으로 크게 구분할 수가 있다.

2) 정신분석적 기준

심리역동적 모델로 이상행동이란 무의식적인 내적 갈등의 상징적 표현으로 보는 것이다. 즉 성인의 이상행동은 어린 시절의 성장과정에서 결정된 무의식의 표현으로 보는 것이다.

예를 들면 사람에게 폭력적으로 행동하는 경우는 어린 시절에 자기가 사랑을 받지 않았던 것에 대한 분노를 무의식적으로 표현하는 것이라 한다.

이때 이상행동의 주원인은 불안으로 어떤 크나큰 위험이 닥쳐오리라는 생각에 압도당해서 마음이 긴장이나 갈등상태가 되는 것인데, 사람이 갈등에 의해 압도당했을 때 자신이 무기력하고 그것과 대처할 능력이 없다고 느끼게 되면 불안이 일어난다는 것이다.

치료방법은 무의식 속에 억압되어 있는 원본능의 갈등이나 외상을 의식하여 자아의 원만한 기능을 하도록 돕는 것이다.

3) 행동주의적 기준

이상행동이 그것이 병적이든 정상이든 간에 다른 행동과 마찬가지로 학습의 결과로 보는 것이다. 즉 두려운, 불안, 불감증, 우울증 등의 유사한 행동들은 모두 자신의 경험에 의해 학습되고 습득된 것이기 때문에 그 행동은 약물이나 정신분석에 의하지 않고 학습의 원리에 의하여 수정이 가능 하는 것이다.

이에 대한 이론은 고전적 조건이론과 조작적 조건이론으로 구분할 수 있다. 이는 자극과 반응사이의 연계에 근거로 인간의 행동을 수정한다는 것이다.

4) 인본주의적 기준

인간을 무의식적 욕망의 악한 존재로 묘사하는 정신분석이나, 단순한 기계적 특성을 지닌 환경의 산물로 보는 행동주의적 인간관에서 탈피하여 인간은 본래 선하고 자아실현의 능력을 지니고 태어난다고 믿는 제3세력의 심리학을 인본주의 심리학이라고 한다.

그래서 인본주의적 관점은 이러한 인식의 왜곡된 인식을 바꿈으로써 이상행동을 치유한다고 생각하고 있다. 즉 심리장애의 원인을 잘못된 사고에서 찾는데 이는 정신적 사건 예컨대 기대, 믿음, 기억이 행동을 일으킨다는 것으로 정신적인 사건이 변화되면 행동의 변화가 뒤따르게 된다는 것이다.

예를 들면 어떤 사람이 우울증이 있을 때, 그 원인을 그의 신념이나 사고에서 살피는 것으로 심리적 문제를 가진 사람에게 절망적인 감정을 일으킨 부정적인 사고를 찾아내어 그것과 대조되는 과거의 긍정적 증거들을 직시하게 함으로써 그 부정적 사고를 바꾸도록 이끌어 가야한다는 것이다.

인본주의적 관점에서 이상이란 무한한 가능성의 회피나 무책임으로 본다. 따라서 자신의 문제를 자신이 직시하고 모든 일을 자신이 선택하며 책임이 있다는 점을 강조하고 인생의 의미를 찾게 하는 것이다.

제2절 이상행동의 유형

이상행동의 유형으로 크게 불안장애, 정동장애, 정신분열증, 성격장애, 신체형장애, 해리성장애, 정신성적장애로 나눈다.

1. 불안장애

불안이란 생체가 친숙하지 않는 환경에 적응하고자 할 때에 나타나는 가장 기본적인 반응양식이다. 신경증이라고도 불리는 불안장애는 사람이 힘겨워 하지 않고 넘어가는 상황에 혼자서 별다른 이유 없이 민감해지거나 불안함과 공포의 감정을 가지며, 심장 박동의 증가, 근육긴장, 발한과 같은 생리적인 증상을 수반하고 만성적으로 이러한 증상이 나타나게 되면 일상생활을 방해받는 것을 말한다. 불안장애의 종류로는 공황장애, 공포증, 강박장애, 외상후 스트레스장애, 범불안장애 등이 있다.

① 공황장애

두려워서 어리둥절 하는 것, 무서워서 어찌할 줄 모르는 것으로 죽는 것만 같은 극단적인 공포증세를 보이는 상태로 광장공포증을 동반한다.

② 공포증

이치에 맞지 않는 공포에 사로잡힌다. 자기로서도 불합리하고 이유도 없는 줄 알면서 공포를 되풀이하게 된다. 특히 자기 건강에 대해서 지나치게 걱정을 해서 호흡이 조금 이상해도 폐병이 아닌가, 가슴이 뜨끔해도 심장병이 아닌가, 위가 조금 아파도 위암이 아닌가 등 신경과민을 갖는 것을 히포콘드리아시스(hypochondriasis) 혹은 건강염려증이라고 한다.

③ 강박장애

정상인이 볼 때는 아무렇지도 아니한 것을 공연히 걱정을 하며 신경을 쓴다. 책상의 열쇠를 잠그고도 몇 번이나 되살펴보며 아파트 문을 닫아 놓고도 다시 살펴본다. 이론적으로는 그것이 맞지 않는 내용인 줄 알면서 아무래도 억제할 수 없이 그 틀린 의식에 사로 잡혀 행동을 한다.

④ 외상후 스트레스장애

모든 사람에게 외상으로 경험될 만큼 심한 감정적 스트레스를 경험했을 때 나타나는 장애로 폭행, 강간, 테러, 지진 등이 요인이 된다.

⑤ 범불안장애

불안한 느낌이 과도하며 광범위하게 그리고 다양한 신체증상을 동반하며 지속되는 점이다. 이때에 공상에 잘 빠지며 일반적으로 살얼음을 걷는 것 같은 느낌이다.

2. 정동장애

정동장애는 기분장애라고도 한다. 증상으로는 우울이나 희열과 같은 기분을 말하는데 즉 한 인간의 지속적인 내적 감정상태의 장애가 결정적인 병리인 장애다.

그 종류로는 기분이 극단적으로 우울한 상태와 이와는 대조적으로 기본이 충전된 상태의 조증이 있다.

① 조급상태

지나치게 명랑하고 유쾌해지며 아무 근심이 없고 활발하고 낙천적이며, 자기가 세상에서 제일 잘난 것 같이 생각하며 세상에 못할 일이 없이 자신만만하다. 생각이 몹시 빨라서 결정을 빨리 하기 때문에 판단이 경솔해져서 과오를 범하기 쉽다. 자기 자랑이 많아서 추켜 주면 그칠 줄 모르며 타인에게 말할 기회를 주지 않으며 자기 말만 한다.

② 우울 상태

침울, 울적해지며 만사가 귀찮아지고 모든 일에 자신이 없어지고 사회에서 배반을 당하고 희망이 없는 절망 상태에 빠져 낙오자가 된 것 같이 생각한다. 자신을 과소평가하며 자기를 책망하고 과거를 후회하며 자기의 운명과 장래를 비관한다. 신체증세로서는 불면, 두통, 머리가 무겁고, 머릿속에 안개가 끼인 듯하며 어깨가 무겁고 가슴이 답답하며 구미가 없어진다. 소화가 잘 안되고 성욕이 감퇴하며 변비가 자주 오며 체중이 감소된다.

3. 정신분열증

정신분열증은 가장 심한 정신질환 중의 하나로 뇌의 기질적인 이상이 없는 상태에서 사고, 행동의 여러 측면에서 와해를 초래하는 뇌기능 장애를 말한다. 그 원인은 유전으로 알려지고 있는데 신체적으로 산후나 전염병 등으로 매우 쇠약하였을 때나 또는 정신적 알력 즉 낙망, 곤란, 고민, 사업의 실패, 불의의 쇼크, 마음의 갈등 등이 있을 때에 발병한다. 그 유형으로는 혼란형, 긴장형, 망상형, 잔류형 등이 있다.

① 혼란형

여러 가지 퇴행적 증상을 동반하는 특징으로 시종일관 자주 웃고, 울거나 중얼거리는가 하며, 조리가 없는 말을 하기도 한다.

② 긴장형

갑작스럽게 발병하여 흥분이 심하며 아주 무질서한 언동이 계속된다. 이와 반대로 무언, 무반응상태인 소위 혼미한 상태가 나타나는 때가 있다.

③ 망상형

30세 전후에 발병하는 수가 많고 망상과 환각을 비롯하여 공상에 사로잡혀 괴상한 비현실적인 생각을 한다. 피해망상과 관계망상의 내용에 의하여 공격적인 행동으로써 살인을 할 때도 있다.

④ 잔류형

정신분열증을 한번이상 경험하고 나서 그런 증상들은 모두 없어졌지만 부적절한 정서, 괴상한 행동 등이 남아 있는 경우이다.

4. 성격장애

성격장애를 또한 인격장애라고도 한다. 한 개인이 그의 환경이 변함에 따라 변한 환경에 대해 다르게 반응하는 요구에 자신의 성격특질이나 행동을 수정할 수 없거나 통상적인 상황의 변화에 적절히 반응할 수 없는 경우이다. 이는 단순히 좋지 못한 성격이라 할 수 있는데, 너무 공격적이거나, 의존적이거나 미숙한 행동을 걸이킴 없이 행하는 이탈된 특성을 가지고 있다.

성격장애에는 편집성 성격장애, 정신분열성 성격장애, 정서분열성 성격장애, 경계성 성격장애, 반사회적 성격장애, 수동성 성격장애. 자기도취적 성격장애, 강박성 성격장애 등으로 구분된다.

① 편집성 성격장애

의심이 많은 것이 특징으로 항상 경계나 의심으로 긴장상태가 계속되는 특징이 있다.

② 정신분열성 성격장애

기괴한 사고나 행동 그리고 대인관계의 손상이 광범위하게 나타난다. 고립주의적 경향으로 혼자만의 생활을 추구하는 극도의 내성적 성격이나 가끔 백일몽적 행동도 한다.

③ 정서분열성 성격장애

정신분열적 성격장애와 같이 인간관계가 어려우며 그 정도가 더욱 심하다. 탈현실적 성격을 가진다.

④ 경계성 성격장애

신경증과 정신분열증 사이의 경계 선상에 있다는 의미이다. 특징적으로는 대인관계, 행동, 감정 등이 극에서 극으로 크게 변화는 것이다.

⑤ 반사회적 성격장애

지나치게 자기중심적이고, 거짓말을 하고, 남의 물건을 훔치며 남의 약점을 협박한다. 그러나 지적능력의 장애나 사고장애를 보이지 않는다는 것이 특징이다.

⑥ 수동성 성격장애

사회적이나 직업적 요구에 대해 수동적으로 저항하며 지연, 빈둥거림, 고집, 비능률적 행동으로 의존적, 자신감 부족, 미래에 대하여 비관적이다.

⑦ 자기도취적 성격장애

자신의 독특성과 능력을 과장하게 지각하는 것이다. 아름다움에 대한 환상과 동경에서 자기도취적 경향을 보인다.

⑧ 강박성 성격장애

세밀하고 규칙적인 스케줄에 마음이 사로잡힌 완벽주의자로 쾌락추구보다 일이나 가치추구에 더 비중을 둔다. 그리고 완벽은 자신뿐만 아니고 타인에게도 요구한다.

5. 신체형 장애

신체적 결손이나 기능장애로 인한 것으로 신체화 장애와 전환 장애로 구분된다.

① 신체화장애

신체적 질병이 없는 데도 불구하고 두통, 피로, 복통, 두근거림 등이 만성적이고 다양한 신체적 장애를 호소한다.

② 전환장애

히스테리성 신경증, 전환형이라고 하며 불안과 심리적 갈등이 신체적 증상으로 전환된 것이다.

6. 해리성 장애

마음 또는 의식의 상태가 통일성을 상실한 상태로 의식에서 제압할 수 없을 때 생기는 것으로 자기의 마음 일부를 의식에서 분리시키는 것이다. 해리성장애는 개인의 내적 갈등에 대한 방어일 수도 있고, 또 외부로부터 가해지는 정신적 충격에 대한 방어일 수도 있다.

종류로는 심인성건망증, 심인성 둔주, 다중성격이 있다.

① 심인성 건망증

어떤 정신적 충격을 받은 사건이 있는 후에 자신의 신상에 대한 중요한 사실들을 기억해 낼 수 없게 되는 것이다. 여기에는 국한적 기억상실, 선택적 기억상실, 전반성 기억상실증이 있다.

② 심인성둔주

극심한 스트레스를 받고 난 후 발생되는 총체적인 정체감 상실이다.

③ 다중성격

여러 개의 분리성 성격을 갖고 있는 것으로 한 사람이 두개 이상의 인격을 가지고 있는 것을 말한다.

7. 정신성적장애

정신성적장애에는 성주체성 장애. 성도착증 장애, 심리성기능 장애 등이 있다.

① 성주체성 장애

자신의 해부학적 성과 정신적인 성주체성 사이에 부조화가 일어나는 경우로서, 성역할을 제대로 인식하지 못하는 장애이다. 여기에는 성전환증으로 자신이 타고난 해부학적 성에 대하여 항상 불편을 느끼고, 자신의 생식기를 없애고 싶어 하거나 또는 다른 성으로 살아가고 싶은 경우이다.

② 성도착증

이를 변태성욕증이라고도 한다. 성행위에 있어 반복적이고 고통을 야기하는 비정상적인 상상, 대상, 행위 또는 방법을 사용할 때를 말한다.

여기에는 물품음란증, 관음증, 노출증, 의상도착증, 가학피학증, 접촉도착증, 소아기호증 등이 있다.

③ 심리성적 기능장애

성행위 동안에 효과적으로 기능을 하지 못하는 것으로 성교불능의 형태, 불감증 등이 여기에 해당된다. 장애원인으로는 직접적인 원인, 정신적인 내적갈등, 상호관계의 문제, 신체적인 문제 등이 있으나 심리학에서는 성기능 장애는 이성에 대한 두려움에 기초한다고 생각한다.

제3절 기질적 정신장애와 갈등행위

1. 기질적 정신장애

1) 간질

갑자기 정신을 잃고 넘어져 경련을 일으킨 후 그것이 진정되면 잠을 자고, 잠이 깨면 정상상태로 돌아오나 발작 중에 일어난 일에 대하여 아무런 기억도 없다.

일시적인 의식상실로 경련이 일어나서 대개는 반복되는 질병이다. 환자의 대부분이 이러한 소 발작으로부터 시작되어 의식을 잃으면서 전신 경련을 일으키는 대발작으로 진전되어 간다.

이 병은 출산시의 뇌손상 혹은 난산으로 머리를 많이 상했거나, 급성전염병으로 뇌에 변화가 생기거나, 뇌에 종기가 나거나, 뇌매독, 뇌기생충 등으로 뇌 일부분에 어떤 변화가 일어나는 것이 원인으로 알려지고 있다.

이 병은 신체의 건강이 좋지 못하든지, 몸이 매우 피로하든지 정신적으로, 긴장, 고민, 불안 등이 있으면 그 발병도가 잦아진다. 그러므로 건강과 정신불안에 노력하여야 하며, 본인에게 병에 대한 자극을 주어서는 아니 된다. 건강이 좋아지고 정신이 안정됨으로서 자연적으로 낫는 수도 있고, 뇌에 종기가 난 것은 뇌수술로 완치할 수 있다.

2) 지적장애

지적장애는 그 원인으로 보면 대부분이 선천적이나 드물게는 후천적인 원인에 의해서 정신발달이 장해되거나 또는 정지된 것을 말한다. 뇌질환 즉 유행성뇌염, 수면성뇌염 등으로, 뇌의 변화로 지능의 저하를 가져 왔다든지 또는 뇌의 외상 즉 출산시의 난산으로 두부에 외상을 입거나, 두부가 충돌했다든지 타박을 주었다든지 높은데서 떨어졌다든지 해서 뇌의 외상으로 뇌에 변화를 준 것이 원인으로 알려지고 있다.

이것을 지능 면으로 보면,

지능의 분류			
천 재	140이상	보통 하	80 - 89
최우수	130 - 139	지둔(遲鈍)	70 - 79
우 수	120 - 129	노둔(魯鈍)	50 - 69
보통 상	110 - 119	치우(痴愚)	25 - 49
보 통	90 - 109	백치(白痴)	23 이하

이 분류에서 보면 70이하에 속하는 부분이 지적장애에 속한다. 즉 노둔, 치우, 백치가 이 지적장애에 포함된다.

그 내용을 보면 노둔은 지능저열아 중에서는 가장 높은 것이나 정상아의 정신수준으로 12세 이하의 능력의 소유자이다. 초등학교에서는 단지 성적이 나쁜 정도이나,

상급 또는 중학교 학급에는 지능발달이 거의 정지한다.

치우는 약간의 사고력이 발달되어 있으나, 응용의 힘, 계산능력은 전혀 없다. 정신발육은 정상아의 7세 이하이다.

백치는 아주 저열한 지능으로서 표상(表象)관념과 사고가 발달하지 못한 상태이다. 그의 정신능력은 정상아의 정신수준의 2세 이하의 능력밖에 되지 않는다.

그의 학습지도에 있어서는

첫째, 지능과 적성과 취미에 알맞게

즉 백치는 100이하의 수 관념과 간단한 일상생활의 용어정도이다. 간단한 심부름 노역정도의 일밖에 되지 않는다.

치우는 초등학교 2학년 정도의 학습능력으로서 수 생활에 있어서는 간단한 가감승제, 국어에 있어서는 문자로서 자기의사를 표시할 정도이다. 백치보다는 복잡한 노역과 간단한 기술을 습득할 수 있다.

노둔은 초등학교 졸업정도의 학습능력을 가졌으며 복잡하고 고급기술을 요하지 않는 기술방면에 진출할 수 있다.

둘째, 성격상의 지도

지적장애자는 성격상으로 여러 가지 장애를 가지고 있으며 이상을 가지고 있다. 그의 특성에 따라 잘 지도해야 할 것이다.

셋째, 애정으로서의 지도

지적장애자는 가정에서 부모나 형제에게 푸대접을 받기 쉽고 학교나 사회에서 멸시당하기 쉽다. 그러므로 그들은 가정이나 사회에 대해서 반항하여 자칫하면 탈선해서 범행을 저지르기 쉽다. 부모들이나 교사들이나, 사회인들은 이 정신적 불구자를 마음으로 사랑하고 동정해서 정상적인 아이들보다 더 관심을 가지고 정력을 집중하여 지도해야 될 것이다.

그리고 지적장애자는 다음과 같은 특징을 나타내고 있다.

① 신체적 발달이 늦고 일반적으로 생활력이 없고 수명이 짧으며 병에 걸리기 쉽다.
② 정신구조의 분화정도가 낮고 사고력, 인식력이 단순해서 소위 말하는 소아적이다.
③ 주의집중이 곤란하고 지구력이 적다.
④ 상상력과 사고력이 적어서 고집성이 강하다.
⑤ 기억력과 회상력이 극도로 저열하고 지적활동이 현저하게 곤란하다.
⑥ 추리력이 적어서 닥쳐올 결과를 예측할 수가 없다.
⑦ 의도적 행동이 어려우며 타인의 명령대로 움직이기 쉽다.
⑧ 감정적으로 매우 지둔하며 때로는 격정적 충동적으로 흥분하는 수도 있다.
⑨ 언어가 불분명하고 수 관념이 결여되어 있다.
⑩ 사회의식이 적고 자기중심이다.

그리고 지적장애자의 유형은 다음과 같이 분류해 볼 수 있다.

① 몽골형

안모가 몽고인과 유사하기 때문에 붙은 명칭이다. 백치에 속하는 자는 적고 대다수가 치우이다. 아랫배가 앞으로 나오고 눈에 결함(사시, 난시, 백내장)이 있는 자가 많고 키가 작다. 그 원인은 아직 불명이나 내분비선장애로 추측하고 있다.

② 출산시 뇌장해

태아기에 있어서 태아의 위치가 거꾸로 되어 있거나 출산시에 뇌에 손상을 입은 것이 원인이 된다. 자주 경련을 일으키고, 귀나 눈의 장애가 수반되면 감정적으로 불안정하다.

③ 소두성 지적장애

머리가 아주 작아서 이러한 이름이 붙었다. 앞머리가 아주 좁고 빗겨 후방으로 경사가 되어 있으며 후두부는 다소 뾰족하게 되어있다. 유인성에 닮았기 때문에 서양에서는 작은 원숭이라는 별명이 붙어있다. 모방적이고 온순, 쾌활하나 때로는 격정적 충동적으로 흥분하는 수가 있다. 백치 또는 치우에 해당하는 자가 많다.

④ 뇌수종 지적장애

외견상 뇌가 아주 크며 경련을 자주 일으킨다. 백치로부터 지둔까지 여러 가지가 있다. 조용하게 순종을 잘한다. 만성의 뇌막염 전염병에 기인된다고 추측된다.

⑤ 크레틴(cretin type) 지적장애

원래 알프스산지 등의 풍토병으로 갑상선의 이상에 기인하고 있으며 비교적 치료하기 쉽다. 체구가 짧고 비만하고 있으나 피부의 광택이 없다. 백치에 속하는 자가 많고 활동력이 적으며 손재주가 없다.

⑥ 마비성 지적장애

태아 또는 출산시에 운동신경장애에서 오는 것으로 경련형과 이완형이 있다. 일반적으로 하지가 부자유하고 격정적이다.

⑦ 뇌염형 지적장애

뇌염 회복 후에 나타나는 지능장애로서 지능수준은 극히 낮다. 성격이상이 수반되는 것이 보통이다. 침착하지 못하며 방랑성이 있기도 하고 다변성이 있기도 한다.

2. 갈등행위

두개 이상의 욕구가 동시에 일어나 그 유인성이 거의 같고 더구나 그 방향이 상반해서 어느 쪽을 취하고 어느 쪽을 버릴 수가 없어 그 선택에 고민하고 동요하는 상태를 갈등상태라 한다. 갈등상태의 상반되는 두개의 힘은 그 개인에 있어서 거의 같은 강도와 중요성을 가지고 있는 것이 특징으로서 한편이 강하게 유리한 조건이 나타나면 그 방향으로 기울어지게 된다.

일요일에 해수욕을 가느냐? 야구 구경을 가느냐? 하는 것도 갈등상태이고, 삼거리에 서서 좌우 어느 쪽으로 갈까 할 때의 심리상태도 갈등행위이다. 어느 쪽을 택하더라도 동일한 결과에 도달하는 두개의 길에서 그 하나를 택하는 갈등상태는 대단히 용이하다. 그러나 여대를 우등으로 나온 학생이 연구를 계속하느냐? 결혼을 해서 가정으로 들어가느냐? 하는 갈등상태는 일생의 분기점이 되는 중대한 문제이기 때문에 고민이 크고 복잡해지는 것이 보통이다.

이와 같은 갈등행위를 +-의 유인성으로 설명하면 --경우와 +-경우와 ++경우로 생각할 수가 있다.

① -- 경우는 두 개의 - 유인성에 끼었을 때이다.

싫은 일을 강제로 시켜서 복종을 아니 하면 벌을 받는다는 장면이다. 게으른 초등학교 학생이 부모의 감시 아래에서 공부를 하고 있는 정경을 상상하면 될 것이다. 단념하고 솔직하게 복종해 버리면 그만이지마는 그렇지 않으면 어떻게 하더라도 그 불쾌한 장면을 벗어나려고 노력한다. 그것도 문을 잠그고 매를 맞고 해서 하는 수 없이 그 장소에 앉아 있으면 그는 형식적으로는 공부를 하고 있지마는 정신은 공상의 세계로 도피해서 냇가에서 잠자리 잡는 장면을 상상한다. 어린이가 왜 공부를 싫어하는가? 그 원인은 생각하지도 않고 또는 공부를 좋아하도록 하는 연구는 하지 않고, 체벌로써 위협하는 강제교육의 결점은 이런 곳에 있는 것이다.

② +- 유인성이 같이 있을 때이다

무서운 것을 보고 있을 때와 같이 한편으로는 보고 싶고 한 면은 겁이 나서 도망치고 싶은 심정이다.

열렬한 연애생활로써 결혼을 굳게 약속한 청춘남녀가 부모의 절대적인 반대에 봉착하였을 때의 심정이다. 그 어느 하나를 취하여도 파국적인 결과를 가져온다. 그 반응으로서 신경증, 정신병이 발작하기도 하고, 도피 자살로써 응수하는 수도 있다.

③ ++ 경우는 두 개의 + 유인성에 봉착하였을 때이다.

오늘은 일요일인데 친구와 등산도 하고 싶고, 내일은 영어시험이 있으니 영어공부도 해야 하겠다는 심정 또는 가정이 빈곤한 고등학교 우등생이 대학진학도 하고 싶고 취직을 해서 가정을 도와야 되겠다는 경우이다.

갈등은 욕구불만보다 더 이상행동에 이끄는 원인이 되기 쉽다. 물질적 조건이 나쁘고 체력을 소모하여도 그것으로 신경쇠약을 일으키는 일이 적다. 그와 반대로 물질적 조건이 좋고 신체적 조건이 양호하여도 갈등상태가 자주 계속되면 심리적 부담이 과중하여 신경증, 정신병을 일으키기 쉽다.

일상생활에 있어서 갈등상태는 도처에서 볼 수 있다. 우리는 이것을 적당하게 처리해 가면서 생활해 간다. 그러나 대립하는 욕구가 강하고 절실할수록 갈등도 강해진다. 따라서 생과 사, 도덕적 억압과 야생적 충동, 명예 있는 청빈생활과 경멸의 부유생활, 결혼을 하고 싶은 심정과 부모의 반대, 이러한 하나를 선택할 곤란한 처지에 부닥쳤을 때에 그 고민이 크고 정서적인 부적응을 일으켜 이상행동의 원인이 되는 것이다.

이 갈등은 개인의 생활에만 경험하는 것이 아니라 사회생활에 있어서 집단적으로 경험할 수도 있다. 기독교적 박애주의와 인도주의의 도덕적 요구에 대하여 약육강식의 자유경쟁이 요구되고 있다.

| 단원 마무리 |

질문을 만들어 보고 동료들과 이야기를 나눠 보세요.

♠ 정답이 있는 질문(교재에서 답을 찾을 수 있는 질문)

· 신경증이라고 불리는 불안장애의 종류에는 무엇이 있는가?

· 지적장어아는 어떤 특징을 가지고 있는가?

·

·

♠ 정답이 없는 질문(더 궁금하고, 이유나, 추론, 적용 등을 묻는 질문)

· 불안장애를 극복할 자신만의 방법이 있다면 무엇인가?

· 현대의 정신분열증은 유전적 영향 또는 신체적 영향 중 어느 영향을 더 받는다고 생각하는가?

·

·

CHAPTER 09

심리상담과 심리검사

제1절 심리상담

제2절 심리검사

제3절 심리검사의 실제

chapter 09 심리상담과 심리검사

제1절 심리상담

인간은 살아가면서 누구나 정도의 차이는 있지만 심리적인 어려움을 겪는다. 이러한 어려움을 스스로 이겨내거나 주위의 사람들에게 이야기를 하여 도움을 얻는 경우도 있지만 심리적인 문제를 근본적으로 해결하기 위해서는 전문적인 심리상담이 필요하다. 이에 본 절에서는 심리상담의 의미 및 기본적인 이론에 대해 살펴보고자 한다.

1. 심리상담의 의미

심리상담은 전문적인 훈련을 받은 상담자와 심리적인 도움이 필요한 내담자와의 상호작용을 통해 내담자의 어려움을 극복하고 개인적 능력을 최대로 발휘할 수 있도록 도움을 주는 과정으로 볼 수 있다. 이러한 긍정적 역할을 하고 상담 자체가 많이 보편화 되었지만 여전히 상담에 참여하는 것을 문제가 있는 사람으로 여기거나 또는 의지가 약한 사람으로 인식하는 경우가 있다. 그러나 내담자가 주어진 환경에 잘 적응하고 긍정적 발달을 하기 위해서는 전문적인 상담이 필수적이다.

2. 심리상담 이론

1) 정신분석 상담

프로이트에 의해 시작된 정신분석 상담은 현재까지 심리상담 및 치료에 지대한 영향을 미친 이론이다. 이 이론은 인간의 무의식적인 힘이 자신의 운명을 결정한다는 관점에서 무의식이 개인의 생각과 행동에 영향을 미친다는 관점을 취하고 있다. 또한, 성격 형성에 있어 생애 초기의 경험이 지대한 영향을 미친다고 주장하며 유아기 및 초기 아동기의 경험을 강조하고 있다.

한편 프로이트는 인간의 성격 구조를 심리 에너지의 원천 및 본능을 의미하는 원초아(id), 본능과 이상을 중재하는 현실적 역할을 하는 자아(ego), 그리고 현실적인 것보다는 이상적인 것을 추구하는 초자아(superego)의 세 가지 요소로 설명하고 있으며 이 중 어떤 에너지가 더 많으냐에 따라 인간의 행동이 결정된다고 보고 있다. 또한, 정신분석 상담에서는 불안과 방어기제 또한 중요한 역할을 한다. 불안은 현실적 불안과 신경증적 불안, 도덕적 불안 등이 있으며 불안의 상황에 잘 대처하기 위해 방어기제를 활용하게 된다고 주장하고 있다. 방어기제에는 억압, 투사, 반동 형성, 합리화, 승화, 퇴행 등이 있다.

이러한 관점에서 정신분석 상담의 목표는 내담자의 무의식을 드러내고 그 문제를 해결할 수 있도록 도움을 주고 무의식에서 의식으로의 에너지 전환을 통해 자아의 힘을 키워 적응력을 키우는 데 있다. 상담 기법으로는 자유연상, 해석, 꿈 분석, 저항분석, 전이 분석, 등이 있으며 특히 꿈 분석은 가장 독창적인 기법으로 볼 수 있다.

2) 행동주의 상담

행동주의 상담은 정신분석 이론을 비판하며 20세기 중반부터 발전하기 시작한 상담으로 관찰 가능한 행동을 바탕으로 고전적 조건 형성과 조작적 조건형성의 원리, 사회학습이론 등이 대표적이다. 먼저 고전적 조건 형성은 러시아의 심리학자인 파블로프가 개의 소화과정과 관련된 연구를 하던 도중 발견한 것으로 조건자극과 무조건 자극의 연합으로 인해 학습된 자극의 무조건 반응을 일으키는 것을 말한다. 조작적 조건형성은 보상, 벌 등과 같은 강화의 원리에 의해 행동이 형성된다는 것을 말하며 손다이크와 스키너의 연구를 기반으로 하고 있다. 즉, 어떤 행동이 계속적으로 유지하거나 하지 않는 이유는 행동의 결과에 따라 결정된다는 것이다. 다음으로 사회학습이론은 환경, 개인, 행동의 상호작용을 강조하며 반두라가 주장한 이론이다. 이 이론에서는 모방학습(modeling), 대리학습(vicarious leariining), 관찰학습(observational learning)으로 설명하고 있다.

행동주의 상담에 있어서 내담자가 가진 기질적 특성보다는 행동에 초점을 맞추고 개인의 현재 행동을 바탕으로 선행조건과 그 결과에 중점을 두기에 내담자의 부적응적 행동을 감소시키고 적응적 행동을 증가시키는데 목표를 둔다. 상담의 기법으로는 점진적 이완 기법, 노출치료(또는 홍수법), 체계적 둔감법, 혐오기법, 강화, 조성 등이 있다.

3) 실존주의 상담

실존주의 상담은 특정한 방법을 제시하기보다는 철학적인 접근으로 이해할 수 있다. 즉, 내담자의 삶에 주어진 것들을 파악하며 존재에 관해 탐색하여 자신이 원하는 삶의 방향으로 나아갈 수 있도록 만드는 데 그 목적이 있으며 제임스 부젠탈과 에미밴 덜젠은 실존주의 상담에 지대한 영향을 끼친 인물이다. 먼저 제임스 부젠탈은 교사이면서 심리치료가로 '지금 여기'의 대화와 내담자와 상담자의 '실재함'의 구성을 강조하였다. 에미밴 덜젠은 심리치료가이면서 상담 심리학자로 인간이 자기탐색에 집중하게 되면 문제를 극복할 수 있는 능력을 가질 수 있다고 강조하였다.

실존주의 상담에서는 상담 기법이 오히려 내담자와의 관계에 있어 방해물이 될 수 있기에 상담자의 특정 기법을 강조하지 않지만 기존 상담에서 사용하는 폭넓은 개입을 사용한다. 그 방법으로는 소크라테스식 대화법, 비언어적 행동에 집중하기, 자기개방, 역설적 의도 등이 있으며 특히 역설적 의도는 대표적인 실존주의 상담 방법이며 내담자의 문제를 고의로 경험하게 하되 유머를 추가하여 경험할 수 있게 하는 방법이다. 문제가 크더라도 그런 문제와 만나는 경험을 하게 되면 그 속에서 웃음이 있을 수 있으며 개인의 능력을 발휘할 수 있게 된다는 것이다.

4) 인간중심 상담

인간중심 상담은 칼 로저스에 의해 1930~1940년대에 발전된 이론으로 인간의 본능을 강조하는 정신분석 상담과 인간행동을 자극과 반응의 결합으로만 파악하는 행동주의 이론을 비판하며 인본주의에 바탕을 둔 인간중심 상담을 주장하게 되었다. 이러한 인간중심 상담은 현대 상담 이론에 많은 영향을 미친 이론으로 로저스는 인간의 삶은 개인의 능동적인 선택의 결과로 파악을 하고 있으며 자유로운 존재로 보고 있다. 또한, 사람은 노력하고 도전하는 과정을 통해 어려움을 극복하면서 진정한 사람으로 성숙해 간다고 언급하였고 경험에 개방적이고 매 순간 충실히 삶을 대하고 창조적이고 자유로운 사람을 '충분히 기능하는 사람'으로 정의하며 개인을 능동적인 유기체로 파악하고 있다.

인간중심 상담에서는 인간을 스스로 문제를 해결해 나갈 수 있는 능력이 있다고 생각하기 때문에 내담자를 충분히 기능하는 사람이 되도록 돕는 것을 목표로 하고 있다. 이를 위해 상담자는 상담자의 진솔성, 무조건적 존중과 수용, 공감적 이해를 갖추고 있어야 한다. 먼저 진솔성은 내담자나 상담자의의 행동이나 감정을 솔직하게 인정하고 이해할 수 있는 것을 의미하며 이를 통해 신뢰로운 상담관계를 형성할 수 있다고 말한다. 무조건적 존중과 수용은 상담자를 인격체로 인식하고 무조건적 존중하고 있는 그대로의 모습을 수용하는 것을 의미한다. 마지막으로 공감적 이해는 상담자가 내담자의 감정에 충실히 공감하는 것을 의미한다.

5) 게슈탈트 상담

게슈탈트(Gestalt)는 독일어로 '형태'를 의미하는데 게슈탈트 상담은 프리츠 펄스가 개발한 것으로 내용보다는 현재의 상황과 과정을 중시하였으며 알아차림과 환경과의 접촉을 주안점으로 두고 있으며 내담자가 경험하는 것을 지각하여 개인의 사고와 행동을 책임 지도록 하는 것을 상담의 목표로 하고 있다. 이 접근법은 '지금 여기', '무엇과 어떻게', '나/너'를 중시한다.

게슈탈트 상담자는 내담자의 알아차림, 자기주도성을 증진시키기 위해 노력하며 내담자의 비언어적 언어에 주의를 기울이고 언어의 형태와 성격의 관계에 초점을 둔다. 게슈탈트 상담의 기법으로는 내적 대화 기법, 빈 의자 기법, 미래 투사 기법, 반동 기법, 시연 기법, 한 바퀴 돌기, 과장 기법 등이 있다.

6) 인지행동 상담

인지행동 상담은 인간의 심리적인 문제는 비합리적인 사고방식으로 인식하기 때문에 심리적인 문제가 발생하고 내담자의 인지를 변화시켜 심리적 문제를 완화시킬 수 있다고 보는 이론이다.

엘리스와 백은 인지행동 접근의 대표적 인물로 볼 수 있다. 먼저 엘리스는 합리적 정서행동치료를 제안하였는데 REBT 상담 과정을 통해 비합리적인 신념을 합리적인 인지로 변환하고자 하였다. 상담은 A(선행사건)–B(신념체제)–C(결과)–D(논박)–E(효과)–F(감정)의 구조화된 형식을 사용하였다. 상담 기법으로는 비합리적 신념 논박하기, 인지적 과제 부여하기, 내담자의 언어 변화시키기, 유추, 자기방어 최소화, 대안 제시, 유머 사용 등의 인지적 기법과 합리적 정서 상상, 부끄러움 제거 연습, 감정적 언어 사용 등의 정의적 기법이 있으며 마지막으로 보상기법, 역할 연기 등의 행동적 기법이 있다. 벡은 인지행동치료의 대표적 인물이며 경험적 연구에 기반하여 인지치료를 개발하였다. 벡은 포괄적 인지 모델을 제안하였는데 이 모델에서는 정서와 행동을 상황의 지각된 산물이라고 언급하였다. 그리고 인지적 체계를 의미하는 심리기능의 기본 단위인 도식과 자동적 사고, 인지, 정서, 행동 도식의 관계망을 의미하는 양식 등이 핵심 용어로 언급하였다.

7) 여성주의 상담

여성주의 상담은 역사가 비교적 짧은 이론으로 특정인이 주창했다기보다는 여러 사람이 함께 주장한 이론으로 볼 수 있다. 이 이론은 남성 지향적인 가정에 도전을 하며 가부장제도 하에 여성이 겪게 되는 문제를 이해하는 데 중점을 두고 있으며 1960년대의 여권 운동에서부터 시작했다고 볼 수 있다.

여성주의 상담은 다양성의 중시, 평등성, 변화를 위한 노력, 상호 의존성과 균형, 자기 돌봄 등에 목표를 두고 있으며 내담자와 상담자의 관계는 평등한 관계를 지향하는 것을 필수적으로 보고 있다. 상담 기법으로 고유한 기법이 있는 것은 아니지만 밀접한 관련이 있는 기법으로는 젠더 역할 분석, 자기개방, 주장 훈련, 독서요법 등이 있다.

8) 가족체계 상담

가족체계 상담은 사회 · 경제적으로 급격한 변화로 인해 이혼, 가정폭력 등 가족 간의 다양한 문제가 생겨나고 있어서 가족 간 상호작용의 변화를 도모하여 개인의 문제를 해결하는 데 초점을 두고 있다. 즉, 가족체계를 변화시켜 가족 구성원의 문제를 효과적으로 치료하는 것이 가족체계 상담으로 볼 수 있다.

가족체계 상담 기법으로는 가족 조각기법, 빈 의자 기법, 가족 온도계 등이 있으며 상담자는 가족이 타협점을 찾을 수 있도록 상호작용을 향상시키는 촉매자의 역할을 하게 된다.

제2절 심리검사

인간은 중요한 시기에 다양한 심리검사를 받으며 그 결과를 선발, 배치, 상담 등 많은 영역에 활용하고 있다. 그러나 심리검사에 대한 정확한 이해 없이 검사를 실시하고 그 결과를 해석하는 것은 다양한 문제를 야기할 수 있다. 이에 본 절에서는 심리검사의 의미, 역사, 목적 그리고 좋은 심리검사의 조건과 개발과정에 대해 살펴보고자 한다.

1. 심리검사의 의미

심리검사의 의미를 파악하기 전 먼저 검사(testing)와 유사한 개념인 측정과 평가에 대한 이해가 필요하다. 먼저 측정(measurement)은 어떤 사물이나 구성 개념에 수치를 부여하는 것을 의미한다. 예를 들면, 어느 학생의 수학 시험 점수가 85점이라든지, 언어능력 검사 점수가 80점이라는 등 특정 개념을 수량화하는 것이라고 볼 수 있고 여기에는 검사자의 가치판단이 포함되어 있지 않다. 반면 평가(evaluation)는 해당 어떤 사물이나 구성 개념에 대하여 가치판단을 포함하는 개념으로 이해할 수 있다. 85점의 수학 시험 점수를 받은 학생은 전체 학생 중 우수한 성취를 보인 학생으로 파악을 하며, 언어능력 검사 점수가 80점인 학생은 다른 학생에 비해 낮은 언어능력을 가지고 있다고 해석하는 등 검사자의 가치판단이 포함된 개념이다. 마지막으로 사정 또는 총평(assessment)은 어떤 대상을 파악하기 위해 관련 자료를 종합하여 분석하는 것을 의미한다.

측정, 평가 그리고 사정의 의미를 바탕으로 심리검사의 개념을 파악해보면 협의적으로는 검사를 시행하여 점수를 파악하는 것으로 해석하여 특정한 문제에 대해 심리검사 결과와 관찰, 면접 등을 통해 제시된 문제를 평가하는 심리평가를 분리하여 해석되기도 하지만 현재는 측정, 평가 그리고 사정의 개념을 모두 포함하는 것으로 인식하여 개인의 인지 · 정의 · 행동적 영역을 표준화된 방법으로 측정을 하고 도출된 검사점수를 해석하는 것까지 포괄적인 개념으로 이해되고 있다.

2. 심리검사의 역사

1) 세귄(Seguin)

정신지체아 등에 대한 개념의 변화에 따라 19세기부터 관심을 가지기 시작하였는데 스갱은 그 당시 정신지체를 가진 사람은 치료를 하기가 어렵다는 분위기를 깨며 1837년 정신지체아를 훈련하는 훈련원을 처음으로 설립하였다.

2) 분트(Wundt)

독일의 한 대학교에 심리학과 관련된 실험실을 처음으로 설립하였고, 인간의 정신을 측정할 수 있는 사고측정기(thought meter)를 개발하였다.

3) 갈톤(Galton)

인간의 지능 및 심리적 특성은 전적으로 유전에 의해 결정된다고 주장하였고, 평정척도 및 설문지를 처음으로 사용하였으며 모든 능력은 측정할 수 있다는 관점에서 다양한 측정도구를 개발하였다.

4) 카텔(Cattell)

갈톤의 영향을 받은 카텔은 '정신검사(mental test)' 라는 용어를 본인의 논문에서 처음 사용하였으며 근육 강도, 시청각 예민성, 움직임의 속도 등 지적 능력의 개인차를 확인할 수 있는 다양한 방법을 제시 및 적용하였다.

5) 비네(Binet)

비네는 아동의 전반적인 정신발달 상태를 측정하고 분류하기 위해 현대적인 지능검사의 시초로 볼 수 있는 비네–사이몬 척도(Binet–Simon Scale)를 개발하였고 이 척도는 단순 감각 기능 검사에서 언어적 추상능력까지 확인할 수 있는 검사로 많은 개정의 과정을 거쳤으며 가장 알려진 검사는 스탠포드 대학에서 터먼(Terman)의 스탠포드–비네(Stanford–Binet) 검사이다. 이 검사에서 지능지수가 처음으로 사용되었다.

6) 집단검사

미국은 1차 세계대전에 참전할 군인들을 분류하기 위해 미국심리학회에서 집단지능검사를 개발하여 활용하여 사용하였으며 이후 다양한 집단지능검사가 개발되기 시작하였다.

7) 성격검사

비인지적 검사로 볼 수 있는 성격검사에는 1차 세계 대전 중에 우드워스(Woodworth)가 개발한 성격자료 기록지가 있다. 처음에는 입대가 부적합한 사람을 선별하기 위한 도구로 개발되었지만 종전 후 가정, 학교 등의 적응을 측정하는 다양한 지필형 성격검사들로 발전되어 사용되고 있다.

3. 심리검사의 목적

1) 자아이해

심리검사는 본질적으로 한 개인을 이해하기 위한 도구이다. 즉 자신에 대한 이해도를 높이고 자기성장을 위해 심리검사를 활용한다.

2) 선발 및 배치

대학 또는 기업체 등에서 특정인의 선발을 위해 심리검사를 할 수 있다. 즉 선발 후 해당 영역에서 우수한 능력을 발휘할 수 있는 사람들을 판별하기 위한 도구로 활용할 수 있다.

3) 진단과 치료

개인의 행동 패턴을 분류하고 비정상적인 행동의 원인을 탐색하며 이후 이러한 문제행동을 개선하기 위한 도구로 활용할 수 있다. MMPI 등은 정신질환을 진단하기 위한 기본적인 자료로 사용할 수 있다.

4) 평가

적용한 프로그램의 효과를 확인하기 위해 추후 해당 프로그램의 지속여부, 수정·보완 등을 결정하기 위해 활용할 수 있다.

4. 좋은 심리검사

1) 표준화

검사 실시 및 채점 및 해석방법 등에서 명확한 규준이 존재해야 한다. 표준화된 방법이 없는 심리검사의 경우 실시 및 평가에 있어 문제가 발생할 수 있다.

2) 타당도

타당도는 심리검사가 측정하고자 하는 영역을 얼마나 잘 측정하는지를 의미한다. 타당도에는 검사의 문항들이 측정하고자 하는 심리적 특성을 잘 반영하는 가를 뜻하는 내용타당도와 외적 준거와의 상관 정도를 파악하는 준거관련 타당도가 있다. 준거관련 타당도에는 미래의 적응, 성공여부를 확인하는 예측타당도와 기존 개발된 심리검사와의 비교를 통해 타당성을 확인하는 공인타당도가 있다. 마지막으로 측정하고자 하는 구인을 제대로 측정하는지 정도를 파악하는 구인타당도가 있으며 좋은 심리검사는 타당도를 고려하여야 한다.

3) 신뢰도

신뢰도는 측정하고자 하는 특성을 얼마나 일관성 있고 정확하게 측정하느냐를 의미한다. 신뢰도에는 동일 검사를 동일 집단에 두 번 실시하여 얻는 점수의 상관을 확인하는 재검사 신뢰도와 두 개의 동형검사를 동일 집단에게 실시하여 얻은 점수의 상관을 확인하는 동형검사 신뢰도, 검사 실시 후 두 부분으로 나누어 이들의 상관을 확인하는 반분검사 신뢰도, 검사의 문항 하나하나를 독립된 검사로 파악하는 내적일관성 신뢰도 등이 있으며 좋은 심리검사는 신뢰도를 고려하여야 한다.

5. 심리검사 개발

1) 검사목적의 확인

심리검사를 개발하는 데 있어 가장 중요한 점이 검사목적을 확인하는 것이다. 즉 측정을 원하는 심리적 특성과 검사의 영역, 대상, 검사결과의 활용 등을 명확히 하는 것은 심리검사 개발에 있어 출발점으로 볼 수 있다.

2) 구인의 조작적 정의

조작적 정의는 관찰할 수 없는 특성을 관찰 가능하도록 구체화하여 정의하는 것을 의미한다. 명확한 조작적 정의가 선행되어야 해당 심리 구인의 측정방법을 구체화할 수 있다.

3) 검사에 대한 사전 설계

검사의 실시 형태, 길이, 보고 방법 등에 대한 사전 계획이 필요하다. 이에 대한 사전 고려를 통해 목적에 맞는 검사를 개발할 수 있다.

4) 문항개발

조작적 정의를 바탕으로 문항을 제작해야 한다. 문항에서 측정하고자 하는 내용이 문항에 잘 포함될 수 있도록 간결하고도 명확하게 진술해야 한다. 이때 문항 유형에 진위형, 선다형, 연결형, 완성형, 평정척도형, 자유응답형 등이 있으며 평정척도형에는 선다형 문항과 함께 보편적으로 사용되는 리커르트 척도와 의미분화 척도가 있다. 측정하고자 하는 심리적 구인에 따라 적합한 문항 유형을 선택하여 개발할 필요가 있다.

5) 예비검사

사전 개발된 문항을 소집단을 대상으로 예비검사를 실시할 필요가 있다. 이러한 예비검사를 통해 어휘 수준 및 표현의 적절성, 검사에 필요한 시간, 응답에 제한이 있는 문항 등을 판별해 낼 수 있다.

6) 문항분석

문항분석은 예비검사에서 실시한 문항에 대한 응답을 바탕으로 문항을 분석하여 최종 검사에서 활용할 문항을 확정하는 단계이다. 먼저 고전검사이론에서는 문항난이도, 문항변별도 등을 활용하여 분석할 수 있으며 문항반응이론에서 문항특성곡선 등을 활용하여 문항의 특징을 파악한다. 추가적으로 왜도, 첨도, 요인분석 등의 방법도 활용하여 본 검사에서 활용할 최종 문항을 결정한다.

7) 본 검사 실시

문항분석을 통해 결정된 최종 문항을 활용하여 피험자를 대상으로 본 검사를 실시한다. 이때는 검사 실시 순서와 방법을 표준화하여 실시할 필요가 있다.

8) 검사도구의 양호도 확인 및 출판

신뢰도, 타당도, 실용도, 객관도 등을 분석하여 검사도구의 양호도를 파악해야 한다. 또한 검사의 출판을 위해 검사목적 및 요강, 채점보고서 등을 포함하여 최종적으로 출판을 하게 된다.

제3절 심리검사의 실제

1. 우울증

1) 나 우울증일까?

나, 우울증일까? (4~5/10)
① ☐ 부모나 배우자, 가족 등 가까운 사람이 죽이고 싶을 정도로 밉다.
② ☐ 술이나 약물에 의존하는 경향이 있고, 취하면 자신의 감정과 행동을 조절하는데 어려움이 있다.
③ ☐ 잠들기가 어렵거나 중간에 깨서 다시 잠들지 못하는 불면증 증상이 최소 일주일에 3일 이상 지속된다.
④ ☐ 기분이 나쁘거나 괴로운 일이 생기면 그 사실에 지나치게 집착을 하고 강박적인 경향을 보인다.
⑤ ☐ 아무도 자신을 도와주지 않는다는 고립감을 느끼거나 사람들이 자신을 괴롭힌다는 피해의식을 가지고 있다.
⑥ ☐ 자랄 때에 부모의 심한 불화나 부부싸움, 이혼 등으로 인해서 상처받은 경험이나 감정이 해결되지 않은 채로 남아 있다.
⑦ ☐ 대인관계나 일상생활에 지장을 줄 정도로 우울한 기분이나 의욕의 감퇴가 2주 이상 지속된다.
⑧ ☐ 자신의 몸에 자해를 하고 싶거나 죽고 싶은 충동을 느낄 때가 있다.
⑨ ☐ 평소보다 성욕이 현저하게 떨어지고 이성에 대한 관심이 줄어든다.
⑩ ☐ 식욕이 줄어들거나 갑자기 늘어서, 평소 체중에 5%이상 변화가 생겼다.
기분전환법
① 냉·온욕을 즐겨라 – 찬물과 뜨거운 물을 1분씩 번갈아 가면서 7회 정도 계속해보자. 꼭 찬물로 시작해서 찬물로 끝 낼 것
② 몸을 놀려라 – 몸을 움직이면 환경에 대한 지각이 변한다.
③ '재미 바이러스'로 맞불 붙이기 – 맛있는 거 먹기, 예쁜 것 사기, 화초 키우기 등 사소한 즐거움을 다양하게 주의에 배치하라.
④ '나만 힘들다'는 생각을 버려라. – 고통을 받아들이는 자세의 차이일 뿐 누구나 나름의 고통은 있다.
⑤ 다른 사람의 이야기와는 관계없는 '내 이야기'를 만들어라. – 블로그, 미니홈피 관리 등으로 주체성을 회복하라.
⑥ 마음으로 고민하지 말고 표출하라. – 되도록 긍정적인 사람을 멘토로 둬라.
⑦ 햇빛을 하루에 30분 이상 보자. – 햇빛을 보면 신경 전달물질인 세로토닌의 농도가 높아져 우울증 억제 효과가 있다.

2) 우울증 체크리스트

우울증 체크리스트
① ☐ 우울하다, 슬프다, 공허하다, 울고 싶다는 감정이 지배적이다.
② ☐ 매사에 흥미가 없고 예전에 재미있던 것도 재미가 없다.
③ ☐ 한 달에 5kg이상 체중이 줄거나 늘었다.
④ ☐ 잠을 너무 많이 자거나 아예 자지 못한다.
⑤ ☐ 안절부절 못하거나 의욕이 없다.
⑥ ☐ 무기력 또는 죄책감이 든다.
⑦ ☐ 사고력 · 집중력이 떨어진다.
⑧ ☐ 죽음에 대한 생각을 자주한다.
우울중증 행동증상 체크리스트
① ☐ 마치 긴 여행을 떠날 사람처럼 아끼던 물건을 나누어 준다.
② ☐ 불안 초조해하던 사람이 갑자기 마음의 평점을 찾은 것처럼 보인다.
③ ☐ 주의사람에게 전화를 걸어 "그동안 고마웠다.", "잘 지내라" 등 말을 한다.
④ ☐ "자살이나 해버릴까?"라는 말을 불쑥 던진다.
⑤ ☐ 갑자기 식사량이 크게 줄었다.
⑥ ☐ 말이 없어졌다.
⑦ ☐ 불면증이 심해져 며칠째 잠을 자지 못한다.
◈ 분석

2. 불안장애

1) 불안장애 자가진단

불안장애 자가진단
① ☐ 몸에 경련이 일어나고 몸 전체가 흔들리는 느낌을 받는다.
② ☐ 화가 나면 근육에 긴장이 오고 때로는 통증을 느낀다.
③ ☐ 몸을 어찌할 바를 모른다.
④ ☐ 피로를 쉽게 느낀다.
⑤ ☐ 숨이 가빠지고 목이 조여 오는듯한 느낌을 받는다.
⑥ ☐ 맥박이 빨라지고 심장이 빠르게 뛰는 것을 느낀다.
⑦ ☐ 손에 차가운 땀이 나면서 끈적끈적 해진다.
⑧ ☐ 입이 마른다.
⑨ ☐ 어지럼증을 느낀다.
⑩ ☐ 메스껍고 설사가 나며 배에 통증이 몰려온다.
⑪ ☐ 몸이 확 뜨거워지거나 갑자기 차가워진다.
⑫ ☐ 화장실에 끊임없이 간다.
⑬ ☐ 목에 뭔가가 걸린 것 같아서 음식물을 삼키기 힘들어진다.
⑭ ☐ 무언가 머리를 조이는 것 같은 기분이 들며 몹시 초조해진다.
⑮ ☐ 조그만 일에도 매우 놀란다.
⑯ ☐ 집중이 안 된다.
⑰ ☐ 불면증이 온다.
⑱ ☐ 아무것도 아닌 일로 주위사람에게 짜증을 낸다.
◈ 분석

2) 불안지수 심리 테스트

불안지수 심리 테스트(나는 지금 얼마나 불안한가?)

0	1	2	3
전혀 느끼지 않았다	조금 느꼈다	상당히 느꼈다	심하게 느꼈다

① 가끔씩 몸이 저리고 쑤시며 감각이 마비된 느낌을 받는다. ································ (　　)
② 흥분된 느낌을 받는다. ································ (　　)
③ 가끔씩 다리가 떨리곤 한다. ································ (　　)
④ 편안하게 쉴 수가 없다. ································ (　　)
⑤ 매우 나쁜 일이 일어날 것 같은 두려움을 느낀다. ································ (　　)
⑥ 어지러움을 느낀다. ································ (　　)
⑦ 가끔씩 심장이 두근거리고 빨리 뛴다. ································ (　　)
⑧ 침착하지 못하다. ································ (　　)
⑨ 자주 겁을 먹고 무서움을 느낀다. ································ (　　)
⑩ 신경과민이 되어 왔다. ································ (　　)
⑪ 가끔씩 숨이 막히고 질식할 것 같다. ································ (　　)
⑫ 자주 손이 떨린다. ································ (　　)
⑬ 안절부절 못해 한다. ································ (　　)
⑭ 미칠 것 같은 두려움을 느낀다. ································ (　　)
⑮ 가끔씩 숨쉬기 곤란할 때가 있다. ································ (　　)
⑯ 죽을 것 같은 두려움을 느낀다. ································ (　　)
⑰ 불안한 상태에 있다. ································ (　　)
⑱ 자주 소화가 잘 안되고 뱃속이 불편하다. ································ (　　)
⑲ 가끔씩 기절할 것 같다. ································ (　　)
⑳ 자주 얼굴이 붉어지곤 한다. ································ (　　)
㉑ 덥지도 않은데 땀을 많이 흘린다. ································ (　　)

◈ **분석 :** 0-21점(정상), 22-31점(보통 불안 상태), 32-63점(극심한 불안 상태)

3. 인터넷 중독

인터넷 중독 자가진단	1	2	3	4	5
① 처음 계획보다 더 오래 인터넷을 한다.	□	□	□	□	□
② 인터넷 때문에 다른 할 일을 소홀히 한다.	□	□	□	□	□
③ 친한 친구와 노는 것보다 인터넷이 더 좋다.	□	□	□	□	□
④ 인터넷을 통해 새로운 사람을 사귄다.	□	□	□	□	□
⑤ 인터넷으로 많은 시간을 보내는 것에 대해 가까운 사람들이 불평한다.	□	□	□	□	□
⑥ 인터넷 때문에 성적이나 학교 일에 지장을 받는다.	□	□	□	□	□
⑦ 공부나 다른 일을 하기 전에 e-메일부터 먼저 확인한 다.	□	□	□	□	□
⑧ 인터넷 때문에 학습 능률이 떨어진다.	□	□	□	□	□
⑨ 다른 사람이 인터넷으로 무엇을 하느냐고 물으면 사실을 숨긴다.	□	□	□	□	□
⑩ 골치 아픈 현실을 잊기 위해 인터넷을 한다.	□	□	□	□	□
⑪ 다시 인터넷 하기를 기대하는 자신을 발견한다.	□	□	□	□	□
⑫ 인터넷이 없다면 생활이 지루하고, 허전하며, 기쁨이 없을 것이라고 걱정한다.	□	□	□	□	□
⑬ 인터넷 접속 중 다른 사람이 방해하면 소리 지르거나 화를 낸다.	□	□	□	□	□
⑭ 인터넷을 하느라 밤늦도록 잠을 못 잔다.	□	□	□	□	□
⑮ 인터넷을 하지 않을 때에도 인터넷 생각에 빠져있거나 접속하는 것을 상상한다.	□	□	□	□	□
⑯ 인터넷을 할 때 '조금만 더하고 그만 둬야지'라고 생각하면서도 계속한다.	□	□	□	□	□
⑰ 인터넷 시간을 줄이려고 노력하지만 안 된다.	□	□	□	□	□
⑱ 인터넷을 얼마나 오래 했는지 숨기려고 한다.	□	□	□	□	□
⑲ 남들과 밖에서 놀기보다 인터넷으로 시간을 보낸다.	□	□	□	□	□
⑳ 인터넷을 하지 않을 때면 우울하고 울적해지거나, 신경이 날카롭다가도, 인터넷을 하면 그런 기분이 사라진다.	□	□	□	□	□
▪ 20-49점 : 평균 이용자 ▪ 50-79점 : 문제가 있는 중독 성향자 ▪ 80점 이상 : 중독자					

4. 외상 후 스트레스장애

외상 후 스트레스장애	0	1	2	3	4
① 그 사건을 상기시키면 그 사건에 대한 감정이 다시 되살아 난다.	☐	☐	☐	☐	☐
② 나는 수면을 지속하는데 어려움이 있었다.	☐	☐	☐	☐	☐
③ 나는 다른 일들로 인해 그 사건이 생각난다.	☐	☐	☐	☐	☐
④ 그 사건 이후로 예민하고 화가 난다고 느꼈다.	☐	☐	☐	☐	☐
⑤ 그 사건에 대해 생각하거나 떠오를 때마다 혼란스러워 회피하려고 했다.	☐	☐	☐	☐	☐
⑥ 생각하지 않으려고 해도 그 사건이 생각난다.	☐	☐	☐	☐	☐
⑦ 그 사건이 일어나지 않았거나 현실이 아닌 것처럼 느꼈다.	☐	☐	☐	☐	☐
⑧ 그 사건을 상기시키는 것들을 멀리하며 지냈다.	☐	☐	☐	☐	☐
⑨ 그 사건의 영상이 마음속에 갑자기 떠오르곤 했다.	☐	☐	☐	☐	☐
⑩ 신경이 예민해졌고 쉽게 깜짝 놀랐다.	☐	☐	☐	☐	☐
⑪ 그 사건에 관해 생각하지 않기 위해 노력했다.	☐	☐	☐	☐	☐
⑫ 그 사건에 관해 많은 감정이 있지만 신경쓰고 싶지 않았다.	☐	☐	☐	☐	☐
⑬ 그 사건에 대한 감정이 무감각한 느낌이었다.	☐	☐	☐	☐	☐
⑭ 사건 당시로 돌아간 것처럼 느끼거나 행동할 때가 있었다.	☐	☐	☐	☐	☐
⑮ 그 사건 이후로 잠들기가 어려웠다.	☐	☐	☐	☐	☐
⑯ 그 사건에 대한 강함 감정이 물 밀 듯 밀려오는 것을 느꼈다.	☐	☐	☐	☐	☐
⑰ 내 기억에서 그 사건을 지워 버리려고 노력했다.	☐	☐	☐	☐	☐
⑱ 집중하는 데 어려움이 있었다.	☐	☐	☐	☐	☐
⑲ 그 사건이 떠 오를 때 식은 땀, 호흡곤란, 오심, 심장 두근거림 같은 신체적 반응이 일어났다.	☐	☐	☐	☐	☐
⑳ 그 사건에 관한 꿈들을 꾼 적이 있었다.	☐	☐	☐	☐	☐
㉑ 내가 주위를 경계하고 감시하고 있다고 느꼈다.	☐	☐	☐	☐	☐
㉒ 그 사건에 대해 이야기하지 않으려고 노력했다.	☐	☐	☐	☐	☐
▪ 22점 이상 시 외상 후 스트레스장애 치료 전문가에게 연계한다.					

5. 집중력 검사

집중력 검사	0	1	2	3
① 부모님은 나의 나쁜 행동만 지적한다.	□	□	□	□
② 내가 따를 수 있는 규율이면 따르려 한다.	□	□	□	□
③ 내가 의도하는 것보다 더디게 배우는 편이다.	□	□	□	□
④ 짜증이 잘 난다.	□	□	□	□
⑤ 오래 앉아 있기가 힘들다.	□	□	□	□
⑥ 자주 울고 싶다.	□	□	□	□
⑦ 경찰과 자주 접촉하게 된다.	□	□	□	□
⑧ 계획을 세워 공부나 일을 하기가 힘들다.	□	□	□	□
⑨ 부모님은 나에게 너무 많은 것을 기대한다.	□	□	□	□
⑩ 너무 에너지가 넘쳐 가만있지 못한다.	□	□	□	□
⑪ 공부나 일을 하다가 시끄러운 소리가 나면 신경이쓰여 일이 중단된다.	□	□	□	□
⑫ 규칙을 어긴다.	□	□	□	□
⑬ 배운 것을 잘 잊어버린다.	□	□	□	□
⑭ 손발을 꼼지락거리고 몸을 뒤트는 편이다.	□	□	□	□
⑮ 잘 판단하여 일을 처리하지 못한다.	□	□	□	□
⑯ 상대방의 기분을 나쁘게 만드는 것을 즐긴다.	□	□	□	□
⑰ 10분 이상 한 가지 일에 매달려 집중하는 것이 힘들다.	□	□	□	□
⑱ 나쁜 일을 저지르고 싶은 충동이 생기곤 한다.	□	□	□	□
⑲ 한 가지 일에 집중하는 것이 힘들다.	□	□	□	□
⑳ 공부나 일을 하는 도중에 일어서서 돌아다닌다.	□	□	□	□
㉑ 공부나 작업을 하는 데 남보다 뒤쳐진다.	□	□	□	□
㉒ 다른 사람의 물건을 부순다.	□	□	□	□
㉓ 책을 읽을 때 방금 어디를 읽고 있었는지 모른다.	□	□	□	□
㉔ 식사시간 중에 가만히 앉아 있기가 힘들다.	□	□	□	□
▪ 30점 이상인 경우 전문가의 상담을 요한다.				

6. 경계선 성격장애

경계선 성격장애 척도	0	1	2	3
① 나는 항상 불행한 사람인 편이다.	☐	☐	☐	☐
② 매우 친한 사람과 떨어져 지내는 것을 감당하기 어렵다.	☐	☐	☐	☐
③ 내가 친구로 삼았던 사람들에게 여러 번 실수를 한 적이 있다.	☐	☐	☐	☐
④ 나는 앞뒤를 가리지 않고 행동하는 사람이다.	☐	☐	☐	☐
⑤ 말로 표현할 수 없을 만큼 분노를 느낀 적이 여러 번 있다.	☐	☐	☐	☐
⑥ 나는 쉽게 싫증을 느낀다.	☐	☐	☐	☐
⑦ 나는 신중하게 돈을 쓰지 않는다.	☐	☐	☐	☐
⑧ 내 기분은 매우 갑작스레 변한다.	☐	☐	☐	☐
⑨ 나 자신에 대한 나의 태도가 많이 바뀐다.	☐	☐	☐	☐
⑩ 나는 다른 사람과의 관계가 변덕스럽다.	☐	☐	☐	☐
⑪ 너무 충동적으로 행동해서 어려움을 겪는 경우가 있다.	☐	☐	☐	☐
⑫ 갑자기 감정이 격해진다.	☐	☐	☐	☐
⑬ 때때로 공허하다는 느낌이 든다.	☐	☐	☐	☐
⑭ 사람들이 나를 속상하게 하면 어떤 식으로든 알려주고 싶다.	☐	☐	☐	☐
⑮ 혼란스러우면 으레 나에게 해로운 행동을 한다.	☐	☐	☐	☐
⑯ 내 기분은 잘 바뀐다.	☐	☐	☐	☐
⑰ 다른 사람들이 나를 떠날까봐 많이 걱정한다.	☐	☐	☐	☐
⑱ 한때 친했던 사람이 나를 실망시킨 적이 있다.	☐	☐	☐	☐
⑲ 내 이익을 위해서는 매우 충동적으로 행동한다.	☐	☐	☐	☐
⑳ 화가 나면 거의 통제할 수 없다.	☐	☐	☐	☐
㉑ 때로는 내가 어떻게 살아가야 할지를 걱정한다.	☐	☐	☐	☐
㉒ 외롭다는 느낌이 든다.	☐	☐	☐	☐
㉓ 나는 돈을 너무 헤프게 쓴다.	☐	☐	☐	☐
▪ 36-38점: 경계선 성향이 약간 있음 ▪ 39-42점: 경계선 성향이 상당히 있음 ▪ 43점 이상: 경계선 성향이 매우 높음				

7. 상상력 테스트

1) 집 그리기

× 표시가 된 지점에 집을 그려봅시다.(상상력 집 그리기)

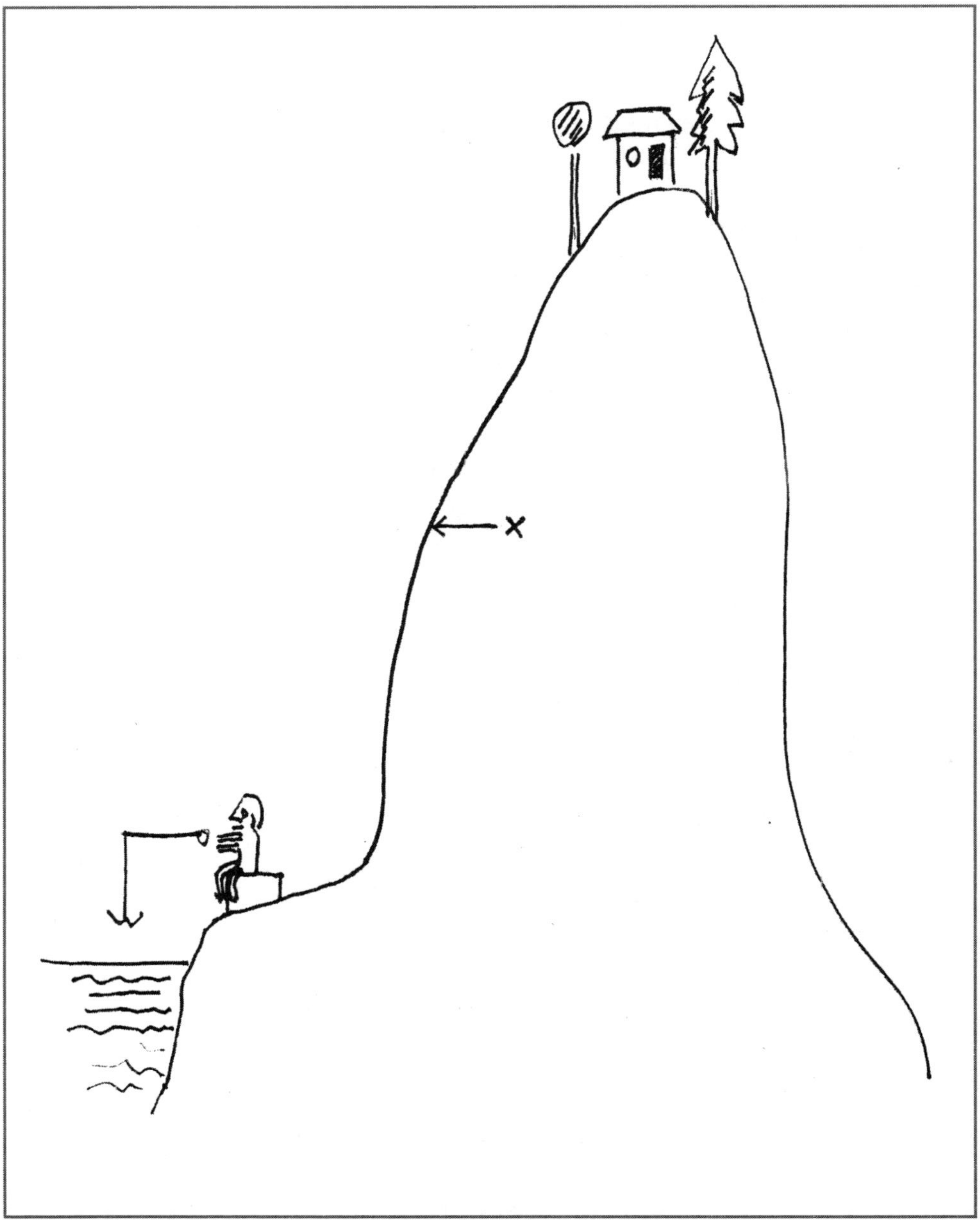

2) 그림 구성

아래의 둥근 그림이 있습니다. 이 그림을 사용해서 어떤 물건이나 그림을 그린다고 생각해 보세요. 이 그림은 아무도 해낼 수 없는 것일수록 좋습니다. 재미있고 즐거운 이야기를 만들 수 있도록 그림을 계속 덧붙여 나가세요.

그림이 완성되면 그 그림의 이름이나 제목을 생각해서 그 아래에 쓰세요. 제목은 여러분의 마음대로 특징적이고 재미있게 붙여서 그림에 대한 이야기를 할 수 있게 하세요.

제목 :

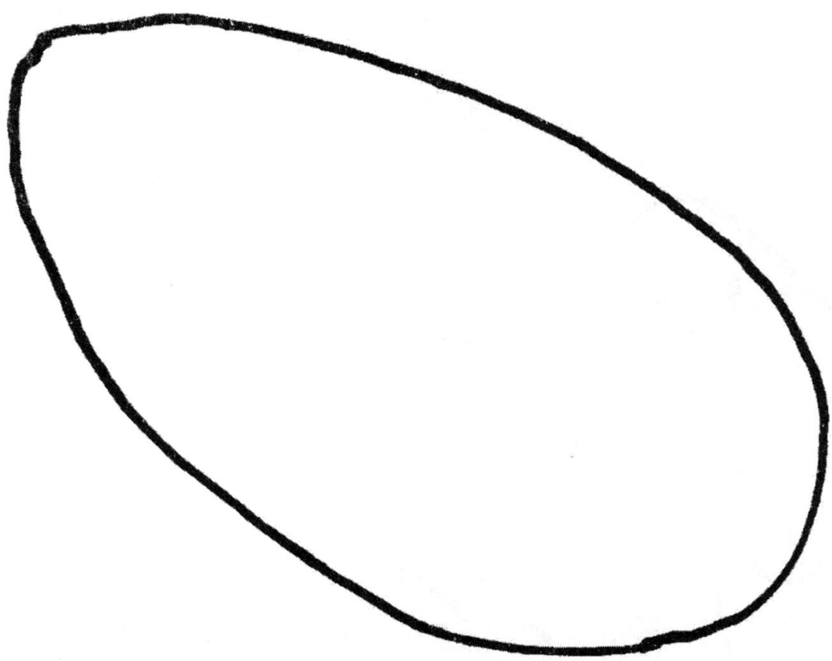

3) 그림 완성

간단한 도형에 선을 넣어서 어떤 재미있는 물건이나 그림을 완성하십시오. 어느 누구도 생각할 수 없는 그림이나 물건을 그려보세요.

첫 번째 생각을 계속 연결시켜 완성하고 재미있는 이야기가 될 수 있도록 만드는 것입니다. 여러분이 그린 그림에 대해 각각 흥미 있는 제목을 생각하여 각 그림 아래 줄 친 부분에 써넣으세요.

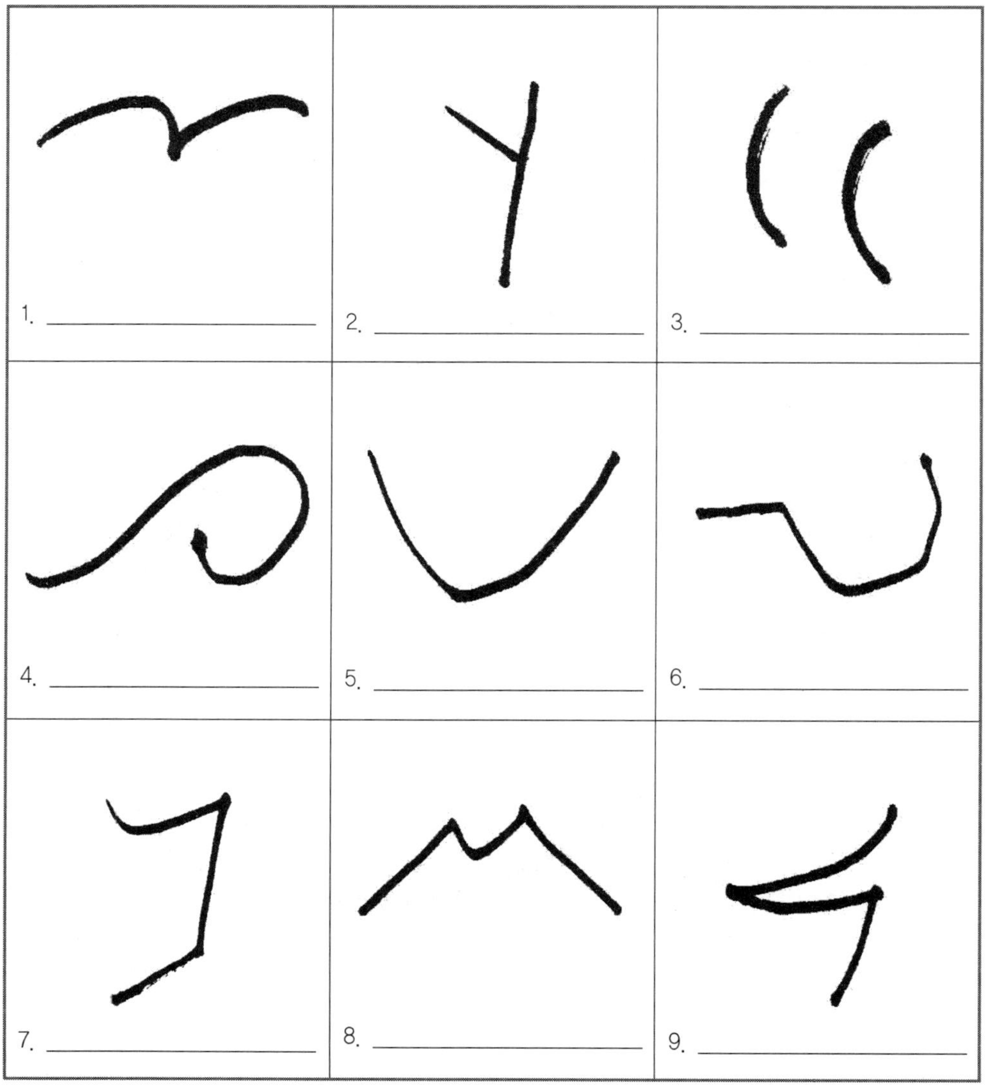

4) 직선구성

다음 두 개씩 짝지어 놓은 직선들을 가지고 될 수 있는 대로 여러 가지 물건이나 그림을 그려보세요. 즉 두 개의 직선을 중심으로 하고 다른 선들을 더 그려 넣어 그림을 완성시키는 것입니다. 선과 선 사이, 선 위, 선 바깥 등 원하는 곳이면 어디에나 그림을 그릴 수 있습니다. 다른 사람들이 생각할 수 없는 그림이나 물건을 생각하여 될 수 있는 한 여러 가지 흥미 있는 이야기가 되도록 그려보세요. 각 그림의 아래 줄 친 부분에 그림에 관한 이름이나 제목을 쓰세요.

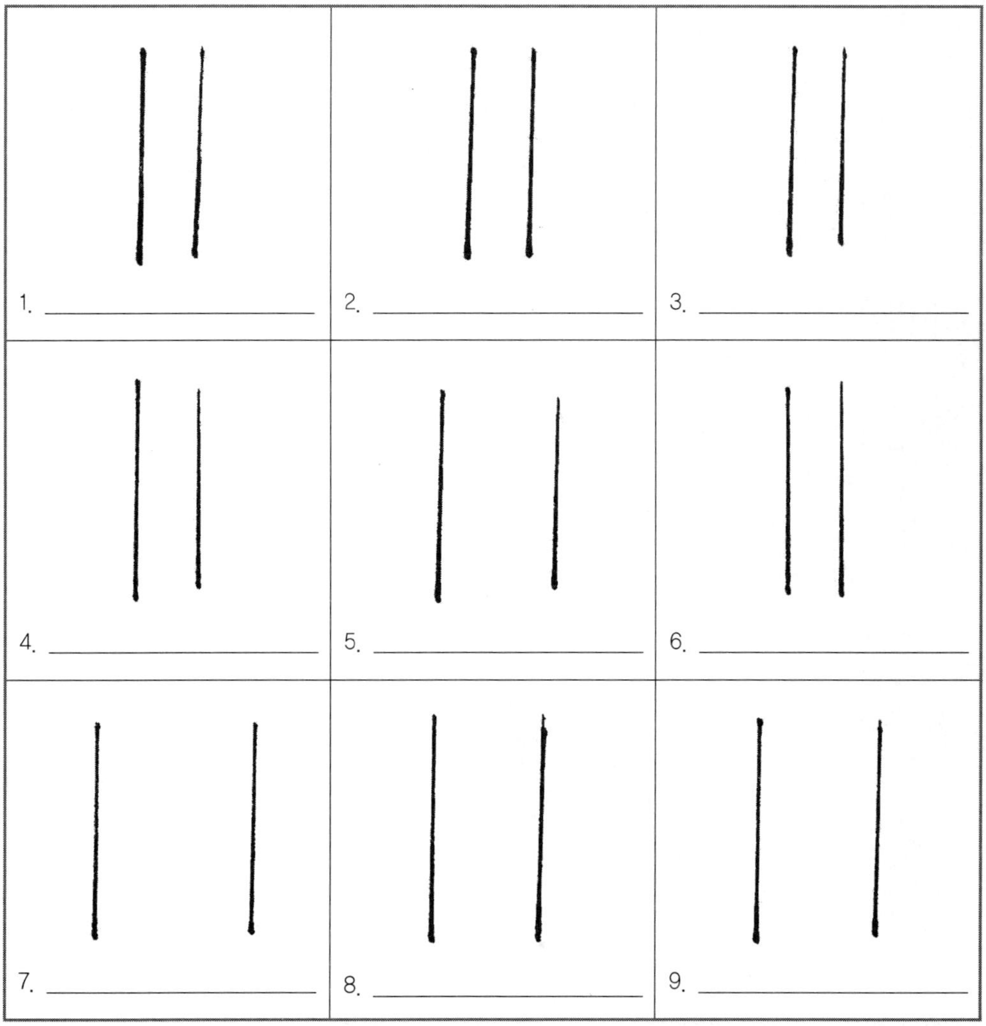

8. 상담사례 실제

상담사례			
상담 사례 내용	① 성장과정 ② 가족구성의 특징 ③ 가정환경 ④ 건강 및 신체적 발달	⑤ 학업 및 지적발달 ⑥ 성격 및 사회적 발달 ⑦ 성적 및 이성교류 ⑧ 취미 및 개인흥미분야	⑨ 삶 및 종교 ⑩ 대학 및 학과생활 ⑪ 직업 및 장래비전 ⑫ 상담사례

| 단원 마무리 |

질문을 만들어 보고 동료들과 이야기를 나눠 보세요.

♠ 정답이 있는 질문(교재에서 답을 찾을 수 있는 질문)

· 인간중심 상담에서 내담자를 '충분히 기능하는 사람'이 되도록 돕는다면 상담자가 갖추어야 할 자세는 무엇인가?

· 좋은 심리검사가 되기 위한 조건은 무엇인가?

·

·

♠ 정답이 없는 질문(더 궁금하고, 이유나, 추론, 적용 등을 묻는 질문)

· 심리검사를 통해 자기를 이해하는데 어떤 도움이 되었는가?

· 심리상담의 이론 중 자신이 선호하는 이론은 무엇이고 선택한 이유는?

·

·

CHAPTER **10**

적응기제

제1절 자기도피형
제2절 자기방어형
제3절 공격적 유형

chapter 10 적응기제

Freud는 인간의 성격이 늘 변화하며 발전한다는 사실을 지적하였으며, 특히 성격의 기본적 특성이 유아기에 결정된다는 점을 강조하였다. 그러나 사람의 성격이 발달하여가는 과정이란 결코 순탄치 않아 수많은 난관들에 부딪히고 무수한 사건을 접하게 되면서 다양한 변화에 직면하게 된다. 거기에는 실패도 좌절도 갈등도 곤란도 불안도 있음은 물론이다. 성격은 이러한 요인에 대해 개체가 적응하는 행동양식에 따라서 형성되어 가는 것이다.

이제 성격의 발달과정에서 볼 수 있는 적응기제에 관하여 알아보기로 한다. 적응기제란 욕구불만이나 갈등이 발생하였을 경우 욕구의 충족이나 긴장의 해소를 위해서 또는 목표달성을 위하여 취(取)해지는 개인의 행동양식이며 문제 사태에 대한 개인의 반응형성이다.

자기욕구가 불만이었을 때는 여러 가지 행동이 일어난다. 신체상의 모든 원인 또는 환경상의 제약 아래에서 욕구충족의 방해를 당하였을 때 개체는 어떤 방법으로서든지 신체의 긴장을 풀고 불만과 고통을 면하려고 해서 행동을 취하게 된다.

적응기제의 유형에는 합리적인 정상적 적응기제와 불합리한 비정상적인 적응기제로 구분할 수 있다. 여기서는 비합리적인 방법인 자기도피형, 자기방어형, 공격적 유형으로 나누어 설명하고자 한다.

제1절 자기도피형

곤란한 사태로부터 도피함으로써 불안과 긴장을 해소하려는 행동양식이다. 욕구의 대상이 너무 크거나 쉽게 달성할 수 없을 때 그것에서 도피하여 긴장을 해소하려 하는 소극적인 반응행동이다. 여기에는 고립, 억압, 고착, 퇴행, 백일몽 등이 있다.

1. 고립(isolation)

욕구가 충족지 못할때에 현실과 접촉을 피하려는 반응이다. 사회와 우인과의 교제를 끊고 산중이나 섬 같은데 들어가 사회와 절연을 하려고 하는 영구적 고립이 있고, 일시적으로 어느 기간 타인과 면회를 거부하는 완전고립이 있다. 이것은 자기의 욕구불만의 심한 충격에서 오는 행동이다.

이를테면 수학을 못하는 학생이 성취의 욕구를 만족시키지 못하고, 학우들에게 천대를 당하고 교사에게 꾸중을 들어 실패를 거듭하므로 흥미를 잃고, 과목전체에 대하여 염증을 일으켜 완전히 실패할 우려가 있다.

이때에 그 학생의 심정은 어떻게 하였으면 이 불쾌하고 고통스런 장면을 면할 수가 있을 가 하는 것이다. 결국 그 학생은 다른 학우들과 놀기를 싫어하고 혼자서 운동장 한 구석에 우두커니 서있거나, 학교를 결석하고, 공원이나 극장 같은 데서 자기의 욕구를 만족시키게 되는 것이다.

이러한 학생의 지도에 있어서는 부모나 교사는 그의 성적에만 치중하지 말고 그 학생의 모든 면을 충분히 파악해서 지도할 것이며 한 과목에 불능하다 하여서 그것을 꾸짖고 천대하지 말고, 그 아이의 특성을 살려서 수학은 못해도 체육, 음악을 살려서 지도해야 한다. 그 학생이 학교를 싫어하는 원인을 잘 살펴서 그 원인을 제거하도록 노력하여야 한다. 그 원인에는 여러 가지가 있으나 서로 관련성을 가지고 있다.

심리학자 레빈(K. Lewin)의 말을 빌리면 순환 인과원리라고 볼 수 있다. 성취의 욕구를 충족시키지 못하면 점차로 자존심을 잃어버리고 실패도가 커져서 고립상태에 빠지게 된다고 한다. 이와 반대로 성공이 거듭되면 반대현상이 일어난다.

① 친구와 사귀기를 싫어하고 혼자서 만화나 탐험소설을 탐독한다.
② 시험에 실패한 어린이가 문을 닫고 외출하기를 싫어한다.

③ 입시에 불합격한 학생이 먼 곳으로 가서 숨어 버린다.
④ 무엇을 잘못하였다고 꾸중을 들었을 때에 집을 나가 버린다.
⑤ 결혼에 실패한 사람이 타인과의 관계를 기피한다.

2. 억제(repression)

우리의 생활에는 욕구와 충동이 끊임없이 일어나고 있으나 양심이 이것을 억제함으로서 욕구와 양심 사이에 갈등이 일어난다. 양심이 이 욕구를 억제하여 적당하게 조절하기 때문에 사람으로서 생활을 할 수 있다. 만일 양심의 억제가 없으면 그것은 동물의 생활에 불과하다. 위장이 약한 사람이 찬 얼음을 먹고 싶어 할 때에 그 얼음을 먹을 것 같으면 위장병이 재발한다는 판단이 이 욕구를 억제하여 거부하는 것이다. 그 욕구가 강하면 강할수록 양심의 갈등이 심하며 그것을 억제하는데 큰 노력이 들며 정력의 소모가 크며 몸에는 유해하다. 심해지면 불면증이 생기고 신경증이 생긴다.

어느 청년이 어떤 여성을 사모하였을 때에 그 청년은 가정적 환경으로 결혼할 처지가 못 되므로 이것을 억제하여 거부하는 심정이다. 심해지면 마음의 갈등으로 불면증이 생기고 계속되면 신경증이 생기게 된다.

이러한 것은 자기 자신의 양심적 억제, 즉 내부적 억제에 불과하다. 그러나 우리는 우리의 욕구가 외부의 억제를 당할 때가 많다.

영화구경을 가고 싶은데 부모가 억제한다든지 해외여행을 하고 싶은데 부모가 억제한다든지 대학에 진학을 하고 싶은데 부모가 억제한다든지 하는 등이다. 이러한 억제를 당하였을 때에 행동의 반응은 그 욕구의 강도에 따라 달라진다. 욕구가 그리 강하지 않을 때는 부모의 설명에 의하여 이해가 되겠지마는 그 강도가 강할 때는 부모의 설명으로서는 만족시킬 수 없다. 그는 거짓말, 변명, 도적질, 가출, 행방불명, 자살 등으로 그의 욕구를 만족시키려고 한다.

① 꼭 가지고 싶은 컴퓨터 게임이 있는데 어머님께 말씀 드려도 사주지 않기 때문에 영어 참고서를 산다고 하고 돈을 얻어간다.

② 친구와 같이 소풍갈 것을 억제 당하자 선생님 심부름하러 간다고 거짓말을 한다.
③ 대학진학을 억제 당하자 가출해 버린다.
④ 자기가 사랑하고 있는 사람과 결혼을 억제 당하자 자살을 한다.
⑤ 꼭 자기가 가지고 싶은 책을 살수가 없을 때 책을 훔친다.

3. 고착(adherence)

신체적 발달부진과 같이 정신적 발달 면에서 일어나는 기제이다. 고착이 일어나는 이유는 분리불안에서 오는데, 분리불안은 새로운 사태의 요구에 대처할 능력이 없는 경우나 생소한 것에 대한 불안감 또는 실패를 두려워하는 데에서 온다.

우리는 일상생활에서 떠나야 한다는 진리를 알아야 한다. 우리가 어머니 배속이 좋다고 그곳에만 있으면 태내 생명체로 머물 수밖에 없다. 산고의 고통의 아픔 후에 한 사람으로 새롭게 태어날 수 있는 거와 같다. 그리고 자기의 아집에서 벗어 날줄 알 때 인간은 정신적으로 성장할 수 있다. 사람의 전 생애에 있어서 고착하지 않고 떠날 줄 알 때 인간은 성장한다.

4. 퇴행(regression)

직접적, 간접적으로 장벽을 극복할 큰 욕구불만에 당면하였을 때에 일어나는 반응이다. 이러한 때에 사람은 이전의 발단단계에서 성공한 욕구만족의 방식을 취한다.

① 욕구에 불만한 아이가 유아의 말을 써서 어머니께 어리광을 부린다.
② 4, 5세의 어린이가 밑에 동생이 나면 갑자기 유아의 행동을 하고 밤 오줌, 손 빨기 행동을 한다.
③ 형과 동생의 관계가 원만하지 못할 때, 이를 극복하지 않고 형제가 다같이 밤

오줌을 싼다.

④ 무슨 일에 실패했을 때운다.

⑤ 흥분하였을 때 어린아이 같은 말버릇을 한다.

⑥ 시험성적이 불안하였을 때에 답안지를 찢는다.

⑦ 그 반응이 가장 심한 것은 정신분열증이다. 정신병의 일종으로 부적응에서 오는 충동에 견디지 못하여 병적 도피에 들어간다. 환자는 자기 의복을 입을 줄도 모르고 낮을 씻을 줄도 모르고 취식, 배설할 줄도 모르는 상태이다.

5. 백일몽(day dream)

욕구불만을 공상의 세계에서 만족시키려는 행동이다. 공상의 세계에는 욕구를 저지하는 곤란도 없고 힘들이지 않고 욕구에 달할 수 있다. 백일몽에는 회장, 탤런트, 지배인 같은 승자가 된 것을 공상하는 영웅형과 비참한 희생자 수난자가 되어 세인의 동정을 구하는 순교자형이 있다.

① 아무 일도 하지 않고 무엇을 공상 하고 있다.

② 수업시간에도 선생님의 말을 듣지 않고 딴 생각을 하고 있다.

③ 어려운 수학문제를 풀기보다는 컴퓨터 게임의 재미나는 장면의 상상에 잠겨 진다.

제2절 자기방어형

방어기제는 개체의 욕구가 발생하여 합리적으로 적응되지 못하고 욕구불만에 빠져 긴장과 불만이 지속할 때 자신을 방어하기 위하여 부분적이나, 일시적으로 긴장의 해소가 필요하게 된다. 이때 직접반응이 불가능하므로 다른 반응으로 대리 충족하게 된다. 여기에는 주의 획득, 보상, 합리화, 동일시, 전이, 승화, 반작용 형성 등이 있다.

1. 주의 획득(attention getting)

유아 시에는 사람의 주의를 끌기 위하여 욕구불만 시에는 울거나 고함을 지른다. 이상한 음성을 내고 우스운 몸짓을 해서 웃기고, 힘으로 약자를 누르고, 싸움, 거짓말, 도적질 같은 반사회적 행동과 밤 오줌, 구토, 손 빨기 등으로 사람의 주의를 집중시키려는 방법을 쓰고 있다.

아무 존재도 없는 학생이 자기의 존재를 알리기 위하여 친구와 싸움을 한다든지 친구의 물건을 훔친다든지 해서 선생님께 불려 와서, 자기의 이름을 묻고 하는데 만족감을 느낀다.

2. 보상(compensation)

욕구가 좌절된 고통으로부터 도피하려는 것이다. 곧 어떤 욕구불만을 다른 방면에서 만족시키려는 적극적인 행동이다.

수학을 못하는 학생이 문학이나 또는 운동, 음악, 미술 등의 방면에 재능을 나타내려고 한다.

① 갖고 싶던 피아노는 고가이어서 사지 못하고 풍금으로 만족할 수 있다. 곧 본래의 목표를 단념하고 그 대신, 그 목표와 어느 의미에서 비슷한 목표에 도달함으로써 본래의 욕구를 해소시키고 만족하는 것이다.

② 오는 일요일에 친구와 같이 야구장에 가기로 하였는데 그날은 불행히도 비가 왔다. 그래서 친구들과 함께 실내골프(golf)로 하루를 유쾌히 보내기로 했다.

우리들의 신변을 자세히 살펴보면 대상적 행동이 대단히 많다. 자식 없는 사람들이 개나 고양이를 기르며 내향성 사람이 누구와도 교제를 하지 않고 자기 혼자만의 일에 열중하는 일이다. 기본적인 형식을 알아두면 사람의 행동을 이해하는데 큰 도움이 될 수 있다.

① 친구와 사귐을 잘하지 못하는 학생이 학교신문이나 교지편찬에 열중한다.
② 말을 더듬는 사람이 문장은 잘 쓴다.

3. 합리화(rationalization)

자기의 욕구불만을 어떠한 구실과 변명으로 해결시키려는 것이다. 수학성적이 좋지 못했을 때는 채점이 불공평하다든지 경기에 졌을 때에 컨디션이 좋지 못하다든지 사용한 운동기구가 손에 익지 아니 하였다든지 하는 핑계를 내세워서 자기의 욕구불만을 합리화하려고 한다.

① 키가 작은 사람이 음성을 크게 낸다든지 색안경을 써서 위세를 보인다.
② 키가 작은 여자는 하이힐을 신어서 키를 크게 보이려고 한다.
③ 예습이 불충분하였을 때에 가사 때문이라 핑계한다.
④ 지각의 책임을 자기부모의 아침잠에 결부시킨다.
⑤ 국가적으로 보아서 국토가 좁은 나라는 크게 보이기 위해서 '대'자를 부쳐 대영제국이니 대일본제국이니 한다.

4. 동일시(identification)

동일시는 자기육친, 이름난 가문, 선조, 고향, 동창 등 자기와 연고가 많은 특정 사항을 자기와 연관시 하는 것이다.

"내가 지금은 이래도 우리 몇 대조 할아버지가 어떤 벼슬을 살았고......"하면서 자기의 현재의 욕구불만을 선조의 힘을 빌려 만족시키려 한다.

또는 자기가 살고 있는 지역사회의 위대한 인물을 동일시하는 수도 있다.

"우리 고향에도 그래도 장관이 났어"하는 식으로 자기 지역사회에서 장관이 난 것으로서 상대방보다 우위에 섰다고 생각한다. 또 동창들의 위광을 동일시하는 수도 있다. 우리 동창에는 어떤 인물이 있고 어떤 실업가가 있고 하는 식으로 또는 우리가 살고 있는 지역사회와 동일시 할 때도 있다.

이와 같이 동일시라 함은 타인과 자기를 동일시함으로써 실제에 있어서는 실현할 수 없는 만족을 얻게 되는 적응기제의 한 형식이다.

5. 전이(transfer)

전이의 의미는 한 대상으로부터 다른 대상으로 정신에너지가 이동하는 과정을 말한다. 사람의 성격은 이와 같이 정신에너지가 전이하는 과정 속에서 발달하여 나간다. 한 예로 사랑의 전이현상도 구순 만족의 어머니 사랑에서 가족애로, 학교에서는 친구간의 우정으로, 이성간에는 남녀의 사랑 감정으로 다시 자신이 부모가 되었을 때는 자식사랑으로 전이되어 가는 것이다.

6. 승화(sublimation)

승화의 의미는 본능에너지가 보다 높은 문화적 목표를 추구하면서 사회적으로 가치 있는 활동으로 전환되는 것을 말한다. 이성에 대한 지극한 사모하는 마음이 미술작품이나 문학작품으로 나타나는 경우를 말한다. 일상생활에서도 보다 가치 있는 형식으로 본능에너지가 전환되는 경우이다.

즉 원본능의 욕구를 윤리적으로 받아드려서 보다 보람있는 행동 형식으로 간접적으로 표현하는 기제이다. 원본능의 에너지가 사회적으로 쓸모 있고 보다 유용한 것으로 전환되는 것을 말한다.

7. 반작용

어떤 행동이 자아에 압력을 가하여 불안감을 주면 자아는 불쾌한 행동을 피하고 좋은 반응으로 자기를 보호하는 것을 말한다.

일상생활에서 증오의 감정 대신에 애정의 마음으로 상대를 대하는 경우이다. 이때 마음속과 행동이 정반대로 행하여 자신을 보호하는 기제이다. 동물의 보호색이나 위장전술 등이 여기에 속한다.

제3절 공격적 유형

공격기제는 욕구불만에 빠져 있어 긴장이 고조되었을 때 방어적 기제나 도피적 기제가 아니라 적극적으로 그 방해요인을 공격하여 정서적 긴장을 해소하는 기제이다. 여기에는 반항, 허언, 도벽, 마취행위, 자살 등이 있다.

1. 반항

자기의 욕구불만을 직접적으로 그 상대에게 반항하는 행동과 간접적으로 반항하는 행동이 있고, 또 소극적으로 반항하는 행동과 적극적으로 반항하는 행동이 있다.

① 직접반항

자기의 욕구불만을 난폭한 행동으로 나타내는 것으로, 가정에서 부모의 명령과 지시가 맞지 아니할 때에 부모에 반항한다든지 부모의 억압이나 간섭에 반항한다. 어릴 때는 부모의 명령 지시에 잘 따르던 아이가 점점 성장함에 따라 반항의식을 갖게 된다.

이러한 경향은 학교에서도 마찬가지다. 초등학교시절에는 선생님의 명령, 지시에 절대복종을 하다가 중학교 때부터 반항하기 시작하여 고등학교에 이르러 절정에 달한다.

이것은 신체적 발육과 정신적 발달이 급격해진 사춘기에 들어감으로 부터 심리적으로 오는 현상이다. 조그마한 일에 이의를 걸고 부모님과 선생님에게 반항하려고 한다. 그러나 이것은 심신의 자아발전에서 오는 현상인 만큼 어디까지나 상대방의 처지를 잘 이해해서 지도해야 한다.

② 간접반항

자기의 욕구불만을 직접으로 상대방에게 반항하지 못하고 제삼자에게 반항하는 것이다.

가정에서 배척을 받든지 가혹한 취급을 받는 어린이들이 학교나 사회에서 친구들에게 난폭한 행동을 하거나, 선생에게 꾸중을 듣고는 그 불만을 하급생에게 푼다든지 혹은 집에 돌아와서 동생을 때린다든지 하는 일등이 여기에 속한다.

③ 소극적 반항

욕구불만이 있을 때에 밥을 먹지 않고 일을 시켜도 하지 않고 모든 것을 거부하는 반항행동이 있으며 또는 문을 닫고 가족들과 말하기 싫어하고 친구들과 만나기를 싫어하는 고립도 일종의 반항이다.

④ 적극적 반항

어떤 일을 실패하였을 때에 부모에게 꾸중을 듣고 가출을 한다든지 욕구가 이루어지지 않을 때에 마취행위나 자살행위로써 상대방에게 반항하려고 한다.

가정이나 학교에 있어서 부모나 교사는 어린이들에게 열등감이나 불안감을 갖지 않도록 그 어린이의 특성에 따라 지도해야 하며 가정환경에 비추어서 지도해야 하며 반항의 원인을 살펴서 지도해야 한다.

2. 허언

현실과 상상의 미분화로, 혹은 기억의 잘못으로, 혹은 벌을 면하기 위한 방위적 허언 등이 있다.

① 상상적 거짓말

유아의 본질에서 나온 상상적 허언이다. 유아의 정신은 미분화이기 때문에 상상의 세계에서 살고 있다. 그렇기 때문에 소꿉장난을 좋아하고 동화를 좋아한다. 자기가 가지고 놀던 인형이 배가 고파 자꾸만 울고 있다고 생각할 수도 있다. 이것은 유아가 조작으로 날조한 것이 아니라 진심으로 그 발달과정의 심리상태에서 나온 현상이다. 양심을 속이려는 거짓말이 아니기 때문에 이 시기에는 반드시 있는 현상이다.

② 혼란의 거짓말

어린이들의 기억이 정확치 못할 때에 일어나는 거짓말로서 고의적이 아니고 무의식 중에서 행해지기 때문에 사회적으로 교육적으로 별 문제가 없다.

③ 허영의 거짓말

사람의 관심을 사기 위한 거짓말이다. '장관이 나하고 통하는데 자네 소개를 해 줄까?' 하는 등이다. 이러한 거짓말은 도가 심해지면 사회적으로 문제를 야기한다. 알지도 못하는 장관에게 소개를 해 준다고 금품을 요구한다든지, 직장에 취직을 알선해 준다고 해서 금전을 요구하는 일들은 사기에 속하는 일이다.

④ 복수의 거짓말

상대자에게 부당하게 당했을 때 복수하기 위하여 계획적으로 행해지는 거짓말이다.

모든 일을 어디까지나 공명정대하게 처리하고 또는 법적으로 처결해 가도록 선도해야 할 문제이다. 아이들 지도에 있어서 타인의 잘못만을 살펴서 교사에게 고하는 아이들은 특별히 주의해서 선도해야 한다.

⑤ 변명의 거짓말

금지되어 있는 행위를 하였을 때에 그 책임을 면하기 위하여 행해지는 거짓말이다. 그릇을 깨뜨린 여아가 선반 위에 쥐가 지나가다가 깨뜨렸다든지 하는 거짓말이다. 이러한 거짓말은 순박해야 할 어린이들에게 불순한 동기를 주고 양심을 속이는 행동이 되는 것이니 어디까지나 사실 그대로 고백하도록 지도해야 한다. 부모가 자녀에 대해서 조그마한 과오에도 질책이 심하고 처벌이 심할 것 같으면 그 자녀는 부모의 질책과 처벌을 면하기 위하여 변명의 거짓말을 하게 된다.

⑥ 이기적인 거짓말

자기의 이익을 위해서 행하는 거짓말이다. 상인들이 자기의 물건을 팔기 위하여 중국산을 우리나라 것이라고 속이는 행위다.

타인을 속이는 것은 사전의 대소를 막론하고 위법행위이며 법에 저촉된다는 것을 가르쳐, 준법정신을 함양하여야 할 것이다.

⑦ 보호적 거짓말

타인을 보호하기 위해서 하는 거짓말이다. 일시적으로 그 자리를 모면하기 위하여 또는 상대방을 구하기 위한 행동이기 때문에 별로 사회적 문제가 될 것은 없다.

⑧ 교양적 거짓말

부모나 선생님들의 명령에 의해서 행해지는 거짓말이다. 이 종류의 거짓말은 별로 문제가 될 것은 아니나 부모가 자녀에게 도에 넘친 거짓말은 삼가야 될 것이다.

⑨ 공갈의 거짓말

어떤 위급한 때를 당하였을 때에 "너 그러면 재미없다. 윗사람에게 말하면, 너 신분이 재미없을 거야"라는 등이다. 실은 윗사람과 친하지도 않으면서 자기 비행을 심문하는 사람에게 공갈하는 것이다.

3. 도벽

자기의 욕구를 충족시키려는 데서 일어나는 일종의 행동이다. 도적질에는 욕구충족,

복수, 열등감, 무분별, 일시적 정신이상 등에서 행해지는 것으로 분류할 수 있다.

① 욕구충족을 위한 도적질

다른 친구가 좋은 물건을 가지고 있을 때에 그 물건을 훔치어 가지는 행위이다. 학생들이 서점에서 책을 절취하는 것도 여기에 속한다. 이것은 강박적인 충동에서 이것을 억제할 자제심이 결핍한 성격에서 나오는 도적질이다.

② 복수의 도적질

열등감의 보상으로서 자기와 마음이 맞지 않아 아니꼽고 싫은 아이의 물건을 훔친다든지 또는 공부 못하는 학생이 공부 잘하는 아이의 물건을 훔친다든지 하는 등이다. 전 과목에 걸쳐서 우수치 못하더라도, 어느 한 과목에 대해서 자신을 갖도록 지도해야 되며 학업성적이 뛰어나지 못한 학생은 체육 예능에 노력을 해야 한다든지 해서 열등감을 갖지 않도록 지도해야 한다.

③ 열등감에서 벗어나기 위한 도적질

학교에서 존재도 없는 아이가 친구들의 환심을 사기 위하여 자기 집의 돈을 훔쳐 친구들에게 음식 등을 사주는 일도 있다. 또는 신체가 약한 아이가 힘이 센 아이의 환심을 사기 위해서 집에 있는 물건을 훔치는 수도 있다.

④ 무분별에서 오는 도적질

정신박약아라든지 혹은 유아들이 자기의 것과 타인의 것을 구별하지 못해서 일어나는 도적질이다. 정신박약아는 병적이니까 부득이한 일이지마는, 유아들은 점점 성장함에 따라 자타를 구별하게 되므로 그러한 도벽은 없어진다.

⑤ 일시적 정신이상으로 오는 도적질

여자들은 생리시에 흔히 이러한 현상이 일어난다. 가정이 부유한 부인이 백화점에서 화장품 등을 절취하는 사실은 이러한 면에 속한다. 또는 여학교가 남학교에 비해서 도난사건이 많은 것도 여학생의 생리적 면에 기인되는 것이다.

이상과 같이 도적질에도 여러 가지가 있으니 그 원인을 잘 진단해서 지도해야 될 것이다. 또한 어느 도적질이든지, 누범이 되어서 거기에서 쾌감을 느끼고 성공감을 느끼게 되면 치료하기가 대단히 어려우니 초기에 잘 선도되어야 한다.

4. 마취행위

욕구불만을 망각하기 위하여 술이나 마약으로 마취하여 그 순간 만족을 느끼는 일시적 도피행위이다. 사업에 실패한 회사사장이 그 고통과 고민을 망각하기 위하여 술에 만취가 된다든지 혹은 연애에 실패한 청년이 마약으로 그 고민을 망각하려는 등이다.

4. 자살

욕구불만에서 그 고통과 고민을 영원히 벗어나기 위한 영구적인 도피행동이다. 정신의 갈등상태에 빠져, 전진할 수도 없고, 후퇴할 수도 없는 곤경에서 그는 영원히 탈출하자는 것이다.

| 단원 마무리 |

질문을 만들어 보고 동료들과 이야기를 나눠 보세요.

♠ 정답이 있는 질문(교재에서 답을 찾을 수 있는 질문)
· 자기도피형의 유형으로는 무엇이 있는가?
· 고착이 발생하는 원인은 무엇이며, 어떻게 극복해야 하는가?
·
·

♠ 정답이 없는 질문(더 궁금하고, 이유나, 추론, 적용 등을 묻는 질문)
· 자신이 사용하는 적응기제 중 비 합리적인 방법은 어떤 것이 있는가?
· 자신이 주로 사용하는 방어기제는 무엇이고, 어떤 경우에 사용하는가?
·
·

CHAPTER **11**

학교심리

제1절 생활지도
제2절 인성지도
제3절 정서지도
제4절 사회성지도

chapter 11 학교심리

대부분의 정서문제와 부적응 행동문제가 아동기 및 사춘기에서 비롯된다. 그러므로 학교심리학은 주로 학령기의 아동이나 청소년들의 학습문제, 정서문제, 그리고 행동문제를 다룬다.

이를 위하여 학교심리학자는 아동발달, 교육 및 상담심리학 그리고 임상심리학적 훈련에 기초하여 각각의 학생들을 대상으로 여러 가지 검사를 실시하고 평가한다. 또한 학력기 아동과 청소년들의 학습문제 및 진로 고민을 상담하고 가정, 학교, 사회에서의 적응을 돕는 역할을 한다.

학교심리학자란 학교에서 주로 학생을 대상으로 상담활동을 하지만 더 중요하게 교사의 자문역할을 하는 심리학자를 가리킨다. 학생의 학습지도, 직업지도, 사회적응문제의 지도 등이 포함된다.

교육심리학자는 심리학을 교육에 응용하는 분야에 종사하는 자로, 학교심리학자에 비해 교육현장과 직접관련을 갖지 않는다는 차이가 있다. 교육심리학자는 교육에서의 학습과 동기에 관한 심리학적 지식의 응용의 문제를 다루면, 학생이나 교사를 직접 상담하기보다는 가르치거나 연구하는 경향이 많다.

제1절 생활지도

1. 생활지도의 의의

인간은 인간이기 때문에 항상 문제를 지니고 있다. 더구나 우리는 지금 급격한 변화의 시대에 살고 있다. 오늘 우리가 겪고 있는 변화의 속도와 다양성은 과거 어느 시대에서도 찾아볼 수 없을 정도로 빠르고, 변화의 소용돌이 속에서 성장하고 생활하고 있다.

산업구조의 변화, 팽창하는 인구의 문제, 도시집중의 현상, 대중매체의 발달과 영향력의 확대, 가치관의 혼동과 혼란, 가정 · 가족 기능의 변화, 전통윤리의 붕괴 등은 우리들의 생활양식과 사고양식에 근본적인 변혁을 일으키게 하고 있다. 이에 적응과 선택의 시대에 살고 있는 우리의 필요에 의하여 생활지도의 교육문제가 제기되는 것이다. 이러한 관점에서 생활지도의 의의를 살펴보고자 한다.

1) 생활지도의 개념

생활지도(Guidance)는 많은 학자들이 다양한 의미로 해석하고 있다. 어떤 사람은 생활지도란 광의의 교육과 동일하게 생각하여, 학교의 모든 교육계획은 생활지도의 목표를 실천하기 위하여 조직되고 운영되어야 한다고 생각하며, 그 반면에 어떤 사람은 생활지도의 영역을 좁혀서 본질적인 측면의 도덕생활지도와 직업지도에만 국한시켜야 하며, 또 부적응 행동이나 문제아의 생활지도에 주안점을 두는 사람도 있다.

그래서 오늘날 'Guidance'라는 개념은 생활지도, 학생지도, 교육지도, 보도 등 다양하게 번역을 할 수 있으나 제 학자들의 보다 자세한 개념을 살펴보면 다음과 같다.

트랙슬러(Traxler, 1966)는 "이상적인 각도에서 볼 때 생활지도란 학생 각자로 하여금 자기가 가지고 있는 능력, 흥미 및 인격적 제 특성을 이해하게 하여 이를 최대한으로 발전시켜 나가며 또한 자신의 생활목표와 결부시켜 드디어는 민주사회의 바람직한 시민으로서 원만하고도 성숙한 자기지도를 이루게 하는 과정이다"라고 말했다.

프랭크(Frank, 1968)는 "생활지도는 학교와 지역사회에서 최대한으로 적응하기 위하여 필요한 자기이해(self-understanding)와 자기지도(self-direction)를 할 수 있도록 개인을 돕는 과정이다"라고 하였다.

이와 같은 목적을 달성하기 위하여 학교생활의 지도계획은 학생들에 대한 조직적이고 포괄적인 연구를 해야 하며, 학생들에게 그들 자신에게 교육적, 직업적, 사회적 및 개인적 적응의 기회를 제공하고, 상담을 통하여 개인을 도울 수 있는 기회를 주며, 학생들의 요구를 충족시키도록 하기 위하여 학교직원, 학부모, 지역사회 기관에 대한 조사연구, 정보활동 및 훈련을 쌓도록 해야 한다고 그는 주장하고 있다.

존스(Jones, 1970)는 "생활지도란 선택과 적응과 문제 해결에 있어서 어떤 사람에 의하여 주어지는 개인적인 조력"을 의미한다고 했다.

이영덕(1962)은 "생활지도는 한 어린이가 자신의 문제의 성격을 정확히 파악하고 그 문제 해결을 위한 이해와 통찰을 기름으로써 보다 안정되고 통합된 성장을 할 수 있도록 도움을 받는 과정"이라고 보았다.

김충기(1987)는 "생활지도는 교육의 목적을 달성하기 위한 방법으로 학생들이 일상생활에서 해결해야 할 교육적, 가정적, 사회적, 직업적, 신체적, 도덕적, 정서적, 문제를 자력으로 해결할 수 있도록 도우며, 자기가 가지고 있는 흥미, 적성, 능력, 성격 등 인격적 특성과 잠재력을 발견하고 이해하게 하여 이를 최대한으로 발전시켜 나가며, 현명한 선택과 적응을 위해 조직적인 봉사가 이루어지며, 가치판단과 자기 지도 및 자아실현의 인간 활동을 돕는 과정"이라고 해석하였다.

2) 생활지도의 목표

학교교육을 통한 생활지도의 목표는 교육의 다른 활동과 마찬가지로 학생 개개인의 성장 발달을 극대화시키고 잠재능력을 개발해서 현재는 물론 장차 어떠한 난관에 봉착하더라도 그것을 그들 자신의 힘으로 현명하게 해결해 나가도록 힘을 길러 주는 것이다. 따라서 생활지도는 "학생들이 일상생활에서 당면하는 여러 문제 즉 가정적, 교육적, 직업적, 정서적, 인성적인 여러 문제를 자력으로 해결할 수 있도록 지도하기 위한 조직적인 봉사활동"인 것이다(황응연, 1987). 다시 말하면 학교의 생활지도는 학생들이 현실적으로 당면하는 문제들을 교사나 부모 등 성인이 대신 해결해 주는 것이 아니라 그들 자신의 자기지도를 통하여 문제 해결 능력을 기르고 동시에 그들이 직접 당면하는 각종 문제와 대결에서 끝내 이겨내도록 하는 데 있다.

이러한 인간상의 육성을 위해서 우선 다음과 같은 세부적인 생활지도의 목표가 실천되어야 할 것이다(김충기, 1987).

(1) 전인교육으로 지향

생활지도에서 가장 요체가 되는 것은 전인교육이다. 전인교육이란 인간성의 어느 특정한 부분만이 아니라 전면적인 교육을 뜻한다. 전면적 교육이란 학생들의 지적인 발달, 사회적인 발달, 정서적인 발달, 신체적인 발달, 도덕적인 발달을 두루 망라한 것이라고 생각된다.

그러나 지난날의 학교교육은 주로 지식교육에 편중한 교과교육에 따른 암기식, 주입식 교육에만 편승하다 보니 자발적인 학습능력과 자기의 소질과 흥미와 능력 또는 적성에 알맞은 교육을 등한시하게 되었다. 이런 교육풍토는 하루빨리 시정해야 할 문제투성이 교육방향인 것이다. 조그마한 지식의 여부에 자기소외를 느끼고 방황하는 현실의 교육체제 및 교육현장은 전인교육 측면에서 다시 분석해야 할 우리 교육문제인 것이다. 플라톤(Platon)은 지(知), 덕(德), 체(體)의 조화로운 발달은 인간교육의 전인적인 과정을 도모하는 교육이라고 보았으며, 동양에서는 본래 전부터 내려오는 교육의 형태가 문예(文藝)를 배우는 것이라고 하겠는데, 이는 예(禮), 락(樂), 사(射), 어(御), 서(書), 수(數)를 가르치는 것이다. 여기서 예라 함은 도덕적, 사회적 발달을 의미하며, 락이란 정서적인 발달을 말하는 것이요, 사와 어는 신체적인 발달을 의미하며, 서는 글, 글씨, 문장을 의미하고, 수는 셈하기, 수학 등을 의미한다. 그러므로 禮, 樂은 德이요, 射, 御는 體요, 書, 數는 知를 의미하는 것이다.

(2) 민주시민으로 지향

민주사회에 있어서 가장 큰 가치를 가지는 것은 개인의 인권존중이다. 이러한 풍토 속에서 개인은 능동적이며 창의적 참여 속에서 민주사회 그 자체를 개조하고 개선해 나아가는 것이다. 인간은 창의적 성장 가능성을 지닌 유기체로서 자발적이고 자율적인 성장과정을 통하여 바람직하게 발달할 수 있다. 교육은 이와 같은 인간의 자발적이고 자율적인 성장을 안내하고 도와주는 노력인 것이다. 여기에서 생활지도는 자신을 이해하고 성장시키고 문제해결력을 기르고 자아를 실현하는 개인발달의 필요에 조력하는 것이므로 생활지도의 목표는 개인의 자질 육성을 통하여 그 역량을 사회에 봉사할 수 있도록 하는데 있다.

(3) 개인의 능력발견과 성장발달에의 조력

생활지도의 중심은 어디까지나 학생 각 개인이며, 동시에 그들의 자율적인 성장에 있는 것이다. 이와 관련해서 학생 개인의 성장발달을 돕는 생활지도의 직접적 목표를 열거해 보면 다음과 같다(황응연, 1983).

① 학생 개개인으로 하여금 그들 자신을 정확하게 이해하도록 한다.
② 학생 개개인으로 하여금 가능한 한 그들 자신의 노력으로 그들이 지닌 여러 자질을 발견해서 그것을 최대한으로 발전시키도록 한다.
③ 학생 개개인으로 하여금 수시로 그들이 부딪친 문제를 파악해서 스스로의 힘으로 해결하도록 한다.
④ 학생 개개인으로 하여금 복잡 다양한 생활환경 속에서 현명한 선택을 하고 적절하게 적응하도록 한다.
⑤ 학생 개개인으로 하여금 성숙된 적응을 할 수 있는 영구적 터전을 마련하도록 한다.
⑥ 학생 개개인으로 하여금 신체적, 지적, 정서적 그리고 사회적인 모든 면에서 조화있는 삶을 누릴 수 있도록 한다.
⑦ 학생 개개인으로 하여금 그들이 속한 사람을 위해서 그 나름의 공헌을 할 수 있도록 한다.

여기에서 중심적으로 흐르는 기본 개념은 「각 개인에게 돕는다」라는 것이다. 그러므로 생활지도의 목표는 어디까지나 학생 개인의 자율적 성장에 있음을 알 수 있다.

(4) 선택과 적응력의 함양

인간의 전 생활을 통하여 보면 선택과 적응 과정의 연속이라고 표현할 수 있다. 선택의 과정도 중요하지만, 일단 선택한 곳에 적응하는 힘도 중요한 것이다. 학생들 자신이 그들의 당면 문제를 해결할 수 있게 하고 사실을 정확하게 분석하여 현명한 선택과 적응을 할 수 있도록 도와주는 것이다.

이상의 목적과 같이 생활지도가 학생들의 능력을 최대한으로 개발시켜 국가와 사회에 봉사할 수 있는 역군을 양성하는 것이 생활지도의 목표라고 생각할 때 교육의 목적과 동일하다. 그러므로 생활지도는 우리들이 살고 있는 인간사회, 즉 가정이나 학교나 사회의 어느 곳에서나 필요한 것이다.

3) 생활지도의 기본원리

생활지도의 궁극적 목표를 달성하기 위하여 어떠한 방향으로 생활지도를 구체화시켜야 할 것인가를 생각해 보면 다음과 같이 제시할 수 있다.

첫째, 생활지도는 개인의 존엄성과 수용적 자세에서 행하여져야 한다.

기본적으로 인간의 존엄성을 인정하고 모든 개인이 한 인간으로서 존중을 받아야 한다. 수용이란 인간적인 존재로 인정하고 그 가치를 소중히 여겨 일방적 지시나 억압이나 명령을 배제하는 것이다.

교육은 개성적 인간을 만들고 그가 타고난 독특한 맛을 내게 하는 작용이기 때문에 교육받지 못한 사람이 획일적이고 습관적 행위에 판단을 의뢰하는 것과는 달리 교육받은 사람은 남과 다른 차원에서 창의적, 자율적으로 문제를 해결하고 변화에 적응해 나가게 되는 것이다. 생활지도는 이러한 자아실현을 위한 자기개발에 있음을 알고 적극적인 지원의 과정이 필요하다.

둘째, 생활지도는 개인의 자율적 함양을 기본으로 삼는다.

민주사회에서 요구하는 국민적 자질의 하나는 바로 자율성이다. 모든 사람이 스스로 자기 일에 충실할 때 진정한 의미의 민주 사회는 이루어지는 것이다. 민주교육이란 교육 현장의 구석구석에서 타율보다 자율을 강조하는 것이 그 까닭이다.

또한 생활지도는 모든 개인이 정상적으로 발달하도록 도움을 주는 조력을 제공하는 것은 스스로 문제의 핵심을 파악하고 가능한 방안을 탐색하여 본인이 최종적인 결정을 내리는 것이다. 이를 위해 자율적인 능력과 태도를 강조하는 것이 중요한 것이다.

셋째, 생활지도는 개인의 적응력을 높이는 방향이어야 한다.

이 사회 현실은 자기가 원하는 바에 의해서만 진행되는 것이 아니다. 그러므로 개인의 적응력 함양은 필요하다. 적응은 자아의 수정을 통한 현실에 순응하는 소극적인 적응보다 개인의 능력과 인성 형성에 있어서 능동적이고 적극적인 면을 강조한다.

넷째, 생활지도는 모든 학생을 그 대상으로 한다.

교육이 모든 학생을 대상으로 하듯이 생활지도도 그 대상은 모든 학생이다. 문제아, 부적응아, 고립아 등 주로 상담을 필요로 하는 학생들을 모두 포함하고, 정상적인 학생들이 자기들의 자질과 능력, 적성, 흥미를 고려하여 앞으로 다가올 미래의 진로 문제나 적응 문제, 이성, 가치관, 가정문제, 대인관계, 교사의 관계, 신앙의 문제 등 수많은 문제와 더불어 자기의 방향을 결정할 수 있는 기회를 마련하여 성장 가능성을 찾도록 노력하는 길은 오직 생활지도를 통해서 이루어질 것이라는 생각과 관심을 갖도록 적극적인 지도를 하여야 될 것이다.

다섯째, 생활지도는 처벌보다 선도 내지 지도를 앞세운다.

처벌, 위협, 억제 등은 인간의 행동을 일시적으로 중단시킬 수는 있으나 결코 근본적인 행동의 변화를 가져오기는 어렵다는 것이 여러 연구에서 밝혀지고 있다. 그러므로 처벌이나 억압적인 방법이 어떤 규범 속으로 일시 끌어들이는 손쉬운 방법이기는 하지만, 진정한 의미의 지도는 선도나 지도를 통한 근본적인 방법이어야 한다는 것이다.

여섯째, 생활지도는 치료나 교정보다 예방에 역점을 두고 있다.

현대 의학에서 예방의학이 중요한 위치를 차지하듯이 생활지도도 그 출발은 문제 행동의 치료나 교정에 있었으나 앞으로는 한 걸음 더 나아가 문제가 일어나지 않도록 하는 예방적인 지도에 치중해야 할 것이다. 학교에서 일어나는 학생들의 문제 행동을 살펴볼 때 학교에서 예방적인 지도를 조금만 더 일찍 하였어도 그와 같은 사건과 문제는 일어나지 않았을 것이라고 판단되는 사례가 허다하다. 이것은 앞으로의 생활지도에 있어서 치료보다는 예방적인 지도가 앞서야 한다는 필요를 더욱 역설한 증거라고 하겠다.

일곱째, 생활지도는 임상적 판단뿐 아니라 과학적 근거에 기초한 판단에 역점을 두고 있다.

상식적인 판단에만 의존하는 것은 간혹 큰 착오를 가져올 가능성이 있다. 학생지도는 객관적이고 과학적인 자료에 기초를 삼는 데에도 관심을 돌려야 한다. 그러나 과학적인 방법과 수단을 지나치게 절대시하거나 맹신하는 태도는 삼가해야 한다. 그것은 어디까지나 어떤 판단과 해석을 내리는 과정에서 작용하는 자료에 불과한 것이지, 그것이 그대로 결과를 판단하는 것이 될 수 없기 때문이다.

여덟째, 생활지도는 인지적 학습보다 정의적 학습에 더 역점을 두고 있다.

지적인 특성이 한 개인이 무엇을 얼마만큼 할 수 있는가를 나타내 주는데 반해서, 정의적 특성은 한 개인이 어떠한 방향으로 가고 있느냐를 결정해 주는 것이다. 흔히 우리 주변에서 발견할 수 있는 정의적 특성에는 흥미, 동기, 태도, 포부 및 가치관, 자아개념, 인성 등이 포함될 수 있다. 이러한 정의적 특성을 파악하는 것은 그리 쉬운 일이 아니다. 그러기에 생활지도 담당자는 전문적인 훈련과 노력이 필요한 것이다.

아홉째, 생활지도는 참되고 진정한 사랑에 기초한 지도를 중시한다.

생활지도는 교육의 핵심적 요소로서 교육의 방향이 사랑으로 지도해야 그 효과를 올릴 수 있는 것과 마찬가지로 사랑이라는 인간적 관심은 우선 개별적인 것이어야 사랑으로 느껴진다. 개별적인 참다운 만남은, 진실한 대화를 유도할 수 있고, 진실한 대화 속에서 인간적인 문제는 해결되기 때문이다.

4) 생활지도의 필요성

우리나라는 1960년대 이후 공업화가 도래함에 따라 산업 구조의 변동이 일어났다. 종전의 농경사회에서는 사회적 규범이 일반생활에 많은 영향을 주었으나 대중매체의 발달과 급변하는 가치관의 혼란 등 여러 가지 사회적 현상은 윤리적, 도덕적 생활방식의 변화를 가져오게 하였다. 이러한 사회 환경에서 생활지도의 필요성은 우연한 일이 아니다. 보다 구체적인 필요성을 살펴보면 아래와 같다.

(1) 학생인구의 증가

인구의 증가로 교육인구도 증가하였으며 이에 따라 교육경쟁도 치열해졌다. 이 결과 정서불안, 개인차의 확대 등 교육적 문제가 심각하게 대두하였다. 한국적 사회현실에서 대학 문제는 많은 학생으로 하여금 커다란 충격을 주고 있는 실정에, 근본적인 대책이 시급하며 생활지도는 적극적인 필요성이 대두된다.

(2) 직업의 다양성

현대 직업의 특성은 다양성, 전문성, 복잡성 그리고 급격하게 변화하는 성질을 가지고 있다. 이러한 추세 속에서 청소년들은 자기에게 적절한 직업이 무엇인지, 어느 분야가 능력이나 적성에 알맞은가를 알 수 없기 때문에 생활지도상에 문제를 야기시키고 있다. 이러한 관점에서 적절한 직업안내와 방향제시 등 전문적이고 객관적인 직업지도를 요청하게 되었다.

(3) 급변한 사회변동

오늘날 사회질서는 농경사회에서의 단순한 생활이 아니다. 물질문명이 급속도로 발달되어 감에 따라서 정신문명이 이에 상응하게 발달하지 못해 문화지체(cultural Lag)현상이 나타나게 되었다. 이러한 문화지체현상은 가치관의 갈등현상을 가져오고 도덕적, 윤리적 측면에 많은 문제를 야기 시키고 있다. 이러한 급격한 변화에 슬기롭게 대처할 수 있도록 지도하는 것이 필요하다.

(4) 개인차의 강조

심리학을 바탕으로 한 여러 가지 표준화 검사의 발달과 진보주의 교육의 영향으로 흥미, 적성, 능력이 중시되게 되었으며, 이에 따라 교육도 개인차를 존중하고 인정하는 방향으로 기울게 되었던 것이다.

(5) 가정과 학교관계의 강조

현대사회의 또 하나의 특정은 학교와 가정간의 상호협조가 이루어지고 있지 못하다는 것이다. 가정은 교육적 기능이 점차로 상실되어 가고, 학교는 지식위주의 교육으로 변해가고 있는 현 시점에, 대중매체에 의한 사회적 교육기능은 증대되어 학생들의 사고나 행위에 많은 협조관계는 절실히 요청되는 바이다.

(6) 지육편중에서 전인적 교육

오늘날 우리의 교육이 너무 지적 교육에 좌우되는 교육풍토임으로 이러한 교육여건 속에서 올바른 가치관의 교육이 소홀히 되기 쉽다. 그러므로 전인교육을 지향하는 생활교육이 필요하게 된다.

5) 생활지도의 과제

(1) 인간성 교육

21세기를 눈앞에 바라보는 우리나라 사회는 과거 어느 때와 비교할 수 없을 정도로 급격한 속도로 다양한 사회를 겪고 있다. 이러한 사회변화는 1960년대를 기점으로 한 고도의 경제성장에 의하여 가속화되었으며 동시에 확산되어 가고 있다. 선진 서구 산업사회에서는 여러 세대에 걸쳐 서서히 겪었던 사회 경제의 구조적 변화를 우리나라에서는 지금 한 세대 속에서 두 서너 차례씩 겪고 있는 셈이다. 다시 말하면 후기 농경사회에서 태어났지만, 성장은 산업사회이며, 사회인으로서의 활동은 탈공업사회 즉 정보사회에 놓여 있다. 이러한 현상을 가리켜 「역사의 단축」이라고 표현하기도 한다. 생각해 보면 이것은 엄청난 변화라고 하지 않을 수 없다.

그런데 고도의 산업화 과정과 병행해서 나타난 조직사회, 대중사회, 개방사회, 황금만능 사회로서의 현대사회는 그 속에서 생을 영위하고 있는 사람들의 정신문화를 위협하고 있다고 할 수 있다. 즉

① 산업사회로서의 이행은 물질적인 풍요를 약속해 주었지만, 과학기술의 발달과 더불어 나타난 기계문명이 인간의 의지를 기계문명에 예속시켜 정신적인 빈곤

을 낳게 하고 말았다.

② 조직사회로서의 이행은 고도의 분업화, 전문화 현상을 조장하였지만 풍부한 감정과 따뜻한 인정과 폭넓은 인격의 접촉을 곤란하게 하는 이른바 비인간화의 현상을 유발시키고 말았다. 냉혹한 조직사회 속에서 인간성은 상실되고 다른 사람과의 관계는 거의 이익추구를 위한 수단으로 이용되고 있을 뿐이다.

③ 대중사회의 이행은 생산체제의 대형화와 군집화, 인구의 도시 집중화를 초래하였지만, 그 많은 군상(群像) 속에서 고독감을 느끼게 하는 이른바 인간소외 현상을 자초하고 말았다. 대중사회로의 이행은 과거의 사회계층간의 장벽을 헐어 버리고 인간의 개성신장을 촉진시켜 주었지만, 반대로 대중 속에서 생활하고 있으면서도 각 개인이 그 나름의 삶의 의미를 발견하지 못하고 고독감, 소외감을 느끼게 되었다면 이것이야말로 대중사회의 잠재적 병리현상이라고 하지 않을 수 없다.

④ 개방사회로의 이행은 우리나라를 문화적인 폐쇄성에서 탈피시켜 세계문화에 접할 수 있는 기회를 제공해 주었지만 그로 말미암아 온갖 이질적인 외래문화를 받아들여 가치의 혼란, 주체성의 상실을 초래하고 말았다.

⑤ 황금만능 사회로서의 이행은 인간을 활력 있고 생기 있는 현대인으로 탈바꿈시켰지만 인간을 돈의 노예로 만들었다.

이러한 상황 속에서 우리가 꼭 실천해야 할 사명이 인간화 교육이라는 것이다. 인간화 교육의 요체는 ① 인간의 전체성, 전 인성을 중요시하는 교육 ② 인간의 개성을 최대한으로 신장시켜주는 교육 ③ 각 개인을 인간으로서의 존엄성을 지닌 존재로 인정해주는 교육 ④ 인간의 조화로운 사회성을 신장시켜 주는 교육 ⑤ 인간의 자연성을 무리하게 억압하지 않는 교육 ⑥ 도덕성이 결여되지 않는 교육을 말하는 것이다.

(2) 비행청소년 교육

비행이란 법률적 · 관습성 규범에 위배되는 행동을 말한다. 비행의 유사개념으로 이상행동, 문제행동 등이 있는데, 이상행동은 정신병리에서 빚어지는 것이고, 문제행동은 가치관적 견지에서 문제시되는 행동이며, 이탈행동이란 사회적 규범에서 이탈되거나 상반되는 행동을 말한다.

비행의 원인을 살펴보면 가정적 요인에서는 애정기능의 약화, 부모와 자녀간의 갈등, 부부간의 불화, 양부모관계, 지나친 가난 등이 비행을 유발하는 요인으로 적용한다. 학교생활의 요인에서는 정서교육에 소홀한 교육현실, 학업부진, 동료와의 인간관계의 결여, 그리고 좋지 못한 동료의 영향 등이 비행을 초래하게 한다. 사회적 요인에서는 가치관의 혼란, 사회적 규범과 개인적 욕구의 불일치, 직업구조의 폐쇄성, 빈부의 격차, 기타 요인으로 불량청소년의 협박, 유혹, 선동, 건전한 오락시설의 결여, 불건전한 매스미디어의 영향 등이 비행의 원인이 된다.

이와 같이 오늘의 교육현장에 비행요인이 많이 내재되어 있기 때문에 상담활동의 중요성이 더욱 요청되고 있다.

(3) 미래대응의 생활지도 교육

변화무쌍한 산업사회에 살고 있는 청소년들을 지도해야 할 책임을 맡고 있는 상담교사로서 현재는 물론, 미래사회에 대처해야 할 문제들이 무엇인지에 대해 몇 가지를 살펴보고자 한다.

① 기본원리의 재인식

생활지도 담당자인 상담교사는 카운슬링의 기본원리를 재확인하는 자세가 필요하다.

② 다양한 구형의 활용

이러한 전제조건은 지금까지 추구해온 생활지도나 상담의 방향을 완전히 탈피하자는 것이 아니라 시야를 좀 더 넓게 확대시켜 나가면서 역동적으로 대처한다는 것이다.

③ 가치관 변용의 상담

사회변동의 속도가 빠르고 그 폭 또한 넓어졌기 때문에 옛 가치관을 새로운 가치관으로 이해시키려는 과정에서 예상외로 무리한 현상과 잡다한 혼란이 야기되고 있다. 이러한 때 전통과 개혁의 조화를 통한 통일성 있는 자아를 가지도록 도와주는 것이 필요하다.

④ 생활지도 및 상담의 능동화

앞에서의 생활지도와 카운슬링은 보다 능동적이고 적극적인 방향으로 전환시켜 나가야 할 것이다. 찾아오는 학생이 있을 때 상담에 응하는 식의 것이 아니라 문제를 찾아서 지도하고, 문제를 청소년들 가운데서 발견하고, 더 적극적으로는 자율적인 문제해결을 위한 기본능력을 함양시키는 일이라고 생각한다.

2. 생활지도의 제 활동

학교에서의 생활지도 활동(Student Personal work)은 크게 나누어 학생조사활동, 정보활동, 상담활동, 정치활동, 추수활동 등으로 구분할 수 있다. 이러한 모든 생활지도 활동의 중심활동은 상담활동이며, 이 상담활동은 모든 학생지도 활동의 중핵이 된다.

1) 학생조사활동(student inventory service)

학생조사 활동이란 학생에 관한 자료를 수집하여 이를 기록, 조직, 해석하는 활동으로 학생이해 활동이라고도 말하며, 생활지도 활동에서 가장 기초가 되며 상담의 기초자료로 쓰인다. Traxler와 North는 학생에 대한 정보의 필요를 10개의 영역으로 구분하고 있다.

① 가정배경(home background) : 부모의 직업, 교육상태, 건강, 출생지 기타 이혼가정 등

② 학교경험과 학습 성적(School history and record of Classwork)에 관한 정보

③ 지적능력이나 학업적성(mental ability or academic aptitude) : 학업적성은 일반적으로

타고 난 특성이 아니라, 개인과 환경에 따라 변화하는 관계로 타고난 능력과 훈련의 조화로 이루어지는 것이다.

④ 다른 학업분야의 성취도와 성장(achievement and growth in different fields of study) : 학교는 가급적 비교 검사에 기초를 둔 객관적인 성취도를 갖춘 학업성적으로 보충되어야 한다.

⑤ 건강(health) : 학생의 건강이나 신체적 특성을 간략하게 요약하여야 한다. 또한 정기 신체검사, 병에 대한 기록을 포괄하는 자세한 건강기록이 있어야 한다.

⑥ 과외활동(out-of-school experiences) : 이와 같은 정보형태는 주로 질문지나 개별면담으로 확보하여야 한다.

⑦ 교육적 · 직업적 흥미(educational and vocational interests)

⑧ 예술, 문화, 음악 등의 특수 적성(special aptitudes in art, literature, music)

⑨ 인성(personality) : 인성은 책임감, 창의성, 적성, 타인에 대한 관심, 목표에 대한 의지, 정서적 안정감 등을 다룬다.

⑩ 장래의 희망(plans for the future) 등을 조사해야 한다고 하였다.

한편 학생조사 활동이 보다 학생들의 과학적인 자기이해와 문제해결을 돕는 것이 되기 위해서는, 학생에 관한 정보는 객관적이고 신뢰도가 높아야 하고, 꼭 필요한 사실과 정보를 수집해야 하며, 조사결과는 기록 · 정리 · 보관하여 실제 지도에 유용하게 활용될 수 있도록 해야 한다.

그리고 조사활동에 이용되는 방법과 기술에는 여러 가지 과학적인 방법이 요구된다. 여기서 심리학에서 사용되는 연구방법을 참고로 하고, 이미 여러 학자들에 의하여 내용이 좋은 방법을 기초로 하여 종합적으로 정리하면 다음과 같다. ① 관찰법(observation method), ② 질문지법(questionnaire method), ③ 면접법(interview method), ④ 표준화 검사법(standardized testing method), ⑤ 평정법(rating method), ⑥ 투사법(projective method), ⑦ 사회측정법(sociometric devices), ⑧ 사례연구법(case-study method), ⑨ 자서전법(auto- biography), ⑩ 누가기록법(cumulative record) 등이 있다.

2) 정보활동(information service)

(1) 정보활동의 의미

정보활동이란 학생의 생활환경과 그의 문제에 관한 여러 가지 정보를 수집하고 제공하는 모든 활동을 뜻한다. 그러므로 정보활동은 학생들의 장래계획을 현실에 알맞게 세우고, 원만한 적응을 해 나가게 하기 위하여 반드시 필요한 것이다. 더욱이 집단 상태나 정규수업시간에 정보를 제공한다는 것은 다음과 같은 몇 가지 부수적인 효과와 이점이 있기 때문에 그 필요성은 더욱 절실하게 느껴지는 것이다.

① 정보를 집단에게 제공함으로써 개인에게 드는 시간이 절약된다.
② 교사는 정상적인 수업시간에 많은 정보를 제시하게 됨으로 이미 그의 임무 수행을 한 것이 된다.
③ 개인 상담에 도움이 되는 정보를 제공해 주는 계기가 된다.
④ 공통성을 띤 문제를 여러 학생들에게 다루는 데 도움이 된다.
⑤ 개인적인 상태에서 보다 집단적인 상태에서 다루는 것이 문제해결에 더 도움이 된다.
⑥ 집단요법(group therapy)의 한 부분으로 도움을 줄 수 있다.
⑦ 상담교사로서 많은 학생들과 친숙해질 수 있는 기회가 된다.

(2) 정보활동의 영역

정보활동의 영역은 대개 교육정보, 직업정보, 개인·사회적 정보 등으로 나눈다.

(가) 교육정보

교육정보는 교육활동에 관한 것으로서 학생들이 학습생활을 해 나가는데 필요한 정보를 의미한다. 즉 교육과 훈련의 기회에 관한 모든 자료를 뜻하는 것으로 세부적으로 분류하면 다음과 같다(황응연 · 윤희준 : 1970).

① 학교생활을 규제하는 교칙

② 교과 및 교육과정
③ 학교 내에 존재하는 클럽과 사회적 활동
④ 해당 학교에서 중시하는 교육가치
⑤ 상급학교 진학자를 위한 과정과 비진학자를 위한 과정
⑥ 진학에 필요한 것
⑦ 학교의 면학을 위한 시설과 설비
⑧ 학습 습관과 기술에 관한 사항
⑨ 특정한 과정의 학습 요령
⑩ 학교도서관의 이용법과 기타 시설의 사용법
⑪ 장학제도 및 기타 학비조달에 관한 사항
⑫ 학교와의 통신방법
⑬ 졸업 후의 계속 교육에 관한 편의
⑭ 현직 훈련에 대한 기회와 계획
⑮ 상급학교 교육 프로그램에 관한 안내

(나) 직업정보(Occupational information)

직업정보는 직무와 취업에 관한 것으로서, 취업경향, 노동의 규정, 직업분류와 직업 직종, 직업에 필요한 요건, 직업의 직무와 직업의 성격 각종 직업 취업에 필요한 자격 요건, 각종 직업에 필요한 준비과정, 취업 및 승진방법, 직업의 임금과 사례금, 각종 직업에서의 작업조건, 취업을 맡고 있는 고용기관, 일의 의미 등을 취급하여 학생들에게 유용하고 실용적인 직업관을 안내한다.

(다) 개인 · 사회적 정보(Personal-social information)

개인 · 사회적 정보는 자기이해와 타인을 이해를 하는데 필요한 정보를 취급한다. 이와 같은 정보는 인간사회에서 사회생활을 영위해 가는데 필요한 대인관계, 사회의 적응을 위한 효과적인 정보를 제공함으로써 낙오되지 않고 건전한 생활을 유지하도록 도와주는 활동이라 해석된다.

여기에 관계되는 정보활동을 자세히 살펴보면 다음과 같은 일들이 포함된다.

① 자기이해와 자기통찰의 성취
② 이성 또는 동성과 성숙된 관계유지
③ 남성적 또는 여성적 역할의 이해
④ 건전한 인성의 발달
⑤ 개인의 행동과 특성 및 개인차의 이해
⑥ 가정의 조건과 부모의 기대에 대한 이해와 적응
⑦ 이성 관계, 성, 결혼에 대한 책임
⑧ 정신적, 신체적 건강과 발달의 성취
⑨ 외모, 예의, 에티켓
⑩ 사회적 기술, 여가생활의 건전한 활용, 용돈의 조달 등

3) 상담활동(counseling service)

(1) 상담의 본질

(가) 상담의 의미

상담이란 카운슬러가 도움을 필요로 하는 사람에게 전문적 지식과 기능을 가지고 내담자 자신과 환경에 대한 이해를 증진시키며, 합리적이고 현실적이며 효율적인 행동양식을 증진시키거나 의사결정 할 수 있도록 원조하는 활동(서울대학교 사대교육연구소)이라고 정의를 내리고 있다.

카운슬링(counseling)의 어원은 라틴어의 Consulere이다. 이 말에는 "고려하다(to consider)", "반성하다(to reflect)", "숙고하다(to deliberate)", "조언을 받다(to take counsel)", "문의하다(to consult)", "조언을 구하다(to ask counsel of)" 등의 뜻이 포함되어 있다고 한다. 즉 상담에는 심사, 숙고, 문의, 조언 등의 활동이 포함되어 있음을 시사하는 것이다. 그러나 전문기능으로서의 상담은 단순히 문의하고 조언을 주고 하는 일 이상의 것이며, 독특한 인간관계에 의하여 이루어지는 전문적인 활동이다. 몇몇 학자들의 정의를 들어서 그 뜻을 밝혀 보기로 한다(김충기, 1987).

윌리엄슨(E. G. Williamson)은 "카운슬링이란 심리학의 분야에서 숙달된 카운슬러가 성

격적인 문제로 고심하는 내담자를 행동적으로나 말로 도와주려고 애쓰는 면대면의 관계"라고 하였다.

렌(Wrenn)은 "상담이란 젊은이들에게 서로의 이해로서 자기문제를 자기 결정으로 돕는 두 사람간의 개인적, 역동적 관계"라고 하였으며 윌리엄슨(Williamson)과 폴레이(Foley)는 "상담이란 훈련과 기술, 신용으로써 카운슬러가 내담자의 적응문제를 해결하는 면대면의 상태"라고 정의하고 있다.

프랭크 밀러(Frank W. Miller)는 "카운슬링이란 가정과 학교와 사회에 최대한으로 적응할 수 있도록 자기이해와, 필요한 자기지도를 할 수 있도록 개인을 돕는 과정"이라 한다.

빙험(Bingham)과 모레(Moore)는 "목적을 가진 대화"라 하였고 트랙슬러(Traxler)는 "학생 각자가 자신에 대한 이해와 통찰을 깊게 하여 자주적이고 자율적인 생활관습을 가지고 보다 안정되고 통합된 성장발달을 하도록 도와주는 것이다"라고 하였다.

이러한 여러 정의 가운데서 공통적으로 적용되는 정의를 찾아보면, 「도움을 필요로 하는 사람을 다른 사람이 도와주는 상호작용의 인간관계」라고 집약할 수 있다. 성장과 발달의 결과를 초래하고, 무엇인가 배우도록 하는 인간관계이다. 그러나 이 관계는 일상적인 것과는 질적으로 다른 전문적인 관계이다. 이 관계를 몇 가지로 나누어 설명해 보면 다음과 같다.

① 카운슬링은 한 사람과 한 사람의 관계이다.

상담은 도움을 주고자 하는 사람과 도움을 받고자 하는 사람과의 개인 대 개인의 관계에 의하여 성립된다. 즉 두 사람이 얼굴을 마주하는 관계인 것이다. 얼굴을 마주대한다는 것은 공간적으로 접근한다는 것 일상으로 서로를 신뢰하고 존경하고 수용하는 긴밀한 관계를 의미한다.

② 카운슬링이란 전문적이며 임상적인 봉사이다.

어떤 충고나 정보를 제공하거나 어떤 문제 해결에 있어서 조력을 주는 것만이 아니고 전문적이며 임상적인 활동이다.

③ 카운슬링은 학생의 문제와 필요를 중심으로 해서 지탱되는 봉사이다.

학생이 가진 문제와 해결해야 할 필요를 중심으로 해서 상담자와 피상담자의 역학적 관계에서 진행되는 봉사이다.

④ 카운슬링은 학생이 내린 결정으로 종결지어야 한다.

사람이 자기의 문제를 해결한다는 것은 문제의 원인이나 해결방법에 대한 통찰력을 얻음으로써 일어날 수 있는 점진적인 과정이며, 이렇게 통찰을 얻고 새롭고도 바람직한 방향으로 변화해 나갈 수 있는 힘은 오로지 그 사람 안에 내재하는 것이지 결코 일시적으로 어떤 외부의 힘에 의하여 얻어지는 것은 아니다.

⑤ 카운슬링 관계는 사적이고 비밀적인 관계이다.

카운슬링은 본질적으로 내담자가 카운슬러를 신뢰하고 자기를 개방하는 데서 이루어지는 것이다. 내담자가 카운슬러의 전문적인 능력을 의심하거나 인간적으로 신뢰하지 않을 때에는 결코 카운슬링 관계는 성립되지 못한다. 그러므로 사적이고 비밀적인 관계는 카운슬러가 지켜야 할 윤리이다.

(나) 상담의 목표

상담은 경험과 지식이 있는 상담자와 이를 필요로 하는 미성숙한 피상담자 의견을 교환하고 대화하는 과정을 통해 현명한 적응과 문제해결을 할 수 있는 능력을 배양토록 하여 최대한의 자율적 성장을 도와주는 전문적 봉사활동은 다음과 같은 목표를 가지고 있다(김충기 1987).

① 행동의 변화를 가져온다.

상담의 목표는 내담자로 하여금 보다 생산적이고 만족스러운 삶을 누릴 수 있는 행동의 변화를 가져오게 한다.

② 적극적 정신건강의 창조에 있다.

적극적인 정신위생에 도달되면 개인은 타인과의 통합, 적응 또한 적극적인 동일시

현상을 성취하게 된다.

③ 문제해결과 증제거에 있다.

상담의 목표는 상담관계의 문제의 해결, 불감증, 무기력 등과 같은 병적 증세를 제거하는 것이다. 대부분의 행동주의 카운슬러는 내담자가 부적응 습관을 가지고 있는데, 이를 고통으로부터 이완, 사회적으로 기능을 다할 수 있게 하는데 있다.

④ 개인적인 효율성의 증가에 있다.

내담자는 자기에게 주어진 범위 내에서 자기 능력을 극대화하며, 효율성 증가에 그 목적을 둔다.

⑤ 의사결정의 기초 함양에 도움을 준다.

상담의 목표는 개인으로 하여금 그들에게 중대한 비판적인 의사결정을 하도록 하는데 있다. 어떠한 결정을 내담자가 해야 하고 행동과정을 선택하라고 하는 것이 카운슬러의 일이 아니다. 의사결정은 내담자의 것이다.

(2) 상담방법의 제 이론

개별상담에 있어서 상담자가 어떠한 방법을 사용하여 내담자의 문제해결과 지도방안을 마련하는 데에는 인간행동에 관한 여러 가지 과학적인 이론의 근거를 알아야 한다. 여기에서는 ① 지시적 상담 ② 비지시적 상담 ③ 학습이론적 상담접근 ④ 정신분석학적 접근 ⑤ 실존주의의 심리치료 ⑥ 절충적 상담접근으로 나누어 살펴보고자 한다.

(가) 지시적 상담(directive counseling)

지시적 상담이란 카운슬러가 상담의 진행에서 일어나는 성장, 발달, 변화를 통제하고 내담자에게 최선의 것이 무엇인가를 결정하는 책임을 지는 상담의 원리와 이론 또는 그런 원리와 이론에 의해서 이루어지고 있는 실제적인 상담이다. 이 상담에서는 상담자의 이야기에 소극적으로 어떤 행동이나 상황에 개입하는 것이 특징이다. 즉 상담자가 피상담자에게 인성의 장애나 문제의 성격에 대한 해석을 내려 주고 합리적인 자료를 제공해 주며 또 제언이나 충고를 주는 학생지도 방식을 말하다. 이 방법은 전통적 상담활동에서 많이 사용되었으며 교육과 직업, 진로문제 등을 해결하기 위하려는 가장 유용하게 사용되는 일반적인 방법이다.

문제해결로서의 상담과정은 다음과 같이 여섯 가지 단계로 나누어 이루어진다.

① 분석(analysis)

분석의 목적은 현재와 미래의 적응 조건과 결부해서 학생에 대한 이해를 하자는 것이다. 분석은 학생이나 내담자에 관한 정보와 자료의 수집으로 이루어진다.

② 종합(synthesis)

학생의 자질과 경향성, 적응, 부적응 등을 드러내는 방법으로 분석하여 나온 자료 또는 정보를 요약하고, 체계적으로 정리한다. 즉 분석에서 얻은 자료를 정리하고 배열하여 진단 단계에서 유용하게 쓰이도록 종합한다.

③ 진단(diagnosis)

분석은 생활지도의 여러 부분 중의 하나이지만, 학생의 지적된 문제와 자질 및 경향성, 장점에 비추어 자료를 해석하는 것이다.

④ 상담(counseling)

상담은 카운슬러가 내담자로 하여금 1대1의 관계에서 문제를 스스로 해결하도록 도와주는 과정이다.

⑤ 추후지도(follow-up)

이 단계는 상담의 결과를 평가하고 새로운 문제가 발생하는 경우 다시 그것을 돕는데 강조를 한다.

(나) 비지시적 상담(non-directive counseling)

정서적 접근을 중심으로 하는 이론으로서 Carl Rogers. S. Freud의 정신분석등 대표적인 이론은 20세기 전반까지는 이 영역에 중점을 두어 왔다. Carl Rogers는 초기에 비지시적 접근이라고 했으나 현재는 내담자 중심접근(Client-centered approach)으로 불리고 있으며, 로저스가 이 이론을 발전시켰다.

이 이론에 의하면, 피상담자가 중심적 역할을 하며 상담자는 허용적 분위기를 조성하여 학생이 자기통찰과 수용을 통해 스스로 문제를 해결해 나갈 수 있도록 하는 학생지도 방법을 말한다. 즉 내담자에게 일치, 공감, 수용의 분위기를 조성함으로써 내담자 자신이 자신의 문제를 스스로 해결하기 위해 자신의 잠재능력을 활용할 수 있도록 하여 통찰을 얻도록 하는 것이다.

내담자 중심의 상담 기술과 절차를 Roger가 저술한 「상담과 심리치료」에 따라 요약해 보면 다음과 같은 12단계가 된다.

① 피상담자는 도움을 받고자 온 것이다. 이는 피상담자가 자발적으로 온다는 것은 이미 문제해결에 책임 있는 제일보를 내디딘 것으로 간주된다.

② 상담이라는 상황을 정의한다. 상담은 피상담자에게 스스로 문제를 해결하도록 도와주는 과정이지, 문제를 대신 해결해 주는 과정이 아니라는 것을 인식시킨다.

③ 상담자는 피상담자가 문제에 대한 감정을 자유롭게 표현하도록 북돋워 준다.

④ 상담자는 표출되는 부정적 감정을 받아들이고, 알아주고, 정리하여 준다.

⑤ 부정적 감정을 완전히 표현하게 되면 비록 미약하고 잠정적이나마 인성성장에 도움이 되는 긍정적 감정을 표출하게 되는 것이다.

⑥ 상담자는 피상담자의 부정적 감정을 받아들인 것과 마찬가지로 긍정적 감정도 인정하고 받아들인다. 진실로 피상담자의 마음과 감정을 이해하고 공감하고 받아들여야 하는 것이다.

⑦ 부정적 감정과 긍정적 감정을 경험하면 자기이해, 자기수용, 자기통찰이 샘물 솟듯 자연적으로 솟아나게 된다. 이 같은 통찰이 토대가 되어 피상담자는 새로운 차원의 통합을 하게 된다.

⑧ 통찰과 더불어 여러 가지 의사결정을 할 수 있는 길을 선명하게 보게 된다.

⑨ 피상담자는 점차로 긍정적, 적극적인 행동을 취하게 된다. 처음에는 부분적이나마 긍정적 행동을 하다가 시간이 흐름에 따라 보다 적극적인 행동을 하게 된다.

⑩ 더욱 성장을 하게 된다. 긍정적인 행동을 취하게 되면 점차로 통찰이 확대 심화되어 정확한 자기이해를 할 수 있게 한다.

⑪ 더욱 적극적이고 통합된 행동을 하게 된다. 이때 상담자와 피상담자 사이의 유대는 더욱 강화된다.

⑫ 조력의 필요를 덜 느끼게 되고 치료관계를 종결짓겠다는 생각을 하기에 이른다. 이 단계는 상담의 종결시기가 된 것을 알리는 것으로써 피상담자는 보다 성숙되고 건강한 분위기 속에서 상담을 끝맺게 된다.

(다) 학습이론적 상담접근(learning theory approaches to counseling)

학습은 성숙에 의하지 않은 행동의 변화라고 한다. 상담이나 심리치료의 목적은 행동의 변화이기 때문에 학습과 관계되고, 또한 학습이론을 문제 삼아야 한다. 그러므로 상담이나 심리치료는 학습이나 학습이론의 응용일 수 있다.

학습이론적 접근을 때로는 행동적 접근이라고 부르기도 하는데 이 접근방법은 특히 조건화와 강화의 과정을 중시하고 이것을 디딤돌로 삼아 부적응 행동을 치료하는 것이 특징이다.

(라) 정신분석적 접근(Psychoanalytic Approaches to counseling)

정신분석적 상담접근 방법은 Sigmund Freud의 이론을 중심으로 하는 정통파와 Adler나 Jung 같은 변형된 이론, Horney, Sullivan, Rank같은 신프로이드파 등의 이론을 포함한다. 정신분석은 심리적인 고통을 받은 사람을 도와주기 위하여 부적응의 원인을 무의식적 동기나 무의식적 욕구를 통하여 검사해 보는 방법이다.

여기에서 사용되는 방법에는 ① 자유연상(free association), ② 해석(interpre tation), ③ 꿈의 분석(analysis of dream), ④ 전이(transference) 등과 같은 과정을 이용한다.

(마) 실존주의의 심리치료(existential Psychotherapy)

이 이론의 기본개념은 ① 인간을 현실적인 그대로 이해한다. ② 내담자의 세계를 그가 보는 대로 본다. ③ 내담자를 특수하고 구체적인 존재를 가진 개체로 인식하고 이해하려는 점이다.

우리 인간은 우주 속에 내던져진 하나의 존재로서 그 던져진 조건을 선택하거나 변화시킬 능력도 자유도 없지만 주어진 환경 속에서 선택하고 적응하며 현실을 직시함으로써 자기의 삶을 행복하게 만들 자유는 있다는데 착안하여 내담자로 하여금 주어진 환경에서 자유롭게 행동하고, 자신의 행동에 책임을 질 수 있게 하는데 관심을 갖는 이론이라 할 수 있다. 따라서 의미치료의 일방적 성질은 내담자로 하여금 증상에 대하여 책임을 받아들이도록 하는 반면, 인간이 의식적으로 자신에 대한 책임감을 받아들이도록 하는데 목표를 두고 있다. 책임감을 의식하는 것은 인간존재의 기본적 바탕으로서 의무감을 내포하며, 의미를 내포하는 문제를 다루는 것이다.

예를 들면 ① 삶과 죽음의 의미, ② 고통의 의미, ③ 근로의 의미, ④ 사랑의 의미 등을 전제로 하여 두 사람간의 인간관계를 통해 치료하는 것이다.

(바) 절충적 상담접근

절충적이란 단어의 의미는 여러 가지 자료나 제도로부터 얻을 수 있는 적절한 원리나 방법을 고르게 선택하는 것을 말한다. 절충적 상담접근 방법은 주로 인지, 정의, 행동과 환경의 영역을 각기 강조하는 여러 가지 접근과 이론을 체계적으로 종합하여 효과적이고 과학적으로 보다 타당한 상담의 절차를 발전시키고, 포괄적인 이론을 발전시키는 노력의 소산이다. 여하튼 이 방법은 지시적, 비 지시적, 이성적, 현상학적 접근을 절충하는 것을 의미하고 있지만 카운슬러가 오랜 경험을 쌓게 되면, 자연적으로 독창적인 접근을 시도할 수가 있다. 절충적 접근은 부적응 행동의 원인을 광범위하게 취급하고 하나의 이론에 단련된 독단과 과오를 극소화 할 수 있다. 또한 문제유행에 따라 가장 효과적인 방법을 선택적으로 사용하므로 상담 자체를 효율화 할 수 있다.

4) 정치활동(placement services)

취학, 진학, 진급, 선택과목의 선정, 특별활동의 결정 등과 같이 개인 또는 집단이 어떤 선택적 결정을 내리게 될 때 합리적이고 현실적인 의사결정을 하도록 돕고 또

의사결정에 필요한 정보의 제공이나 조정과 협조를 하는 활동이다.

인간의 생활은 끊임없이 새로운 것을 정해야 하는 「결정의 연속」이라고 할 수 있다. 이와 같이 한 가지를 결정한 다음에는 그 다음 단계의 새로운 결정을 내려야 하는 것이 인간의 생활인 것이다. 정치활동(定置活動)이란 바로 이런 연속적인 결정을 내리는 과정에 어떻게 적응해 나갈 것인지를 결정하게 도와주는 일련의 활동인 것이다. 이러한 활동에 포함되는 구체적인 내용을 들어보면 다음과 같다.

① 학생들을 일정 수준의 능력에 도달하게 하기 위하여 그들을 능력별로 배치하는 일
② 학생들을 진급 전학 월반하도록 돕는 일
③ 교육과정이나 교과목을 학생 개개인의 수준에 맞게 선택하도록 돕는 일
④ 교과외의 활동도 선택하도록 돕는 일
⑤ 자기 능력과 사정에 맞는 부직을 구하도록 돕는다.
⑥ 상급학교와 직업선택을 현명하게 하도록 돕는 일
⑦ 졸업생이 항구적인 직업을 정하도록 돕는 일

이러한 활동 등은 앞으로 배울 교과목이나 교과외의 활동에서 성공하여 만족스러운 학교생활을 할 수 있도록 기초를 다져주는 것이므로 대단히 의의가 크다.

5) 추수활동(follow-up services)

교육이 졸업과 동시에 끝나는 것이 아닌 것과 마찬가지로 참다운 지도 역시 진급이나 졸업으로 끝나는 것이 아니다. 추수지도(追隨指導) 활동은 바로 이러한 지도의 계속성을 살리는 활동이다. 또한 상담활동을 통하여 지도를 받은 학생이 어느 정도로 건전하게 적응하고 있는가 하는 것을 점검하는 활동이기도 하다.

추수지도의 목적은 한 마디로 이미 지도를 받았던 사람의 계속적인 성장 발달을 도우려는 것이다. 추수지도의 내용을 열거해 보면 다음과 같은 일들이 포함된다.

① 학교를 떠났거나 과거에 지도를 받았던 학생에게 계속해서 그가 당면한 상황에 대한 정보를 주는 일
② 이전에 지도를 받았던 학생에게 계속해서 자기를 평가하고 이해할 수 있는 정보를 제공하는 일
③ 이전에 지도를 받았던 학생이 그 이후에 얼마나 적응된 생활을 하고 있는지를 확인해 보는 일
④ 졸업생이나 중퇴생들과 계속 접촉하여 친화감을 유지하면서 교육적인 영향력을 발휘하는 일
⑤ 학생과 학교와 지역사회간의 유대를 긴밀하게 하는 일
⑥ 현재 지도하고 있는 학생들에게 도움이 될 만한 정보자료를 제공하는 일
⑦ 과거에 지도했던 학생들로부터 현재의 대학생이나 학교 교육활동에 도움이 되는 건설적인 의견을 듣는 일
⑧ 과거에 지도했던 학생들을 위하여 계속적인 상담활동을 하는 일

추수지도의 효과적인 방법은 카운슬러 혼자만의 힘으로는 어렵다. 학교행정 당국의 협조가 매우 필요하며, 조직적이고 지속적인 과정 속에서 이루어져야 한다.

제2절 인성지도

1. 퍼스낼리티의 개념

1) 정의

Personality를 보통 '인성', '인격'이라고 하는데 정확한 의미를 다 내포한 것은 아니다. 올포트(G. W. Allport)에 의하면 Personality의 어원은 라틴어의 페르소나(Persona)에서 왔다고 한다. 원래는 극 같은데서 가면을 뜻한다. 그의 퍼스낼리티의 정의는 다음

과 같다.

"퍼스낼리티란 한 개인이 환경에 대해서, 그 나름의 독특한 방식으로 적응하려고 하는 심리적, 생리적인 역동적 체계이다."

① 적응의 양식-사회성 : 퍼스낼리티가 환경에 대해서 얼마만큼 적응을 잘하느냐의 문제이다.
② 심리, 생리적 체계-전체성 : 정신과 신체가 긴밀하게 관련되어 있다.
③ 전일적 통합-통일성 : 퍼스낼리티는 신체적 정신적 기능을 부분적으로 가산한 것이 아니다.
④ 역동적 기구-변화성 : 퍼스낼리티가 한번 결정되면, 그대로 고정되는 것이 아니다.
⑤ 일반적 성격-경향성 : 행동 또는 행동자체가 아니라 그것을 규정하는 경향이 문제이다.

2) Personality(인성, 사람됨, 인격)에 관련된 유사용어

① Character(품성)

언동을 통하여 나타나는 개인의 특질 또는 그 자체가 지니고 있거나 일하는 태도의 본질적 특징 및 통일적 근본 경향으로 가치 판단적 의미가 다분히 내포됨(평가성)

② Temperament(기질)

기력과 체질로서, 인간의 성격을 특징지을 수 있는 감정경향이며, 다혈질, 신경질, 담즙질, 점액질의 네 가지가 있다. 특히 유전에서 오는 정서의 특징을 강조함(생득성)

③ Individuality(개성)

개체나 사물의 특유한 특징이나 성격으로, 개인차, 독자성이 강조됨(차이성)

이 세 가지 용어는 Personality의 하위개념이며, 결국 이 세 가지 개념을 종합한

것이 Personality가 되겠다.

퍼스낼리티는 한마디로 개인에게서 풍겨 나오는 전체적 인상을 말하는데 여기에는 모든 사람에 공통되는 부분과 그 사람만이 가지고 있는 것이 있다. 체격, 웃는 모습 등은 외적인 것이며, 사회적, 인간관계, 대인관계는 내적인 면이다.

2. 퍼스낼리티의 이론

퍼스낼리티의 이론에는 크게 유형학적 이론, 특성이론, 역동적 이론, 사회문화적 이론 등으로 구분할 수 있다. 이들의 이론을 요약하면 다음과 같다.

1) 유형학적 이론(Typology)

생리적 현상, 유전적 영향을 기초로 하여 퍼스낼리티가 형성된다는 이론이다. 이러한 관점에서 유전학, 범죄심리학, 성격학 등의 연구자들은 대체로 교육의 가능성을 부정하고 있다. 즉 인간의 능력이나 소질은 선천적으로 주어지는 것이며, 교육은 이를 구체적으로 구현시켜 주는 작용일 뿐, 인간이 타고나지 않는 어떤 능력을 계발시켜 줄 수 없다고 보는 관점이다. 따라서 이 설(說)은 유전적 소질을 중시하는 관점이며 일반적인 관념과는 달리 교육에 대하여 비관적인 견해를 갖는다.

이 학설을 주장하는 바에 의하면, 독일의 쇼펜하워(A. Schopenhauer)는 "지성만은 어떻게 도야할 수 있으나 정의의 방향은 어찌할 수 없다."고 하였으며, 롬브로소(C. Lombroso)는 골상학적 견지에서 "범죄자의 골상은 선천적으로 나타나 있으므로 교육의 힘으로는 어찌할 수 없다."고 하였으며, 멘델(G. J. Mendel)이라든지 모건(T. H. Morgan) 등의 학자는 생물의 형질은 세포 중에 있는 염색체의 유전형질 또는 유전자에 의하여 선천적으로 결정되므로, 후천적 영향이 되는 환경의 힘으로 그 유전형질을 변경시킬 수는 없다고 한다. 이러한 견해는 교육의 효과 내지 가능성을 과소평가 내지 부정하는 관점이다.

(1) 골상(骨相), 인상(人相), 수상(手相) – 관상(觀相)

골상학, 인상학, 수상학은 희랍시대부터 있었으며, 골상이 어떤 동물과 비슷하면 그 성격도 그 동물에 가깝다, 고 하였다.

로마시대 이후는 골상 중 얼굴 모양 중에서 코의 모양으로 퍼스낼리티를 판단하려고 하였다.

코의 모양으로 다음과 같이 성격을 판단하였다.

- 높은 코 – 쾌락
- 낮은 코 – 경박
- 둥근 코 – 우둔
- 넓은 코 – 용기
- 매부리 코 – 경제형(수전노)

(2) 체격형설

① 크레츠머(Kretschmer)의 설

- 비만형 – 수다, 쾌락, 우수운 소리, 인정, 행동이 느리고 호락적, 능청맞는 소리
- 수신(瘦身 : 세류형) – 귀족적, 이상가적, 세상을 초월한 듯, 신경예민, 이기주의적, 냉혹, 무미건조, 멋이 없다.
- 투사형 – 비만형적 특징과 유사

② 셸던(Sheldon W. H.)의 설

- 비만형(endomorphy) – 음식 잘 먹고, 잠 잘 자고, 사교적, 행동은 느림
- 세류형(ectomorphy) – 신체구조가 선적(線的)이고 연약, 비사교적이고, 친구가 적고, 운동을 싫어함.
- 투사형(mesomorphy) – 운동 좋아하고, 고통을 잘 참고, 잘 떠들고, 공격적이다.

(3) 혈액형설

혈액과 기질과의 관계에는 정설이 없다. 란트시타이너(Landsteiner, K.)의 설에 하면 혈액종류가 약 35종으로 되어 있는데, 혼혈이 혈액형을 많게 한다.

기본혈액형에 따른 기질관계는 아래와 같이 추정하고 있다.

- O형 – 의지가 굳다. 자신, 결단, 노력, 이기, 냉혹
- A형 – 온순, 겸손, 조심성, 반성, 결단성이 없다. 감정적, 비관적.
- B형 – 쾌활, 활발, 모험, 신중하지 못함. 허풍, 화려, 근면, 사교적.
- AB형 – 침착, 사양, 표리부동, 몰인정, 변태적

2) 특성이론(Trait Theory)

개인을 각기 다양한 심리적 특성을 지닌 존재로 가정하고서, 많은 사람들에게 공통적이라 여겨지는 여러 가지 특성을 발견하여 개인을 그러한 특성을 가진 정도에 비추어 기술하고, 이해하려는 관점이다. 여러 가지 다양한 장면에서 나타나는 개인의 지속적인 행동특징을 특성(trait)이라 하는데, 모든 특성은 누구에게나 공통적으로 나타나며, 다만 양적인 정도의 차이가 있을 따름이다.

퍼스낼리티 이론으로서 특성이론의 관점은 몇 가지 공통적인 성격특성을 발견하고, 이러한 성격특성을 가진 정도에 비추어 개인의 성격을 이해하고자 한다. 그리고 이러한 특성이론의 관점은 성격에 한정된 것이 아니고, 적성 · 흥미 · 가치관 · 능력 등의 그 밖의 행동측면에도 적용이 되며, 요인분석의 통계적 방법은 특성의 발견과 여러 특성간의 관계구조를 이해하는데 중요한 공헌을 하고 있다.

알포트는 대영사전에서 퍼스낼리티를 수식하는 단어 20000여 개를 빼내서, 통계적 방법(요인분석적 방법)으로 유사한 단어끼리 묶어서 20개의 특성으로 압축했는데, 이것은 인간의 퍼스낼리티의 특성이 20개로 정리된다는 것을 의미한다. 그래서 이 20개의 특성을 기초르 퍼스낼리티 테스트가 나오며 여기서 20개로 검사의 척도를 삼았다.

심리측정은 결국 요인을 분석해서 거기서 규명된 특징으로 성격검사를 하는 것이다. 요인분석은 처음부터 끝까지 상관계수를 통해서 상관계수를 알아보는 것이다.

3) 역동적 이론(Dynamic theory)

프로이드의 정신분석에 기초를 두는 것인데 그 특징은 우리들의 의식현상이란 정신생활의 전부가 아닌 것이며 보이지 않는 무의식의 세계가 엄청나게 더 크다는 것이 프로이드의 인간관의 특색이다. 그리고 무의식을 알려고 하며, 어렸을 때의 생활 상태를 알아야 한다는 것이다. 즉 어떤 무의식 상태에 놓여 있느냐, 어렸을 때 어떻게 자랐느냐의 생육사로 퍼스낼리티를 이해하자는 것이다.

4) 사회 · 문화적 이론(Social-cultural theory)

이 이론은 유형학적 이론과 반대적 관점에 선다. 즉 개인의 인성(per sonality)은 사회문화적 환경을 통하여 형성된다. 개인은 같은 사회문화적 환경의 영향을 받아 각기 공통된 인성을 갖게 된다. 따라서 같은 사회문화적 환경의 영향을 받는 사회성원은 인성특성에 있어서 서로 유사하다.

같은 사회문화권에 속하는 국민들의 인성특성이 서로 유사하다는 것은 오래전부터 알려져 왔다. 이를 국민성이나 민족성이라고 한다.

따라서 인간의 퍼스낼리티는 환경, 문화적 조건으로 형성된다고 보는 것이며, 선천적, 생리학적, 발생학적인 면에서 퍼스낼리티를 찾는 것이 아니라, 문화인류학적 견지의 환경조건에서 찾아야 한다는 것이다. 이러한 경향을 신 프로이드학파 이론이라고 한다.

3. 퍼스낼리티의 형성(personality formation)

퍼스낼리티의 형성이론에는 크게 유전과 환경, 가정환경, 자아의 발달, 사회적 환경 등으로 구분할 수 있다. 이들의 이론을 요약하면 다음과 같다.

1) 유전과 환경

퍼스낼리티는 유전과 환경의 힘의 상호작용의 결과로 형성된다. 이러한 절충론은 스턴(W. Stern)을 위시한 많은 학자들이 유전적 소질과 환경의 두 요인이 모두 교육효과에 영향을 미친다고 보는 견해이다. 레빈(K. Lewin)은 인간의 행동(B)은 개인(P)과 환경(E)과의 함수관계, B = f(P＊E)로서 파악하게 되었다. 즉 인간의 행동이란 경험에 지나지 않기 때문에 개인이 어떠한 경험을 치르느냐 하는 것은 그 개인과 환경과의 역학적인 관계에 의해서 결정되는 것이라고 보았다. 오늘날 이러한 이론은 '적응설'이라고도 부르고 있다.

아무 소질도 없는 것 같은 어떤 특성은, 아무리 환경의 힘이 강하다 해도 생기는 일은 없으며, 또 아무리 뛰어난 소질이라도, 환경이 적절하지 않으면 충분히 신장되지는 않는다.

퍼스낼리티 형성에 있어서의 문제는 유전이냐 환경이냐가 아니고, 환경에 의해서 어떻게 소질이 계발되느냐 하는 점이다.

가정에서의 양육 방법과 관련시켜서 연구한 결과를 보면, 이란성 쌍생아라도 가정 내의 차별적 취급에 의해서 행동 특성에서 차이가 생긴다는 것이 보고되고 있다.

또 일찍이 가계조사에 의한 연구에서는 유전성이 상당히 중요시되었다. 정신병이라든가 특수한 재능 또는 범죄경향에 대해서 가계조사를 한 결과로는, 어느 특성은 동일가계 속에 빈번히 나타난다.

이 사실은 그 특성이 유전성을 나타내는 것 같기는 하나, 원래 동일가계에 속하는 사람들은 유사한 생활환경 속에서 생활하고 있는 것이며, 이것으로 보아 어떤 특성의 발현이 바로 유전에 의한 것이라고 단언하기는 어렵다.

2) 가정환경

교육의 가장 중요한 시기는 유소기요, 교육의 가장 중요한 장소는 가정이요, 교육의 가장 중요한 교사는 어머니라고 말하고 있다. 따라서 가정은 소우주(microcosmos)와 같다고 말할 수 있다. 모든 것을 포괄하고 모든 것의 근원이 곧 가정이다. 그래서 가정에서 부모와 자녀의 관계는 가장 원초적 관계이며, 자연스럽고, 의식내면에 자리 잡은 으뜸가는 관계이다.

가정에서의 양친의 양육태도 특히 유아기의 체험의 중요성을 지적한 것은 프로이드(S. Freud) 등의 정신분석학이다. 그들 학자는 젖먹이기의 각각의 발달단계에서 리비도(Libido)가 적도(適度)로 만족시켜지지 않으면, 퍼스낼리티에 여러 가지 장애가 생긴다는 것을 주장하여, 모유를 충분히 주고 서서히 이유하며, 배척의 습관도 서서히 관대하게 길들이는 일, 거기다가 일관된 마더링(mothering)의 필요성을 강조한 것이다. 그러나 이러한 견해를 가지고 여러 연구가 이루어졌는데, 일률적 결론은 얻지 못하고 있는 것이 사실이다.

그리고 수유나 배척의 습관에서의 개별적 육아테크닉 보다는, 오히려 양친의 어린이에 대한 통합적 양육태도나 가정 내의 인간관계가 중요시되게 된다.

가정환경의 영향은 양친뿐 아니고 형제 조부모와의 관계, 전체의 분위기, 가정의 사회경제적 문화적 배경 등이 직접 · 간접적으로 효과를 갖게 된다.

자녀교육에 절대적 영향을 끼치는 가정을 분류하여 보면 다음과 같다.

제1형 부 중심형 : 가장인 부친이 절대의 권력을 가지고 있는 가정이다.

제2형 모 중심형 : 이것은 현재로는 점차로 증가되어 가는 편이다.

제3형 가문 중심형 : 부친이나 모친이라 하는 개인이 아니고 가문을 중심으로 해서 운영하는 가정이다.

제4형 가족 중심형 : 평등형으로 가족 상호간의 인격을 인정하고 있는 민주시민의 가정이다.

이와 같은 네 가지 형이 서로 혼합하든지 또는 한 형으로부터 다른 형으로 옮겨가고 있는 것이 현재 가정의 추세라 할 것이다.

3) 자아의 발달

본성이 쾌락을 추구하고 초자아가 도덕성을 추구하는 것에 반하여 현실에 근거한 판단과 조정의 기능을 하는 것이 자아이다. 자아의 발달은 자아에 대한 미분화의 상태에서 우리들이라는 형성의 단계를 경유하여 자아를 타아로 옮겨 본다는 과정을 통하여 이루어진다고 한다. 이와 같이 자아는 본능 에너지(energy)에서 출발하여 타아와의 상관관계에서 획득되고 발전하게 된다.

에릭슨(E. Erikson)은 정신분석학적 자아심리학의 관점에서 퍼스낼리티의 중핵으로 작용하는 자아(ego)가 다음과 같이 성장 발달해 간다고 본다.

자아의 발달

순	발달단계	발달내용
I	유아기	신뢰 대 불신
II	유소기	자율 대 부끄러움, 의심
III	아동기	진취성 대 죄악감
IV	학동기	근면 대 열등감
V	청년기	동일성 대 동일성확산
VI	성인전기	친밀함 대 고립
VII	성인기	생산성 대 자기 집중
VIII	성숙기	통합 대 혐오, 절망

유아기에서의 자아의 발달과제는 인간관계에 있어서의 기본적 신뢰관계(basic trust)를 경험하는 것이며, 유소기에서는 자율성(autonomy)을 확립하는 것이다. 만약 신뢰관계를 수립하지 못할 경우(mistrust)에는 다음 단계에서의 자율성의 획득에 영향을 미쳐 부끄러움(shame)이나 의심(doubt)을 고착시켜 자율성의 충분한 확립이라는 자아의 발달을 방해하게 된다.

따라서 생활주기(life cycle)의 각 계급에서 자아는 직접 하지 않으면 안 될 과제를 해결함으로서 균형 발달하여 청년기에서의 자아통일성(ego-identity)의 확립에 의하여 그것이 통합된다.

4) 사회적 환경

개인이 그가 속한 사회의 규범과 가치를 내면화하여 정상적인 사회의 구성원이 되어가는 과정은 유아기뿐만 아니라 소년기 · 청년기에로 이동해감에 따라 확대되어 간다. 즉 학급집단, 놀이또래, 직장에서의 영향이 있다. 이것은 일괄해서 퍼스낼리티 형성의 사회 · 문화적 배경으로 보아도 좋을 것이다.

퍼스낼리티와 문화와의 관련은 사피어(E. Sapir), 베네딕트(R. Bendict), 미이드(M. Mead) 등이 미개민족에 관해서 연구한 바 있다. 인간은 특정의 문화속에서 그것에 대하여 반발이나 반항을 시도하는 일이 있다고 해도 결국은 그 문화에의 적응이라는 과정을 밟아서 자기의 퍼스낼리티를 형성해가게 되는 것이다.

문화는 가정의 관습이나 또래의 행동규준, 교육체계, 사회의 습관이나 통념을 통해서 개인의 경험의 범위나 종류를 한정해서 행동양식의 방향을 잡아 통제하는 것이다.

문화인류학자 중에서도 카아디너(A. Kardiner)나 린튼(R. Linton)은 젖유아기의 체험을 매우 중시하는데, 프롬(E. Fromm) 등은 오히려 현실의 사회의 정치경제적 조건, 이데올로기 등의 제요인과 인간자신이 갖는 욕구와의 상호작용에 의해서 퍼스낼리티가 결정된다고 한다. 문화의 퍼스낼리티에의 영향은 각각의 문화의 구체적 수준에서의 실증적 연구로서 현재 많이 하고 있다.

실증적 연구 중 중요사례는 다음과 같다.

뉴기니아의 참블리족(The Tchambuli of New Guinea), 밴쿠버 섬의 쿠아큐틀족(The Kwakiutl of Vancouver Island), 뉴기니아 섬의 아라페시족(The Arapesh of New Guinea)으로 이들은 남녀도치형, 공격형, 모성형 사회의 특징을 이루고 있다는 사실이 보고되고 있다.

4. 퍼스낼리티의 검사(personality test)

하나의 독립된 생리적 · 심리적 · 사회적 존재로서 개인 각자의 심리적 독자성을 규정짓는 그의 전형적 행동양식의 전체적인 체제에 관한 특징을 측정, 또는 진단하기 위하여 만들어진 검사로서 일반적으로 성격조사와 거의 동의로 사용되고 있다.

관찰이나 면접을 통해 성격을 검사하는 경우도 있지만, 표준화해서 시판되고 있는 대부분의 성격검사처럼 특성론에 입각하여 적출, 또는 목록을 이용한 자기보고를 통해 성격을 검사하는 방법이 가장 많이 사용되고 있다.

퍼스낼리티 파악의 방법을 대별하면, ① 관찰, ② 면접, ③ 평정법, ④ 질문지법, ⑤ 작업검사법, ⑥ 투영법의 6개로 나누어진다.

여기서 ④~⑥이 일반적으로 퍼스낼리티 테스트로 불러지는 것이다.

1) 질문지법(questionnaire method)

어떤 문제에 관해서 작성된 일련의 질문에 대해 피험자가 대답을 기술하도록 하여 자기 판단을 시키는 형식의 테스트이다.

답은 '네' '아니오'로 할 때가 많은데 1대비교법, 다지선택법, 분류법, 품등법, 평정척도법 등 여러 가지 방법이 있다.

이들은 테스트의 내용, 결과의 처리법 등에 의해서 적절한 것이 선택된다. 이 방법의 장점은

① 다수 대상에 대해서 단시간에 실시가 가능하다.
② 결과처리가 간단하다.
③ 평가에 주관이 개입 안 된다.
④ 행동관찰이나 제3자의 평정으로는 포착할 수 없는 내면(covert behavior)의 포착이 가능하다 등이 있다.

한편 단점으로는
① 피검사자(S)의 언어능력에 의존한다.

② 질문한 사항밖에는 알 수 없다.
③ 피검사자의 의식의 범위밖에 모른다.
④ 피검사자의 응답의 의미를 알 수 없다.
⑤ 허위의 응답이 나와도 검증할 길이 없다 등이 있다.

질문지법에 의한 주된 퍼스낼리티 테스트에는 다음과 같은 것이 있다.

(1) 향성검사(向性檢査)

융(C. Jung)의 성격유형론에 의해 외향성·내향성을 조사해서, 지향지수(V. Q.)를 산출하는 것이다.

(2) 길포드 성격검사

12개의 성격특성을 120항목으로 알아본다.

(3) M.M.P.I(미네소타 다면적 인성검사)

미네소타 대학의 하사웨이(S. R. Hathaway)와 매킨레이(J. C. Mackinley)의 공동고안에 의한다. 550항목, 9척도로 된 테스트(Minnesota Multiphastic Personality Inventory Manual)이다.

이밖에 한국심리적성연구소의 성인용 성격요인검사(K.I.P.A), 한국행동과학연구소의 대학생용의 KPI성격검사, 코리안 테스팀센터의 고등학생·대학생·일반용 적성종합검사, 한국가이던스의 다면적 인성검사 등 많은 검사가 있다.

2) 작업조사법(performance test)

피험자에게 일정한 작업을 시켜서 그 적나라한 행동에서 성격특성을 알아내고자 하는 것이 작업검사법이다. 이 검사는 피험자에게 검사의 목적을 알리지 않고 하기 때문에 위장검사라고도 불린다. 이래서 피험자의 작위에 의한 영향이 경감된다.

이 같은 작업조사법은 미국 히일리(Healy. W.)가 시작했으며 그 뒤 여러나라에 보급

되었는데 그의 회화완성검사(picture completion test), 나무토막검사(cube test), 형반검사(form board test), 미로검사(maze test) 등은 지금도 널리 이용되고 있다.

3) 투영법(projective method)

다소 모호한 시각적, 또는 언어적 자극을 제시하여 놓고 피험자에게 그 자극을 재구성시킨 다음, 재구성하는 과정에서 자기도 모르게 노출된 피험자의 욕구나 감정 등을 중심으로 그의 성격을 분석하고 해석하는 방법이다.

벨라크(L. Bellak)는 이런 변용한 지각을 통각이 라고 했다. 이 통각적 왜곡을 통해서 피검사자들의 퍼스낼리티를 이해하고자 하는 것이다. 이 방법은 표준조사와는 달라서 통계적, 집단파악에 의거하지 않고 개인의 전체적, 역동적 퍼스낼리티상을 총합적으로 진단하고자 한다. 따라서 평가는 주관적, 통찰적인 것이 특징이다. 이런 점에서는 임상심리학자의 누적된 경험과 깊은 인간이해가 요구된다. 그러나 이것이 이런 종류의 테스트에 있어서 난점의 하나라고도 볼 수 있다.

이것을 주어지는 자극에서 분류하면 아래와 같다.

(1) 언어자극에 의한 것

① 자유연상검사 즉 융(C. Jung), 라파포오트(D. Rapaport) 등의 자극어에 대해서 자유로운 반응을 요구하는 것

② 문장완성법 즉 롯터(J. B. Rotter), 색스(J. M. Sacks) 등과 같이 불완전한 문장을 완성시키는 형성이 있다.

(2) 시각자극에 의한 것

① 로르샤흐 잉크반점테스트(Rorschach Ink-blot Test)는 잉크의 흔적으로 된 카드를 보여 그것에 부여시키는 것

② T.A.T(thematic apperception test) 즉 애매한 상황을 그린 그림을 주고 이야기를 꾸미게 하여 거기에서 피검사자의 욕구 · 압력들을 분석하는 것

이 밖에 P.F 검사(picture frustration test), 약화법(略畵法), 색채상징검사 등이 있다.

(3) 청각 자극에 의한 것

(4) 표현 운동에 의한 것

지회법-finger painting, 인물묘화법-figure drawing

(5) 유희나 극에 의한 것

인형 놀이-doll play, 심리극-psychodrama 등이 사용되고 있다.

5. 퍼스낼리티의 지도

퍼스낼리티의 지도에는 유전적, 후천적 요인을 강조할 수가 있으며, 특히 어렸을 때의 기본적 습관은 일생동안 그 자신의 생활습관 모형으로 정착되는 수가 많다. 프로이드는 인간의 인성 및 성격이 2세 이전에 거의 형성된다고 보고 있으며, 우리의 옛 속담에도 세 살 버릇이 여든까지 간다고 하였다.

1) 기본적 습관 형성

① 식사 습관

- 모유는 병에 대한 면역성과 더불어 영양과 애정을 섭취하며, 인공유는 많은 문제성을 내포하고 있다.
- 이유 이유식을 주는 시기는, 문치(門齒)가 나서 고형식(固形式)이 가능해질 때가 좋으며 너무 일찍 떼면 정서적 불안정을 가져오기 쉽고 너무 늦게 떼면 의존적 성격이 되기 쉽다.
- 식사 지도 태도는 시기를 엄격히 정하고 편식, 과식은 특히 주의한다.

② 배설 습관(toilet training)

- 유아가 보행을 시작하는 만 15개월쯤부터 시작하는 것이 좋으며 너무 일찍 또는 늦게도 좋지 않다.

③ 수면시간

- 시간
  - · 신생아 (18~20시간 정도)
  - · 유치원 (10~12시간 정도)
  - · 초등학교 (9시간 정도)
  - · 성인(7~8시간 정도)
- 수면 자세의 지도
- 규칙적으로 일찍 자고, 일찍 일어나는 습관

④ 착의 습관

- 3.5세~4세에 시작한다.
- 박의(薄衣)나 후의(厚衣)는 운동신경장애를 가져오며 어린이의 사회화에 영향을 준다. 박의
- 지나치게 값이 비싼 옷은 어린이에게 괴벽을 기르고 운동신경발달에 좋지 않은 영향을 줄 수 있다.

⑤ 청결 습관

이것이 지나치면 어린이가 결벽증이 되어 청결 공포증이 되는 수가 있으며 치료가 상당히 곤란한 상태에 빠질 가능성도 있다.

2) 건강관리

건강은 인간 삶의 기본이다. A Sound Mind in a Sound Body라고 하듯 건강하면 생활이나 터도에 여유가 있고 포용적이 되며, 반대로 신체가 허약하면 대체로 세밀하

고 날카롭고, 모가 나며, 신경질적인 경향을 보이기 쉽다.

3) 가족의 화목

가정은 우리의 보금자리요 안식처이며 가족의 위안의 장소이며 자녀들의 교육의 장소이기도 한다. 인간이 시간적으로 처음 접하는 사회적 환경은 가정이며, 처음으로 맺는 사회관계도 역시 가족에서인 것이다. 그래서 가족 집단의 집단적 성격으로 운명적인 집단, 1차적 집단, 근원적 집단, 인격집단, 세속집단으로 구분하기도 한다.

부모의 퍼스낼리티가 건전할 때, 그 자녀의 성격도 건전해진다.

여기서 시몬드(Symond P. M).의 연구로 된 부모의 전형적 양육상태 유형을 소개한다.

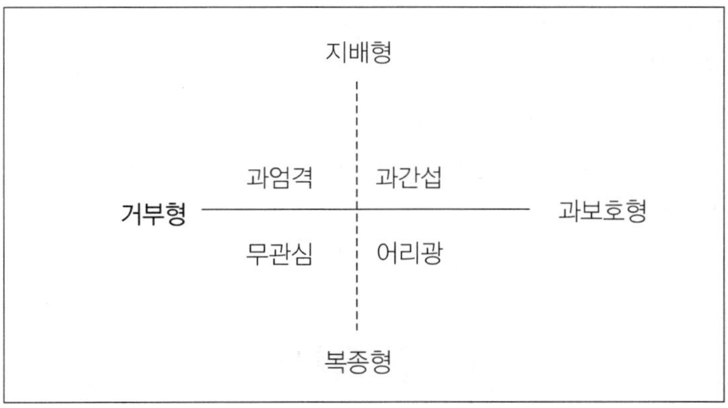

시몬드는 이상적 부모의 태도는 중앙의 위치라고 보고 있다. 즉 중용적 태도를 강조하는데, 그 위치를 고수하라는 것이 아니고 상황에 따라서 신축성 있게 약간씩 이동하는 것이 바람직하다고 하였다. 그리고 부모의 자녀에 대한 태도는 동일해야 하며, 또 시간이 경과해도 일관성을 유지하며, 엄격과 감상에 치우쳐서는 안된다고 하였다.

가족 행복도

드물거나 전혀 아니다	약간 그렇다	종종 그렇다	자주 그렇다	대부분 항상 그렇다
1점	2점	3점	4점	5점

1. 우리 가족은 나를 화나게 만든다. ( )	14. 우리 가족은 서로 염려한다. ( )
2. 식구들 주위에 있고 싶지 않다. ( )	15. 우리가 훌륭한 가족이라고 생각한다. ( )
3. 우리 가족의 일원이 아니었으면 한다. ( )	16. 가족이 정말로 좋다. ( )
4. 식구들이 너무 많이 다툰다. ( )	17. 가족에게 진정으로 의지할 수 있다. ( )
5. 가족 간에 가깝다는 느낌이 없다. ( )	18. 가족과 사이가 좋다. ( )
6. 나는 식구들 속에서 이방인처럼 느낀다. ( )	19. 우리 식구는 서로에게 매우 잘한다. ( )
7. 식구들은 나를 이해 못한다. ( )	20. 아는 사람들은 우리 가족을 존경한다. ( )
8. 우리 가족은 서로를 증오한다. ( )	21. 우리는 사랑이 많다. ( )
9. 우리 가족엔 불화가 많은 것 같다. ( )	22. 우리 식구들은 서로 사이가 좋다. ( )
10. 우리 가족생활은 대부분 불유쾌하다. ( )	23. 우리 가족은 내게 큰 기쁨이다. ( )
11. 다른 집은 우리보다 사이가 좋은 것 같다. ( )	24. 나는 우리 가족이 자랑스럽다. ( )
12. 나는 가족으로부터 내버려진 것 같다. ( )	25. 우리 가족은 나에게 정말로 위안의 원천이 된다. ( )
13. 우리는 불행한 가족이다. ( )	

단정 : 안정 : 50점 미만, 보통 : 50-55점, 문제 : 56-95점, 위험 : 96점 이상

제3절 정서지도

1. 의의

정서(emotion)는 라틴어 emotus 즉 운동에서 온 말이며, 내적 요구에서 생긴 외계에의 행동 혹은 행동경향을 의미한다. 즉 외적 자극이나 내적 상념에 관련되어 느껴지는 쾌 · 불쾌의 상태를 감정이라 부르는데, 일반적으로 이 감정이 분화된 상태를 말한다. 정서는 비교적 심한 생리적 반응을 수반하는데, 흔히 나타나는 생리적 반응으로는 급격한 심장고동의 증진 · 근육긴장 등이 있다.

정서의 예로는 공포 · 분노 · 환희 · 즐거움 · 흥미 · 호기심 등을 들 수 있다. 한편 정서는 감정의 격한 정도에 구별 없이 정적인 의식을 수반하는 모든 행동을 의미하기도 한다. 그래서 정서를 정동(情動)이라는 말로 나타내는 사람도 있다.

흥미 · 호기심 등의 정서는 학습활동에서의 동기유발로서 중요하며, 반대로 공포 · 분노 등의 정서는 학습상 바람직하지 못하다. 정서에의 욕구불만은 여러 가지 문제행동의 원인이다. 특히 어릴 때의 이런 정서적 경험은 심리적 상흔이 되어서, 뒤에 오는 인격발달에 영향을 주는 경우가 있다.

정서의 원만한 발달은 조화된 인격의 기본적 특질이다. 이전의 교육은 지육편중이었지만, 오늘은 가이던스에 의해서 정서의 교육도 아울러 지도하려고 한다. 최근 정신위생은 이런 정서의 적절한 지도를 지향하고 있다.

2. 정서발달의 견해

정서의 발달에 대해서는 선천설 · 후천설 그리고 성숙설이 있다.

1) 선천설

선천설의 대표는 맥듀걸(W. McDougall)이다. 그는 진화론적 경험주의에 입각한 행동과학으로서의 생물학적 심리학을 수집했으며, 연구업적은 여러 방면에 걸쳐 있다. 그의 특색은 행동주의의 기계론에 반대하고 행동을 목적적인 것으로 보고, 그 근저에 존재한다고 생각되는 본능에서 모든 행동의 원리를 설명하려고 하는데 있다. 그가 열거한 인간의 주요 본능을 도피, 투쟁, 반발, 친애, 자기주장, 생식, 호기심, 복종, 건설, 군거, 획득 등을 지적하고 있다. 그는 이러한 본능을 기초로 해서 모든 사회현상을 설명하는 근거로 삼았다.

이와 같이 그는 정서를 본능의 주관적 측면으로 본다. 즉 도피본능에 대한 공포, 투쟁본능에 대한 분노, 배척본능에 대한 혐오, 친애본능에 대한 애정, 호소본능에 대한 곤혹, 배우(配偶)본능에 대한 성감(性感), 호기심에 대한 탐색, 복종본능에 대한 열등감, 긍정본능에 대한 우월감, 군거본능에 대한 적막감, 수렵본능에 대한 식욕, 소유본능에 대한 소유욕, 창조본능에 대한 창작심, 웃음의 본능에 대한 유쾌의 14개의 정서를 들고 있다. 이 경우 본능은 선천적인 것임으로 정서도 선천적이다.

2) 후천설

후천설의 대표는 왓슨(J. B. Watson)이다. 그는 행동주의(behaviorism)의 제창자로서 가장 유명하다. 즉 심리학의 방법론에 있어서 내관법을 버리고 의식을 배제하며 대상으로서 순객관적인 행동만의 연구를 주장하였다. 또 극단적인 환경론을 취하여 기계로서의 성격은 그 사람습관의 체계에 지나지 않으며 그것은 무학습반응이 환경의 영향에 의하여 확장발전된 것이라고 하였다.

그는 아동의 공포의 연구에서 종래 선천적이라고 생각됐던 공포심은 대체로 조건반사반응의 소산이라고 주장하였다. 이러한 사고는 당연히 다른 정서에도 해당된다. 이것은 후천설로 볼 수 있다.

정서는 조건화의 과정에 의해서 새로 길러지기도 하고, 있었던 것이 변화되기도 한다. 그 기본적 원리는 전에는 조건자극을 생득적으로 어떤 반응을 일으키는 자극(무조건자극)에 결부시켜 갈 것 같으면 나중에는 조건자극이 무조건자극의 대리자극이 되어, 중심적이었던 자극에 대해서 어떤 반응을 보이게 된다는 것이다. 이러한 것은 일반화의 결과이다. 그러나 공포 같은 정서는 소멸(extinction)의 과정에 의해서 제거될 수도 있다. 이것은 중성자극을 무조건자극과 결부시키지 않고 연속해서 줄 경우에 처음에는 약한 반응을 보이다가 여러 번 반복하면 공포반응이 없어지게 된다.

3) 성숙설

성숙설은 선천설과 후천설의 총합이라고 할 수 있다. 예를 들면 바렌타인(C. W. Valentine)은 어린이는 탄생 당시는 사람을 알아보지 못하나, 생후 8개월부터 이미 아는 사람과 앞으로 알 사람을 구별할 수 있게 되며 미지의 사람을 무서워하게 된다.

이것은 선천적이기는 하지만 갓난아이에게는 없고, 생후 성숙해감에 따라 그런 현상이 출현한다.

성숙은 정서발달을 규정하는 조건이다. 즉 유기체의 성숙과 더불어 정서적 반응의 형식이 달리 나타난다는 것이다. 그렇기 때문에 지금까지는 아무런 반응도 보이지 않았던 자극이나 사태에 대해서도 지각이나 지능의 발달에 의해서 다른 반응을 보이기도 하며, 또는 내분비선의 기능이 활발해짐에 따라 색다른 반응을 보이기도 한다. 제르실드(A. T. Jersild)는 정서에 있어서의 성숙의 역할을 강조하고 있다.

따라서 정서는 선천적 원인과 후천적 · 환경적 원인의 양자에 의해서 발달하는 것이다.

3. 정서발달의 과정

1) 영유아의 정서

출생 후 1개월 동안의 유아심신의 발달은 다음과 같다. 출생시 큰 소리로 울고 청각을 제외한 다른 감각기관은 자극에 대해서 반사반응을 보인다. 얼굴을 찌푸리고, 하품을 하며, 기침을 하고 손으로 잡는 일, 발바닥에 자극을 가하면 움직이는 반사를 보인다.

생후 1주간은 이러한 자극에 대한 반응이 더욱 더 명료해지고 2주일에는 한곳을 보게 되고 4주일 경에는 움직이는 것을 보게 된다.

정서발달상 이 시기에는 기본적인 좋은 습성의 출발이 된다. 젖먹이는 시간을 정하여 하루에 6~7회가 좋다. 아이가 울기만 하면 젖을 주는 습관은 좋지 못한 일이다.

생후 2개월경부터 어머니의 얼굴을 보고 웃으며 공복시, 차고 뜨거울 때, 혹은 강한 충격적인 소리를 들었을 때, 자체의 자유가 구속되었을 때는 각각 우는 소리의 음조와 방법이 조금씩 달라지게 된다. 또한, 이때부터 미소를 지을 줄 알게 된다. 3개월쯤 되면 미소는 한층 뚜렷이 나타나며 이것이 또한 귀여움을 받게 되는 곧 역할을 하게 된다. 자기 뜻대로 되지 않을 때에는 손발을 구르면서 얼굴이 붉어지고 숨넘어가는 소리로 우는 것을 볼 수 있으며, 이때부터 분노의 정서가 나타나게 된다고 한다. 대소변도 될 수 있는 대로 변기를 사용하고 시간을 정해서 시키는 습관을 들이는 것이 좋다. 이유의 준비로서 첨식을 시작하고 야간 젖먹이를 중지시켜서 1일에 5회 정도가 좋다.

4, 5개월이 되면 소리를 내서 웃기 시작하며 좋아함과 싫어함의 차이도 비교적 명확하게 나타난다고 한다. 6개월쯤 되면 어머니를 좋아하는 정이 현저해지고 만족과 불만족에서 오는 정서적 표정이 보다 확실하게 나타난다. 8개월부터는 낯을 구별할 줄도 알게 되며 처음보다 사람에 대해서는 멀리하려고 한다. 9개월쯤 되면 즐거울 때, 또는 슬플 때는 눈을 찌푸리고 두 손에 힘을 넣어 감정을 표시한다. 10개월째 이유를 시키는 것이 좋다. 11개월째는 손가락을 빨고 혀를 차는 흉내를 낸다. 만 1년이 되면 체중은 3배, 신장은 평균 24㎝가량 크며, 이름을 부르면 대답한다. 사람의 얼굴을 가리지 않고 누구를 보더라도 잘 웃는다. 오줌이 마려울 때는 변기를 가리키고 2, 3보씩 걷기 시작한다.

대체로 정서적 표현은 최초에는 내부적, 생리적인 자극이나 요구에 의해서 표현되었던 것이 성장해 감에 따라서 점차로 외부적인 자극 즉 인물이나 사물에 의해서 유발된다고 볼 수 있다.

2) 유아의 정서

유아기가 되면 정서의 분화는 두드러지게 나타나며 대체로 5세경이 되면 성인의 정서내용과 거의 동일하게 분화발달 된다고 한다. 그런 점에서 유아의 생활은 정서적이며 그 지각에 있어서도 표정적인 특색을 보이는 이유도 이런 점에서 찾을 수 있다. 그러나 유아기의 정서는 일반적이며 또 희로애락의 정서표출의 횟수도 많은 것이 그 특징이다.

부모는 상대가 어린이라 하여 부주의의 태도, 무질서한 행동양식, 맹목적인 사랑 등의 태도를 보여서는 아니 된다. 그것이 곧 아이들에게 진지한 경험이 되고 중대한 영향을 주는 것을 명심해야 한다.

3) 아동기의 정서

아동기는 정서 각 부면(部面)의 분화가 이루어지는 시기이며, 정서의 안정적 발달이 도모되는 시기이다. 이 시기에는 지각이나 지능의 발달에 따라서 행동권이 확대되고 경험이 풍부해져 가기 때문에 정서를 일으키는 자극의 의미도 달라지게된다. 즉, 정서 자극의 의미가 상상력의 발달에 따라서 추상화되어 가게 된다. 그리하여 정서의 표현도 유아기보다 좀 더 반응이 지속적이며, 간접적이며, 정적이고, 또 정서의 표현 빈도도 점차 줄어 들어가는 것이 일반적인 경향이며 그 특색이다. 이처럼 아동기의 정서는 유아기에 비해서 보다 외적인 표현이 연차적으로 감소해 가는 것이 특징이다.

아동기는 지적교육의 중요한 연령인 동시에 정서교육 성격지도도 중요하고 자율성, 독립성의 기초적인 훈련으로 좋은 습성의 완성 특히 이성적 객관적 태도의 지도가 되어야 한다. 집단훈련을 통해서 사회성, 민주성, 협동성, 윤리성, 근면성 등의 양성이 가능한 시기이다.

4) 청년기의 정서

청년기의 정서는 사춘기 초기 또는 제2반항기로부터 시작되며, 격정적이고 감동적인데 그 특색이 있다. 신체에 대한 급격한 변화와 더불어 정신적으로도 큰 변화가 오는 시기이다. 특히 성애(性愛)의 정서는 중요한 위치를 차지하며, 청년기의 심각한 고민 또한 여기에서부터 발단되는 바가 적지 않다. 그래서 그 시기를 격동기, 제2의 탄생기, 탐색기라고 부르는 것은 인생의 위기를 맞이하는 시기이다. 청년기는 심신의 급격한 변화, 욕구실현의 강력한 충동 때문에 적응을 어렵게 하는 조건이 증대된다. 따라서 욕구불만에 의한 정서불안정 상태에 떨어지기 쉽다.

특히 사회적인 좌절감이나 문화적인 갈등 때문에 정서적 혼란이 많이 일어난다. 자아의식의 고양, 부모, 교사, 사회의 욕구저지나 생물학적 성충동과 사회적 문화적 규범과의 갈등은 청년의 정서를 한층 불안정하게 만들고 이들의 욕구불만이나 갈등을 조절하기 어렵게 만든다.

최근 비행 청소년에 대한 임상심리학적 연구에 의하면 청소년의 이상행동을 감정의 성숙이 연령에 비해서 늦어지고 있다는 사실이 가장 큰 원인이 되고 있다고 한다.

청년기의 정서특징을 요약하면 다음과 같다.

① 우울증과 반항

청년기는 이상과 현실간의 모순 때문에 더욱 이상의 세계를 동경하게 되고 불만스런 현실에 반항적이며, 이것이 잘 성취되지 않을 때 우울증에 잘 빠진다.

② 자기중심과 자기우화

청년기에는 흔히 자신이 생각하는 대상과 타인이 지향하는 대상간에 차이가 있을 수 있다는 사실을 의식하지 못하는 경우가 많다. 또한 사회적 상황에 있어서 자신은 무대 위에 선 것으로 생각하며 타인들은 모두 자신을 지켜보는 관객으로서 자기 행동을 평가할 것으로 생각한다.

③ 독립성 추구

청년기에는 자신의 신체적 · 정신적 발달이 성인의 수준에 이르게 되었다고 생각함으로서 독립적 존재로서 자신을 의식하게 된다.

④ 양가적 감정

청년기는 신체적 · 정신적 성숙에 의하여 새로운 특권을 즐기려 하면서도 그에 수반되는 책임은 회피하려는 성향이 있다.

4. 정서발달의 지도

정서는 아동의 출생 초기에 미분화상태인 흥분으로부터 시작해서 발달단계가 진행됨에 따라 점차 분화된 정서를 보여주게 된다. 아동의 정서는 청년과 성인에 비해서 일시적이고 강렬하다.

정서의 발달은 에너지 체제의 분화 확대의 과정이며 이 체제가 불안정한 것으로부터 안정화되어 가는 과정이라고 할 수 있다. 따라서 정서적 안정은 개체의 생리적 기제뿐만이 아니라 환경적 조건에도 대단히 의존하고 있다. 정서의 발달에 있어서 주의할 점은 아래와 같다.

1) 자기 중심성과 타인 중심성

정서는 사회에서 승인된 양식으로만 표출하도록 사회에 의해서 통제된다. 그러므로 너무 과격한 표출은 허용되지 않는다. 특히 공포 · 분노 · 질투 등의 경우가 더 그렇다.

즐거움이나 웃음의 정서는 매우 허용적 이지만 때와 장소에 따라서는 삼가할 필요가 있다. 타인의 실수를 냉소하는 듯한 웃음을 삼가 해야 된다. 그렇지만 아주 어릴 때부터 너무 표현을 억제하는 것은 좋지 않다. 자기의 마음으로 처리 할 수 없을 정도의 정서를 속에 남겨두는 것은 좋지 않다.

2) 심신건강의 기초

정서는 신체상태와 밀접하게 연결되어 있음으로 운동 · 영양 · 휴식에 주의하며, 건강상태를 유지하고 쾌활한 심성의 기초를 기르는 것이 필요하다.

3) 주변인의 정신건강 영향

어린이의 정서가 주위 사람의 정서에서 영향받기 쉽다는 것은 주지의 사실이다. 부부사이가 좋고 행복한 부모라면 그 자녀도 행복에 잠길 수가 있다.

침착성이 부족한 교사 밑에 있는 아동은 항상 정서적으로 불안정상태이며, 아동은 자기도 모르게 교사의 행동 특성을 모방한다.

4) 정서의 통제와 조정

행동주의의 정서 설에서는 일체의 정서를 조건반사라고 생각하고 있으므로 좋지 못한 정서는 처음부터 성립되지 않도록 해야한다고 주장한다. 그러나 일단 성립된 것은 재 조건의 방법에 의해서 다시 변화시킴으로써 교정해야 한다. 이와 같이 아동에게 자기정서를 통제하는 기술을 지도하고 조정할 수 있는 능력을 길러주는 것은 정서발달상 필요하다.

정서는 아동의 출생 초기에 미분화 상태인 흥분으로부터 시작해서 발달단계가 진행됨에 따라 점차 분화된 정서를 보여주게 된다. 정서의 발달은 에너지 체제의 분화 확대의 과정이며 이 체제가 불안정한 것으로부터 안정화되어 가는 과정이라고 할 수 있다.

제4절 사회성지도

1. 사회적 발달(social development)

인간은 그에게 영향을 미치는 외부적 조건에 의하여 성장하고 발달하며, 이 외부적 조건을 사회적 환경이라고 한다. 이와 같은 사회적 환경은 사상 · 가치 · 인간의 행동양식 등을 포함하고 있는 것이다. 그러나 사회적 환경은 어디까지나 인간에 의해서 형성된 것이기 때문에 시대와 사회에 따라 다르다.

사회적 환경 속에서 개인간의 상호관계를 통해 인간은 사회적 학습을 하게 되는 것이다. 인간의 언어나 도덕성 같은 것은 모방(imitations)을 통한 사회적 학습에 크게 의존한다. 이러한 과정을 통하여 인간은 사회적 적응을 하게 되는 것이다. 사회적 적응이란 사람과 집단 및 문화요소간의 균형잡힌 관계를 말하며, 또한 조화된 관계를 만들어내는 과정을 말한다.

아동 · 청년의 정신적 발달은 이러한 사회의 장에서 이루어지며 인격이 형성되어감에 따라 사회적 발달이라는 것은 거의 개인의 정신발달 그 자체를 의미한다고 보고 있다.

그러나 정신발달에는 주로 종속적 선천적인 요인에 의한 것과 개체적 후천적 요인에 의한 것으로 구별되며 사회적 발달은 후자에 속한다.

그리고 그 중에서 특히 대인관계 및 집단생활에 나타나는 행동특성의 발달적 변화, 사회관계에 규제되고 습득되어 가는 행동의 형 그리고 문화적 사회적 생활에 의한 정신생활의 내면화 과정 등을 사회적 발달로 취득하는 것이 보통이다.

개인은 그 개인적 요구와 사회적 압력과의 조절을 학습해야 되며 사회적으로 용인되는 또는 거부되는 행동의 형을 습득하지 않으면 안 된다.

이러한 과정 속에서 한쪽으로는 자아의식을 확립하고 타와 구별되는 자기의 제 특성을 명료화하는 동시에 다른 한편으로는 개체의 사회적 생활공간의 확대를 꾀하고 사회생활에 대한 적응을 획득해 나가는 것이다.

전자를 개성화(individualization)라고 하며, 후자를 사회화(socialization)이라고 한다. 개성화와 사회화의 과정은 상호보완하며 상호의존적으로 개인의 사회적 발달의 내용을 이루며, 이러한 발달에 의하여 퍼스낼리티는 형성되고, 확립되어간다고 보아진다.

2. 사회적 행동발달의 요인

인간은 태어날 때부터 사회의 규범과 행동양식을 알고 태어난 것은 아니다. 타인과 더불어 살면서 형성되는 것이다. 사회적으로 승인된 행동양식은 생득적인 것이라기보다 학습된 것이라고 보는 것이 타당할 것이다. 아동·학생의 사회적 행동의 발달에 개인차가 생기는 것은 인간의 사회적 행동의 발달을 다음과 같은 제 요인에 의해서 규정되기 때문이라고 보여진다.

1) 성격

성격은 개인의 독특한 행동체제를 뜻하는 것으로 인성, 인격, 사람 됨됨이, 개성 등으로 쓰이는 말이다. 성격 형성의 중요시기는 유아기이며, 성격형성에 많은 영향을 주는 요인으로는 유전적 소질의 체질적 기초, 습관과 습성의 제2의 천성, 자각적인 의식과 경험, 욕구의 만족과 불만족상태, 가정, 학교의 분위기, 자연적·사회적·문화적 환경 및 대인관계 등이다. 이런 제 인자가 아동 · 학생의 행동에 적극적, 소극적, 지배적, 종속적 등의 차이를 만든다.

2) 가정

가족간의 인간관계와 경제적 환경, 문화적 환경과 그 자녀가 점하고 있는 지위와 부모의 자녀에 대한 태도와 교육관의 여하에 따라 사회성이 달라진다. 구체적인 사례로 ① 양친간의 알력은 정서적인 불안을 면할 길이 없다. ② 엄격한 가정은 내향적이고 백일몽적 성격이 되며 열등감을 갖게 되며 제3자에 대하여 반항적 공격적이 된다. ③ 학대받는 가정은 모든 사람을 적대시하는 태도를 취한다. ④ 익애하는 가정은 자주성, 자신감이 결여되고 소극적이고 의지가 약하고 사회성이 적다. ⑤ 간섭이 심한 가정은 의욕상실과 자신감을 잃게 된다. ⑥ 방임하는 가정은 도덕적 관념이 희박해서 옳고 그른 판단을 내리지 못하고 어떠한 제한이라든지 구속을 싫어하며 절대 자유의 생활을 하려한다.

3) 학급 · 학교사회 및 지역사회

아동 · 학생의 사회적 행동은 그 자신들도 일원인 학급 및 학교의 사회적 분위기나 풍토에 의해서도 큰 영향을 받는 것은 물론 그가 거주하는 지역사회의 구조에 의해서도 교정된다.

한국 어린이가 미국에 입양하면 그 어린이는 영어를 쓰게 마련이다. 이것은 어린이의 학습에 있어서는 사회환경이 중요하다는 것을 의미한다. 사귀는 친구와 주위 사람들의 행동을 보고 학습하는 것이다. 이러한 점에서 맹자의 어머니는 집을 세 번이나 옮겨서 서당 부근에서 살았다는 것은, 결국 학급 · 학교사회 및 지역사회의 환경이 학생들의 사회성에 지대한 영향을 줄 수 있다는 것이다.

3. 사회적 태도(social attitude)

1) 의의

태도란 일정한 대상에 대하여 '자기 자신의 속의 뜻이 드러나 보이는 겉모양' 또는 '반응의 준비의 상태(readiness for response)'이며, 그 대상이 사회현상 또는 인간현상 또는 인간관계를 포함할 때에 사회적 태도라고 한다. 즉 사회적 상황을 일정한 방법으로 인지하고 그에 따라서 행동하는 경향을 의미하고 있다고 보아도 무방하다.

태도는 다음과 같은 성질을 가지고 있다.

첫째로, 태도는 항상 특수한 대상과 관련되어 있다. 예를 들면 술 · 담배 · 이혼문제에 대한 견해나 반응방식 등을 말한다.

둘째로 태도는 그것이 관련하는 대상에 대해서 찬성 또는 반대하며, 또 시인 · 부인하는 방향성을 가지고 있다. 따라서 태도는 또 대상에 대해서 항상 어떤 가치판단을 갖는 것이라고 볼 수 있다.

셋째로 태도는 생활경험을 통해서 학습되어 고정되는 것이다. 따라서 태도는 대상에 대해서 가치판단을 포함하고 있음으로 의식과 학습에 의해서 형성됨으로, 훨씬 변용하기 쉬운 것이다. 예를 들면 전쟁에 대한 태도는 패전의 경험이나 교육에 의해서 변용시킬 수 있다.

2) 사회적 태도의 종류

사회적 태도란 어떠한 대상 또는 생각에 대하여 사람이 사회적으로 부여하는 의의를 말하며 이것은 그 사람이 그 대상을 어떻게 받아들이느냐에 따라 다르다. 이와 같은 태도는 습성처럼 일반화된 행동경향이 아니고 개개의 대상에 대한 경향이다. 또한 태도는 습성과 달라 가치판단을 내포하고 있다. 태도는 주로 소년기서부터 그 이후 개개의 경험이나 지식을 통하여 형성되나 습성처럼 고정된 것은 아니다. 일단 형성되더라도 또 기회가 있으면 변화되기도 한다. 태도는 보통 몸짓이나 언어와 같은 것으로 표현되며 이것을 우리는 의견이라고 한다.

사회적 태도는 객관적 사실에서의 상응도 및 그 고정성, 변용성으로 보아 다음과 같이 구분된다.

① 스테레오 타입(stereo types)

스테레오 타입은 고정적인 연판 인쇄의 비유에서 유래되어 고정적·선입적인 사회적 태도나 상투적인 형식을 말하며, 일정한 사회적 대상에 대한 견해의 내용이 단순화되어 있으며 일정한 사회의 성원간에 널리 파급되어 있다는 사회학적인 요인을 겸해서 있는 태도이다. 또 명백한 근거가 없으며 감정적 판단에 터하고 있다.

② 선입적 태도

스테레오 타입에서 사회적 요인을 빼고 고안한 개념이다. 즉 애초부터 머리속에 들어가 있는 고정적인 태도로서 그것이 자유로운 사고를 구속하는 경우이다.

③ 편견(prejudice)

사회적 대상을 객관적 사실에 기초하지 않으며, 또한 공정하지 못하고 한쪽으로 치우치게 생각하는 태도이다. 또 비록 편견이라 해도 일정한 근거를 가지며 비판에 대해서는 반항한다.

④ 단신적 태도

내용이 객관적 사실에 상응하지 않으며 또 비논리적, 비과학적인 판단에 따른 태도

⑤ 망상적 태도

객관적 사실에서 멀리 일탈해서 사실을 전연 왜곡하고 있는 태도

⑥ 상식적 태도

상식적 논리에 근거한 태도

⑦ 과학적 태도

과학적인 논리와 객관적 사실에 근거한 태도

일정한 사회적 태도는 행동을 직접적으로 규정하는 동시에 새로운 경험이나 새로운 사실의 해석과 이해까지 규정한다.

사회심리학이 사회적 행동을 예견하고 또 변용하는 것을 주요한 임무로 삼고 있는 한 사회적 태도의 연구와 측정은 사회심리학적의 중요한 과제라고 할 수 있다. 동시에 교육이란 바람직한 태도를 형성하며, 또 편견이나 그 밖의 바람직하지 못한 태도를 변용하는 과정이라고 한다. 따라서 태도 변용 기술과 태도형성의 제 조건을 명백히 하는 일은 심리학이나 교육심리학의 중요한 연구영역이라고 할 수 있다.

자신력 있는 행동

다음의 각 항목은 당신의 생각이나 행동 또는 의지를 묘사해 주는 정도를 나타내고 있습니다. 해당되는 곳에 V표를 한 후 채점해 보십시오.
항상 그렇다(3점)　때로 그렇다(2점)　거의 안 그렇다(1점)　결코 그렇지 않다(0점)
1. 나는 내가 해야 할 일을 잘 마무리하여 마친다. (　　)
2. 내가 할 일이 생기면 바로 착수한다. (　　)
3. 대학 생활에 대하여 만족한다. (　　)
4. 나는 주어진 환경에서 가능한 최선을 다한다. (　　)
5. 나는 새로운 환경과 도전에 잘 대처한다. (　　)
6. 학과생활에 대하여 만족한다. (　　)
7. 나는 내 자신의 일에 신념을 가지고 일한다. (　　)
8. 나는 내 미래에 대해 계획하고 실천한다. (　　)
9. 내 자신 여성(남성)으로 만족한다. (　　)
10. 나는 내 삶에 일정한 가치관을 가지고 생활하고 있다. (　　)
11. 나는 내 주의의 환경에 대하여 만족하면서 산다. (　　)
12. 내 자신의 신체적 자신감에 만족한다. (　　)
13. 지금까지 살아온 삶에 대하여 만족한다. (　　)
판정 : · 최상의 상태 33점 이상 · 적당한 상태 27-32점 · 느슨해진 상태 22-26 · 무기력 상태 0-21점

| 단원 마무리 |

질문을 만들어 보고 동료들과 이야기를 나눠 보세요.

♠ 정답이 있는 질문(교재에서 답을 찾을 수 있는 질문)

· 생활지도가 필요한 이유는 무엇인가?

· 내담자의 자율적 성장을 돕기 위한 상담의 목표는?

·

·

♠ 정답이 없는 질문(더 궁금하고, 이유나, 추론, 적용 등을 묻는 질문)

· 다양한 비행을 가지고 있는 학생들에게 상담활동이 필요한 이유는 무엇이라고 생각하는가?

· 퍼스낼리티 형성에 있어서 유전과 환경, 가정환경, 자아의 발달, 사회적 환경 등 무엇이 가장 영향을 끼친다고 생각하는가?

·

·

CHAPTER 12

사회심리

제1절 사회의 본질

제2절 사회화의 과정

제3절 사회심리의 제 문제

chapter 12 사회심리

우리는 일상생활에서 끊임없이 다른 사람들을 만나고 서로 영향을 주고받으며 산다. 사회심리학은 이와 같이 다른 사람들의 존재가 개인의 행동에 어떤 영향을 주는지를 연구하는 분야이다. 즉 사회심리학은 사회장면에서의 인간행동과 정신과정을 연구하는 과학으로 정의된다. 사회장면이란 사회자극들로 구성된 환경을 말하는데, 타인의 직접적인 존재가 바로 사회자극의 대표적인 예이다. 타인의 수는 문제가 되지 않는다. 사회심리학은 사회장면 속에서의 개체의 반응 즉 사회행동 또는 그것의 심리적 과정을 연구하는 분야이다. 개체의 사회적 행동을 연구한다 함은 연구의 대상 혹은 분석의 단위가 개체라는 뜻이다.

사회행동을 결정짓는 요인들로서 유전적인 요인, 성격적인 요인, 경험적인 요인, 현재의 사회장면 등 여러 가지가 있을 수 있다. 사회심리학자는 이런 요인 중에서 현재의 사회장면이 행동에 영향을 미치는 데 대해 초점을 갖는다. 즉 생물학적 요인이나, 개인차, 학습결과 보다 현재의 상황에 작용하는 요인들에서 찾고자 한다. 그러므로 개체의 현상적 세계가 강조되기도 한다. 즉 사회자극 실체가 무엇이냐 하는 문제보다는 그 사회자극이 실제 무엇으로 지각 또는 해석되었느냐를 더 중요시한다는 것이다.

그러므로 사회심리학자는 개인과의 상호작용에 미치는 태도와 행동양식 그리고 이들이 속한 집단의 속성과 행동특성에 관하여 연구한다. 이를 위하여 실험법뿐만 아니라 여론조사나 시장조사와 같은 조사법을 사용하기도 한다.

사회심리학의 중요한 관심문제로는 사회의 본질, 사회화의 과정, 사회지각, 사회행동, 사회적 관계, 사회영향, 집단역동의 문제 등이다.

제1절 사회의 본질

1. 사회의 개념

1) 어원

society는 소시우스(socius)로 부터 나온 말인데 소시우스는 원래 동류자가 모여 단체를 만들고 단결하는 것을 뜻한다.

2) 정의

사회란 일정한 지역 안에서 공속감정을 토대로 한 공동의 관념, 관습, 전통 및 생활양식 등의 문화를 공유하는 사람들의 공동생활 내지 집단 생활체로서 지속적 상호작용으로 함으로써 공동목적과 공동이익을 추구한다고 정의할 수 있다.

여기서 일정한 지역 안이란 일정한 자연적, 지리적인 환경 속을 의미하며 공속감정과 문화공유란 집단의식(we-feeling), 관념, 관습, 전통 및 생활양식, 집단의 각 구성원에 공동하는 정신적 내용이며 중요한 집단의식의 기초는 혈연, 지연, 학연, 직장, 종교 등이 된다. 이러한 공속감정과 문화공유는 각 개인의 의식을 초월해서 존재하여 이것을 규제하는 힘을 가진다.

공동생활 및 집단 생활체란 생리적으로나 의식적으로 상호의존적 관계의 결합형태로 개인주의 보다 전체주의적인 성격을 가지며 목적이나 환경을 의식함이 없이 생태적으로 일정한 장소에서 서로 도우며 사는 생활적 성격을 띈다. 지속적인 상호작용이란 양적 단위는 2인 이상으로 질적으로 상호 작용하는 것으로 일정한 지역에 모인 일정수의 인간이 상호적인 행동의 교환이 행하여 질 때 비로소 인간사회로서의 본질을 지닌 사회가 성립되는 것이다.

공동목적과 이익성취란 인간의 목적활동은 사회를 조직하는 구조적 요인으로서 기본적 욕구와 문화적 동기에 의하여 가족집단, 교육기관, 경제적, 정치적, 종교적, 오락적인 사회조직을 형성하는 것이다. 즉 인간은 사회과정을 통해서 그들의 목적을 성취한다. 인간이 사회를 이루고 서로간에 상호작용 관계를 이루어 가는 것은 사회성원이 제각기 자기의 어떤 목적을 성취하기 위해서이다.

그러므로 인간은 사회를 떠나서는 존재는 물론 그 생존조차 불가능하며, 인간생활은 반드시 사회 속에서 존재한다. 왜냐하면 인간생활은 동류자의 사회 안에 있어서만 발생하고 존속하는 것이기 때문이다. 인간은 사회 속에 나서 사회의 특정집단 속에서 생활을 영위하다가 그 속에서 죽게 마련이다.

2. 사회의 특징

1) 사회의 일반적 특징

사회의 일반적 특징으로 생존경쟁의 중요한 단위, 사회생명의 연속성, 개인 합 이상의 거대한 생명체, 유기적 조직체 등의 특징을 가진다. 생존경쟁의 중요한 단위는 인간은 조직된 사회집단의 일원으로 생활하며 인간의 운명은 사회운명에 종속되어 있다는 점이다.

사회생명의 연속성이란 사회는 어느 개인의 일생보다 오래 존속하며 사회집단은 스스로 적응과 개혁과 변화를 통하여 그 사회적 생명체를 이어가는 것이다. 우리는 이것을 역사발전, 사회변천, 제도변화라고 한다.

개인 합 이상의 거대한 생명체란 사회는 그 자체가 기능을 갖고서 실제로 활동하는 하나의 단위로 사회자체의 존속과 이익을 위하여 개인에게 구속을 가하고 규범과 규칙을 지키도록 강요하며 집단전체를 위해서 희생까지 강요하는 살아있는 성격을 가지고 있다. 이러한 원동력은 전체란 부분 합의 이상이며 공동체의 가치를 가지고 있기 때문이다.

유기적 조직체란 사회존속에 필요한 제 활동을 역할 분담에 의한 직업과 사회의 구조와 결합력에 의하여 유기적 조직체적 성격을 가진다. 유기적이란 유기체처럼 즉 많은 부분이 모여 한 개의 물체를 만들고, 그 각 부분 사이에 긴밀한 통일이 있어 부분과 전체가 필연적 관계를 갖는 것으로 유기체 즉 많은 부분이 한 목적 아래 통일되어 부분과 전체가 필연적 관계를 가지게 된 조직체로 국가나 사회 같은 것이나 생물체적 요소를 가지는 것인데 국가적 개념으로는 이념(ideologie)적 형태로 표출되어진다.

2) 현대사회의 특징

현대사회의 특징으로는 서로 의존하고 살아가는 사회, 민주화되어 가는 사회, 대중사회, 과학화되어 가는 사회 그리고 급격히 변동하는 사회적인 성격을 가진다. 서로 의존하고 살아가는 사회는 우리의 생활을 다른 사람과 서로 얽히어 도와주기도 하고 도움을 받기도 하면서 생활한다.

민주화 되어가는 사회는 사람을 억압으로부터 해방되는 자유나 인권존중과 계급타파의 평등 사회를 지향하며 개인이 나라의 주권자로 등장하는 과정을 말한다. 대중사회는 대중이 중요한 사회의 구성원으로 등장하는 것을 말하며 대중사회의 외형적 특징으로는 도시화와 대량생산, 고도로 과학화된 사회로 특히 엄청난 매스미디어의 작용이 도래하는 사회이다. 내형적 특징으로는 속도와 편의성 쪽으로 이행되는 속성을 가지고 있다.

과학화되어 가는 사회전체는 농업사회에서 공업사회로 다시 정보화 사회로 이동하면서 인간은 급속히 자기 존재적 가치까지도 위협을 받을 만큼 과학화 세계로 치닫고 있다. 사회의 역동성은 극도의 과학화 쪽으로 숙명적으로 가야 하나 그 종착점은 인간 존재의 유무도 다시 생각해 보아야 할 이중적 성격을 가지고 발전하고 있다. 그래서 급격히 변동하는 사회적 성격을 가질 수밖에 없는 것이다.

제2절 사회화의 과정

1. 사회화의 개념

1) 정의

사회화(socialization)란 개인이 그가 속한 사회의 규범과 가치를 내면화하여 정상적인 사회의 구성원이 되어 가는 과정이다.

교육적 측면에서도 본다면 인간관계를 통한 학습과정으로 볼 수 있는데, 개인으로 하여금 그 사회에서 공인되고 요구되는 언어, 사고, 감정, 행동의 제 양식을 학습하여 정상적인 사회생활을 할 수 있게 하는 과정을 말한다. 여기서 보다 주된 관심사는 지식의 습득보다는 인성, 가치관, 태도 등의 행동성향에 관한 학습이다.

그러나 사회화가 일방적으로 개인의 통제를 통한 사회의 유지만을 의미하는 것은 아니며, 개인이 사회기대를 선택적으로 경험함으로써 이루어지는 측면도 포괄한다. 즉, 사회기대에 동조하지 않는 것도 사회화의 개념 속에 포괄된다. 사회화는 교육이 갖는 사회적 기능의 중요한 측면이다.

다시 요약하면 사회화란 한 개인이 집단 속에 태어나서 그 집단이 가지는 가치관, 규범, 사회적 역할, 사회적 행동양식 등을 습득하며, 그 사회의 한 성인성원으로서의 자격을 갖추어 가는 과정이라 규정하며 사회화는 넓은 의미의 교육과 같은 뜻을 갖는다. 한 개인이 가정에 태어나고부터 사회화는 시작되며 평생을 두고 계속된다.

2) 사회화의 분석적 개념

사회화의 분석적 개념에는 문화의 관점, 집단의 관점, 심리학적인 관점, 사회성원적인 관점, 동물적 인간에서 사회적 인간의 과정이 있다.

문화의 관점은 소속집단의 성원에게 문화를 전달하고 특정생활양식에 적합하게 하는 방법이다. 말하자면 사회화는 문화를 개인에게 내면화시키는 과정이다. 그래서 인류학자들은 사회화를 문화의 전달과정으로 이해하며 문화화라고 부른다.

집단의 관점이란 집단적 규범을 개인에게 내면화시키는 과정이다. 즉 사회화란 사회집단이 정해놓은 생활습성을 배우고 사회적으로 시인된 태도, 관념, 행동유형을 배우는 것이다.

심리학점인 관점이란 인간의 욕구를 길들이는 과정이고 자아를 형성시키는 과정이다. 사회화는 Personality를 획득하는 과정이기도 하며, 따라서 사회화의 핵심은 자기 또는 자아의 생성과 그의 점진적 발전에 있다.

사회성원적인 관점이란 사회의 존속과 유지발전을 위해 사회성원이 그에게 부과된 역할을 수행하는데 필요한 문화적 가치, 규범, 행동양식 등을 학습해 가는 과정으로 보는 것이다. 파즌스는 인간이 그의 사회적인 역할을 위해서 만족스러운 행동을 하는데 필요한 규범을 습득하는 과정을 의미한다고 하였다.

동물적 인간에게 사회적 인간의 과정이란 인간은 공동체 안에서의 삶을 통해서 사회화됨으로써 비로소 인간이 된다. 그러므로 사회화의 과정을 통해야만 완전한 인간화를 추구할 수 있다. 이는 국가적 유기체로 같은 성격을 지니고 있다.

즉 개인이 자기가 속한 집단의 가치와 규범을 내면화해 가는 과정. 인간은 이러한 사회화과정을 통해 타자(他者)와 그가 속한 집단에 동조·이해할 수 있는 공통문화를 학습하는 것과 동시에 자기를 둘러싸고 있는 환경과의 상호작용을 통하여 타자와는 상이한 독특한 자아(self)를 형성하게 된다. 사회화과정에서 자아형성문제에 관한 이론 정립에 가장 큰 영향을 끼친 학자로는 미드, 프로이드, 쿨리가 있다.

미드는 타자의 태도와 의견을 중요시하면서 이에 수동적으로 작용하는 자아의 한 부분을 미(Me)라 하고 창조적이고 능동적으로 작용하는 자아의 한 부분을 아이(I)라 하여 집단생활이 엄격할 때에는 미가 지배하면서 자아의 개성과 독창성이 최소화한다고 하였다.

프로이드는 자아를 이드(id), 에고(ego), 슈퍼에고(superego) 등 세 가지로 분화하였는데, 이드는 자아의 생물학적 기초이고 슈퍼에고는 미드의 미와 유사한 것이며 에고는 생물적 욕구와 사회적 욕구를 서로 조화시키는 기능을 한다는 것이다. 미드가 미와 아이 간에 갈등보다는 조화를 전제하고 있다면 프로이드는 이드와 슈퍼에고 간에 부조화와 갈등가능성을 제시하고 있어 대조적이다.

쿨리는 자아의 형성과정을 '거울 속의 자아(looking glass self)'라는 말로 설명하는데 타자와의 상호관계에서 타자에게 비추어진 자아의 상, 혹은 타자의 반응 속에서 형성되는 자아상을 중심으로 자아가 형성된다는 것이다. 타자와 집단의 가치를 학습하는 사회화과정에서 가장 중요한 것은 동일시(identification)현상이다. 학습은 이 동일시 현상이 있을 때 비로소 내면화(internalization)되고 사회화가 가장 효율적으로 일어난다.

사회화를 담당하는 기관으로 가장 중요한 것은 가족이다. 개방된 현대사회에서는 가족뿐 아니라 생활과 밀접한 관계를 가지고 있는 대중매체, 교육기관, 또래집단(친구집단), 직업집단, 이익집단 등 다양한 기관들도 인간의 사회화과정에 영향을 끼친다.

2. 사회화의 기능과 목표

1) 사회화의 기능

사회화 과정은 개인의 잠재력을 환기시키는 동시에 다른 것을 억제하기도 한다. 이런 의미에서 사회화 과정은 개인에 대한 금지의 효과와 창조의 양면을 갖고 있다.

넓은 의미에서의 사회화 과정이란 집단의 문화가 개인에게 사상, 감정, 행동을 계속적으로 사회가 정한 가치와 일치하게 하고 발전시키는 창조적이며 형성적인 재과정인 것이다.

여기에는 사회화의 과정을 통하여 한 사회가 보존하고 있는 경험과 규범 그리고 쌓여진 지식들이 다음세대에 전달하여 한 사회의 역사적인 연속성이 존재되는 사회면이 있고, 또한 사회화의 과정을 통해서 미완성의 비인간적인 존재가 비로소 한 사회의 성원으로서의 인간이 되는 개인 면이 있다.

2) 사회화의 목표

사회화를 통하여 개인은 사회의 유기적으로 편입하여 자기능력을 발달시켜 생활에 필요한 지식이나 타인과의 공동생활을 위한 행동 및 기술을 배우게 되는데 사회성의 구체적 목표는 다음과 같다.

① 사회화는 인간생활의 기초적인 훈련을 시킨다.

② 사회화는 사회의 목적과 문화가치를 가르친다.

③ 사회화를 통하여 포부를 불러일으킨다.

④ 사회화는 개인으로 하여금 사회적 역할을 할 수 있는 능력과 태도를 익히게 한다.

⑤ 사회화는 개인이 기존사회에 참여하여 유능한 성원으로서의 자질을 익히게 한다.

3. 사회화의 과정

1) 개인의 사회화 과정

개인이 사회인으로 성장하기 위해서는 처음 만나는 사회가 가정과 가족집단이며, 그다음 학교집단으로 초등학교, 중등학교, 대학교를 거치면서 직장생활로 이어진다.

그러한 과정을 거치면서 다시 새로운 가정을 만들면서 가장의 위치에서 사회화는 계속된다.

이 기본적 과정을 통하면서 동료집단, 종교집단, 각종단체에서 영향을 받으며, 또한 자기가 속한 사회나 그 사회의 문화적 환경과 더 나아가 그 개인이 속한 기후 풍토의 자연적 환경에 의하여 개인의 사회화 과정을 이루어지고 있는 것이다.

2) 사회화 과정의 일반적 특징

첫째, 전문적이고 의도적인 사회화 과정을 제외한 사회화는 비공식적이고 자의적인 방법의 관점 일 때 그 사회의 전통과 관습이 개인에게 중요한 요인으로 등장한다.

둘째, 사회화는 직접적인 사회적 접촉을 통하여 이루어진다. 즉, 사회화는 어디까지나 인간관계를 통하여 사회적 상호작용에 의하여 이루어지는 것이다.

셋째, 사회화는 비교적 장기적이며 계속적인 과정이다. 사회화는 특정한 기능이나 지식의 학습과는 달리 상당히 긴 기간에 걸쳐 계속적으로 이루어지는 과정이다.

넷째, 사회화 과정을 보통 예상된 사회화와 재사회화 두 가지 형태가 있다.

예상된 사회화는 지위와 역할 변동을 위한 준비과정이다, 재사회화는 이미 가지고 있는 기존의 지위와 역할을 재적응시키는 과정이다.

제3절 사회심리의 제 문제

사회심리는 사회적 상황에서의 개인의 사고, 감정 및 행동을 연구하는데 있다. 그러므로 사회심리의 제 문제에는 타인의 인상을 형성하고 행동을 분석하는 타인을 이해하는 과정, 타인과 좋거나 나쁜 관계를 맺는 과정과 이런 관계로부터 나타날 수 있는 도움행동과 공격행동의 이해하는 과정, 타인과 주고받는 사회적 영향 현상을 이해하는 과정, 집단 속에서 이루어지는 주요한 역동을 이해하는 과정 등이 있다.

1. 사회적 지각

사회적 지각은 사회나 사람을 어떻게 파악하고 해석하느냐를 다루는 것으로 가장 핵심적인 분야는 대인지각이다. 대인지각은 타인에 대한 사회적 지각을 말한다. 우리 앞에 있는 그 사람의 성격, 감정, 생각, 의도 등을 파악하는 문제이다.

사람의 마음을 안다는 것은 참으로 어렵고 힘든 일이다. 이러한 타인을 이해하는 과정을 다루는 분야가 바로 사회적 지각이다. 사회적 지각에는 타인을 전반적으로 평가하는 인상형성, 타인을 인지하는 과정에서의 선입견과 도식, 그 행동원인을 추론하는 귀인의 문제가 있다.

1) 인상형성

사람들은 타인의 외모나 행동을 보고 그의 성격이나 기타 특성을 이해한다. 인상정보의 추론은 개인이 지니고 있는 도식(schema)에 크게 의존한다. 도식이란 고정관념이라고도 한다. 예로서 '곱슬머리는 성격이 유연하지 못하다'라고 생각하는 유형이다.

고정관념은 일명 고착관념으로 어떤 집단이나 사회적 범주 구성원들의 전형적인 특성에 관한 신념을 말한다. 부정적인 내용의 고정관념은 흔히 편견으로 타인을 잘못 생각하는 원인이 되기도 한다.

2) 인지과정과 도식

대인지각에서 단서는 대개 우리 마음속에 있는 일정한 도식 혹은 시그마(schema)를 유발시킨다. 그리고 그 도식에 의하여 예측을 만들어 낸다.

사람은 타인을 판단할 때 주어진 자료를 신속하고 효율적으로 처리하는 욕구를 가지고 있어서 판단하는 과정에 많은 오류를 갖는 성질을 가지고 있다. 신속한 자료나 정보처리하기 위해서 사람들은 여러 방법을 동원하는 데 대부분의 사람들이 선입견이나 도식을 사용한다.

도식은 부합되는 정보만을 수용하며, 잘 맞지 않는 경우에도 도식을 무리하게 적용하고 일단 형성된 도식은 잘 변화시키지 않으려는 경향이 강하다. 도식적 처리의 장단점은 신속하고 경제적인 처리가 되는 반면 정확성이 훼손되어 오류의 가능성이 있다.

인상형성에서 중요한 요소가 첫인상이 중요하다는 것이다. 이를 초두 효과라고 하는데 이는 먼저 들어온 정보가 일단 인상을 형성하면 다음에 들어오는 정보를 이 인상에 들어맞는 방향으로 받아들이기 때문이다.

3) 귀인

귀인은 타인이나 자신의 행위에 관하여 인과관계로 생각하는 과정을 말한다. 인과관계란 일정한 선행사실과 일정한 후행사실과의 사이에 필연적 관계로 즉 원인과 결과로 해석하는 사고방법이다.

행위 당사자의 성격, 태도, 동기, 능력과 같은 기질적 특성에 귀인하는 경우를 내부귀인이라 하고 환경, 운, 과제의 난이도와 같은 상황요인에 귀인하는 경우를 외부귀인이라고 한다.

2. 사회적 관계

우리는 많은 사람들과 사회적 관계를 맺으며 살아가고 있다. 이 사회적 관계는 여러 가지 경우가 있을 수 있다. 인간관계의 긍정적인 측면에서는 매력과 선의의 행동이, 그리고 부정적인 측면에서는 편견과 공격이 있다. 이와 같이 사회적 관계는 우리가 어떻게 서로의 관계를 맺는가의 문제이다.

1) 매력

매력을 결정짓는 요인에는 근접성, 신체적 매력, 개인적 특질, 유사성, 상호성 등이 있다.

근접성은 자주 만날 수 있어서 친숙성이 증가되기 때문이다. 낯선 자극을 반복해서 접하게 되면 호감이 증가하는 경향이 있는데 이를 단순접촉효과라 한다.

일단 근접성이 당신에게 주어졌다면 당신의 첫 인상에 가장 많은 영향을 주는 것은 무엇일까? 성격, 진실, 지능, 능력 등이 있으나 신체적 매력은 사회적 관계에서 무시하지 못할 인간의 원초적인 요소임에는 부정할 수 없다.

개인적 특질에는 성격 등이 있는 데, 남성 성격으로는 책임감, 인격성, 인간적, 슬기로움, 포용력 등이 있고, 여성 성격으로는 정숙, 슬기로움, 청결, 상냥, 성실 등이 있다. 그리고 개인적 특징에 개인의 능력도 중요시된다.

유사성은 유유상종이라는 말이 있듯이 사람들의 가치관, 기호, 성격, 출생지 등이 자신과 공통성이 많은 사람을 좋아한다. 이는 자신과 걸 맞는 상대가 마음이 편하고 서로 잘 통할 수 있기 때문이 아닌가 생각된다.

상호성에 있어서 사람들은 자신을 좋아하고 긍정적으로 평가하는 사람을 좋아하는 경향이 있다. 그 이유는 무엇인가? 그것은 주로 우리가 긍정적 평가를 받는 것은 즐거워하고, 부정적 평가는 매우 싫어하기 때문이다.

2) 선의의 행동

남을 돕는 선의의 행동을 실천하기는 쉽지 않는 일이다. 남을 돕는 선의의 행동에는 대가를 바라지 않고 순수한 마음으로 남을 돕는 친 사회적 행동과 보상이나 이득을 기대함이 없이 자발적으로 돕는 이타적행동이 있다.

남을 돕는 이유에는 대인관계에서 손실을 최소화하고 이득을 최대화하려는 개인적인 이득인 측면과 일종의 의무적 행동에 속하는 사회적 규범인 요소와 유전적인 인간본성의 일부에서 일어나는 생득적인 본성으로 구분한다.

사회적 규범인 선의의 행동은 자기 이익이 모든 사람들의 상호작용에 기초가 된다는 것이다. 심리학자들은 이것을 사회적 교환이라고 부른다. 또한 사회적 기대들이 또한 돕기에 영향을 준다. 이것을 우리는 흔히 상호이익을 위해서 어떻게 행동해야만 되는가를 말해 주기도 한다. 사회화를 통해서 우리는 상호성규범을 배우며, 자신의 도움을 필요로 하는 사람을 도와야 한다는 사회적 규범 등에서 선의의 행동 즉 남을 돕는 행위가 나오게 된다.

3) 편견

편견은 공정하지 못하고 한쪽으로 치우친 생각이거나, 편벽된 견해로 축적된 지식·신념 및 태도가 몹시 일방적이고 불건전하거나, 사실을 정확하게 파악하기 전에 내리는 정곡을 벗어난 판단이다.

편견의 본질은 어떤 집단이나 집단구성원에 대한 비합리적인 부정적인 평가라 할 수 있으면 대개 객관적인 사실보다는 집단속성에 기초하는 수가 많다. 유사한 개념인 고정관념은 어떤 집단이나 구성원의 특징에 관한 신념이라는 점에서는 평가적인 감정을 의미하는 편견과 구별된다.

편견의 발생 원인은 당시의 상황을 반영하는 일종의 사회적 규정으로서 사회화 과정으로 학습된다. 그리고 현실적 집단갈등이나 사회적 불평등, 범주화 등에 의하여 형성되는 특질을 가지고 있다.

4) 공격

공격은 자신을 보호하기 위한 행위로 도피적이거나 방어적인 피동적 성격이 아니고 적극적인 자세에서 외부세계에 적응하는 심리적 기제이다. 즉 공격은 남을 해치려는 의도를 가진 신체적 또는 언어적 행위로 표현된다. 공격의 원인으로 선천적으로 개체를 보존시키는 생존적 가치에서 오는 본능과 목표추구행위가 저지될 때의 사회적 원인 그리고 자신이 자라오면서 보고 배운 학습에 기인 할 수 있다.

3. 사회적 영향

사람들은 늘 영향을 받고 있고 동시에 누군가에게 영향을 주고 있다. 따라서 사람들의 사고와 행동은 주변의 여러 사회적 영향에 의해서 형성된다.

원래 태도의 영향요인에는 유전과 생리적 요인의 생물 · 생리적 요인과 경험과 양육 등 사회 · 문화적 요인으로 구분할 수 있는데 여기서는 사회 · 문화적인 측면에서 살펴보고자 한다.

1) 태도변화

태도는 영어로 'attitude'인데 이 말은 라틴어의 'aptus'인데 그 의미는 적합성 또는 적응성이다. 태도는 사고 또는 신념 그리고 행동을 포함하는 비교적 지속적인 심리적 소질이나 반응 경향성이다.

이는 사람과 사물만이 아니라 다양한 활동이나 생각, 감정 등에 대해서도 형성되고 변화된다. 개인이 좋은 감정일 때는 정적태도를 형성하고 좋지 못한 감정은 부적인 태도를 형성하게 된다.

즉 태도는 어떤 사람이나 대상에 대한 가치관, 감정 및 행동을 총칭하는 개념이다. 그러므로 태도와 행동간의 밀접한 연관성에 의하여 그의 태도를 변화시키면 행동도 변화될 것으로 믿었다.

태도를 변화시키는 방법으로는 설득을 통한 방법과 행동 유도를 통한 방법이 있다.

설득을 통한 태도변화 방법에는 설득자, 설득내용, 설득대상 그리고 설득상황에 의하여 결정된다. 행동유도를 통한 태도변화는 지금 행한 행동에 따라 태도가 결정되는 현상에 토대를 둔 것으로서 일단 어떤 행동을 자발적으로 유도한 다음 행동과 일관되는 방향으로 태도변화를 이끌어 내는 방법이다.

2) 동조

동조는 남의 주장에 자기의 의견을 일치시키는 것으로 보통 보조를 맞춘다고도 한다. 물리적으로는 공명을 일으키는 일이다.

즉 타인들이 어떤 행위를 하기 때문에 자의적으로 그 행위를 수행하는 것을 말한다. 동조는 기회적인 행동 일 수도 있고, 환경에 대처하는 적응적인 행동일 수도 있다. 우리를 끌어당기는 사회적인 힘은 얼마나 강할까? 우리의 행동은 피암시성에 의하여 행동은 전염된다. 남이 하품을 하면, 어떤 사람이 위쪽을 쳐다보면 곧 동일한 행동을 한다. 동조의 이유는 무엇일까? 이것은 일종의 집단압력을 자기도 모르게 느끼고 그 사회적 영향에 자신을 일치시켜 집단으로부터 인정과 편안함을 찾고자하는 본능적인 행동이다.

3) 순종

순종은 순순히 복종하는 것을 말한다. 예로서 부모님 말씀에 순종한다고 한다. 또한 순종 가운데서도 말을 하는 사람과 따르는 사람의 지위가 다를 때 일어나는 순종을 복종이라고 부른다. 복종은 어떤 권위에 대한 순종이다. 순종은 사회질서에 필요한 면도 있지만 맹목적 일 때 문제를 야기 시킬 수 있는 이중적인 성질을 가지고 있다.

그리고 복종은 남의 명령 또는 의사에 좇는 행위로, 보통 권위에 의한 사회적 영향을 받을 수 있다. 이때 권위 인물의 합법성이나 동기가 의문시 될 때 복종의 강도가 약할 수 있다.

4. 사회적 행동

사람들은 어느 누구도 각종 조직이나 집단의 한 구성원으로 살아가고 있다. 집단에 소속됨으로 그 집단의 요구에 충실해야 할 의무감도 있지만 충실함으로서 자신의 정체감과 집단 소속에 의하여 안정감을 느낄 수 있게 된다. 반면에 집단에 소속되면 집단내의 조화와 집단 목표 달성을 위해서 개인의 자주성은 감소되고 제한을 받는다.

1) 사회적 정체감

개인이 어떤 집단에 소속됨으로 개인의 정체감이 상실되고 새로운 정체감으로 그 집단의 한 구성원으로서 특질을 가지는 것을 사회적 정체감이라 한다. 반면 사람들은 집단 속에서 활동할 때 자신의 가치관이나 특성에 대한 인식이 약해지고 대신에 집단 구성원들의 행동이나 정서 또는 상황에 주의 집중하게 되어 개인적인 정체감과 책임감을 상실하여 집단행위에 민감해지는 탈개인화 현상이 일어난다. 탈개인화되는 데 결정적인 요인은 익명성이 요구된다.

2) 사회적 촉진

혼자서 일 하는 것과 집단 속에서 일하는 것 중 어느 쪽이 더 능률적일까? 개인이 타인과 함께 공존할 때 개인의 능률이 더 좋아지는 현상을 사회적 촉진이라고 한다.

사회적 촉진의 원인으로는 추동이론이 대표적이다. 이 이론에 따르면 타인이 존재하면 개인의 추동수준이 증가하며, 추동이 증가하면 우세반응을 강화시킨다. 또 자기과시욕에서 사회적 촉진의 원인을 찾을 수 있는 데 이때 쉽거나 익숙한 일에는 유능함을 보일 수 있으나 어려운 일에는 실패공포가 크고 당황하여 도리어 능률이 떨어질 수도 있다.

한편 사람들은 타인들과 공동작업을 할 때 최선을 다하지 않는 수가 많다. 즉 혼자 일 할 때 보다 집단으로 일 할 때 노력을 덜하는 현상을 사회적 태만이라 한다.

3) 군중행동

군중행동은 공통된 자극에 대한 군중의 반응적인 행동으로 일시적이고 우연적인 요소와 비조직적이고 감정적인 경우가 많다. 이때에 군중행동 가운데 일어나는 일시적인 또 특수한 심리상태를 우리는 군중심리라고도 한다. 대체로 판단력, 추리력이 약해지며, 감수성, 흥분성이 높아지고 무비판, 무책임한 언동이 유발되어 부화뇌동하기 쉬운 심리상태를 말한다.

그러므로 사람들이 큰 무리를 지었을 때 나타나는 비합리적이고 비도덕적이며 퇴행적 행동을 군중행동이라고 한다. 군중행동은 몰아적인 경우가 많은데, 몰아란 집단 안에 있을 때 개인의 책임감을 상실하는 심리적 상태를 말한다. 몰아현상은 책임분산적 심리로 많은 사람들 속에 끼어들어 익명성이 보장되기 때문이다.

4) 협동과 경쟁

집단 내의 개인은 개인으로서가 아니라 그 집단의 구성원으로서 적절한 행동과 반응을 나타낸다. 개인이 집단과 상호작용을 하는 방법에는 협동과 경쟁이 있다.

협동은 공동의 목표에 도달하기 위하여 개인 또는 집단이 일치된 행동 경향을 보이면서, 힘을 합하여 노력하는 일이다. 경쟁이란 개인 또는 집단이 상대방보다 나은 위치를 차지하려는 의도를 가지는 것이다. 집단 내의 개개인 사이의 경쟁은 집단 내부의 협력의 정도를 약화시키기도 하며, 개인의 불만을 촉발하는 요인으로도 작용하는 경우도 있다.

즉 집단 내에서 사람들은 서로 협동하기로 하고 경쟁하기도 하는 데, 이는 집단 내에서 보상이 배분되는 양식인 보상구조에 의해 큰 영향을 받는다. 집단내의 보상구조에는 경쟁적 보상구조와 협동적 보상구조가 있다.

경쟁적 보상구조는 한 사람의 이익이 필연적으로 다른 사람의 손실을 초래하는 상황이다. 협동적 보상구조는 쌍방의 보상이 정적으로 연결되어 모두가 성공 또는 실패할 수 있는 상황을 말한다.

5) 집단극화

집단의사결정은 개인의 의사결정보다 더 모험적이거나 더 보수적인 결정을 하는 경향이 있는 데, 이런 현상을 집단극화(group polarization)이라고 한다. 즉 집단상호작용이 더 극단적인 의사결정을 초래하는 현상이라고 할 수 있다.

집단극화의 원인은 설득효과의 관점, 사회비교를 통한 자기과시 산물의 관점, 사회적 정체감을 결정적 조건으로 보는 관점이 있다.

여기서 생각해야 할 문제는 우리는 보통 집단이 개인보다 더 현명한 판단을 할 것으로 믿지만 반드시 그렇지만은 않을 수가 있는 점을 명심할 필요가 있다.

응집력이 높은 집단에서 초래될 수 있는 비합리적이고 비생산적인 결정이나 판단이 종종 있을 수가 있다.

6) 집단의 응집력

응집력은 개인이 집단 속에서 상호작용을 할 때에, 그 집단의 구성원과 점차 이끌리는 힘이 만들어지는데 이것을 응집력이라고 한다. 응집력이 강할수록 집단은 보다 단결이 되어 나 보다 우리라는 의식을 갖게 된다.

집단은 응집력이 생기면서 공유하는 규범을 형성하게 되며, 지위와 역할 관계가 구조화되어 나타나게 된다. 이와 같은 응집력을 높이는 데 영향을 주는 요소에는 다음과 같은 것이 있다.

① 우호적인 상호작용이 있어야 한다.
② 집단에 대한 외부의 상대나 경쟁 등의 도전이 필요하다.
③ 서로의 협동적인 요소가 제공되어야 한다.
④ 집단의 자부심이나 주체성 같은 정체성이 필요하다.
⑤ 지도자의 리더십이 민주형 일 때 응집력이 높다.

| 단원 마무리 |

질문을 만들어 보고 동료들과 이야기를 나눠 보세요.

♠ 정답이 있는 질문(교재에서 답을 찾을 수 있는 질문)

· 다른 사람들의 존재가 개인의 행동에 어떤 영향을 주는 지를 연구한 분야를 무엇이라고 하는가?

· 사회심리학이 관심을 갖는 분야는 무엇인가?

·

·

♠ 정답이 없는 질문(더 궁금하고, 이유나, 추론, 적용 등을 묻는 질문)

· 개인의 사회화가 중요한 이유는?

· 4차 산업혁명시대에 조직이나 집단의 구성원으로 살아가면서 경쟁보다는 협동이 더 중요한 이유는?

·

·

참고문헌

강봉규(2001). 심리학의 이해. 서울: 동문사.

고현 외(2013). 신교육학의 탐구 학이당.

고현 외(2017) 심리학의 이해. 학이당.

고현 외(2019). 알기쉬운 교육심리학. 공감플러스.

곽기상(2001). 심리학의 이해. 서울: 재동문화사.

권육상(1998). 인간행동과 사회환경. 서울: 유풍출판사.

김영채 역(1983). 학습심리학. 서울: 중앙적성출판사.

김영환 외(2001). 교양 심리학. 서울: 중앙적성출판사.

김정희 외(2002). 심리학의 이해. 서울: 학지사.

김제한(1999). 교육심리학. 서울: 양서원.

김중대(1984). 최신 정신위생. 서울: 숭문사.

김현태 외(2002). 심리학. 서울: 학지사.

리타카터, 김명남 역(2008). 다중인격의 심리학. 서울: 출판사 교양인.

박병양(1992). 성격심리학: 성격과 인간이해. 서울: 교육과학사.

박천식(2002). 심리학. 서울: 교육과학사.

변영계(1999). 교수-학습이론의 이해. 서울: 학지사.

서봉연 외(1983). 발달심리학. 서울: 중앙적성출판사.

서울大師大 교육연구소(1981). 교육학용어사전 서울: 배영사.

신응섭(2006). 심리학개론. 서울: 박영사.

이상로(1982). 성격이해. 서울: 중앙적성출판부.

이성진(1997). 교육심리학서설. 서울: 교육과학사.

이용린(1976). 학습의 기초. 서울: 배영사.

이재창 외(1995). 인간이해를 위한 심리학. 서울: 문음사.

이철우(2008). 관계의 심리학. 서울: 경향미디어.

임규혁(1996). 교육심리학. 서울: 학지사.

임승권(1986). 교육심리학. 서울: 양서원.

임인재(1975). 교육평가. 서울: 서울대학교 출판부.

장병림(1981). 아동심리학. 서울: 법문사.

제롬 와그너/ 김태홍 역(2006). 성격심리학. 서울: 파라북스.

조희숙 외(1996). 아동발달심리. 서울: 학지사.
최정훈 외(2002). 인간행동의 이해. 서울: 법문사.
최정훈(1984). 지각심리학. 서울: 을유문화사.
홍대식(2002). 심리학개론. 서울: 청암미디어.
Atkinson. J. W.(1983). Personality, Motivation, and Action. N. Y.: Pareger
Baddeley, A. D.(1986), Working memory. Oxford: Clarendon Press.
Bandura. A.(1977). Social Learning Theory. Englewood Cliffs. N. J.: Prentice- Hall.
Bee. H.(1981). The developing child(3rd ed). New York: Harper and Row.
Borch. G. D.(1994). Becoming a Teacher. N. Y.: Falmers Press Ltd.
Bower, A.(1981), Mood and memory, American Psychologist.
Crain. W. C.(1985). Theories of development(2nd ed). Englewood Cliffs. N. J.: Prentice-Hall
Eggen. P. D.,& Kauchak. D.P.(1992). Educational psychology: Classroom connection. New York: Macmillan.
Flavell. J. H.(1985). Cognitive development(2nd ed). Englewood Cliffs. N. J.: Prentice-Hall.
G. Nanyan & R. A. King(1971). Introduction to Psychology.
Gagn. E. D.(1985). The psychology of school learning. Boston: Little. Brown.
Gagne. R. M.(1985). Conditons of Learning. N. Y.: Holt. Rinehart and Winston.
Gardner. h.(1993). Multiple Intelligence. N. Y.: Haper Collins Publishers.
Goleman. D.(1995). Emotional Intelligence. N. Y.: Bantam Books.
Hilgard & Bower(1966). p.18-19.
Hilgard. E. R.& Bower G. H.(1975). Theories of Learning. N. J.: Prentice-Hall.
Joice. B.(1992). Models of Teaching. Boston: Ally and Bacon.
Kagan. J.(1984). The nature of the child. N. Y.: Basic Books.
Kaplan. B.(1984). Development and growth. Hillsdale. N. J. : Erlbaun
Mumn(1963). Learning in child, N.Y : Wiley.
Phares. E. J.(1984) Introduction to personality. Columbus. Ohio: Charles E. Merrill.
Squire, L. R.(1987) Memory and brain, Oxford: Oxford University Press.
Worchel. S.(1984). Understanding social psychology. Homewood. Ill.: Dorsey.
Zanden. J.W.B.(1980). Educational Psychoiogy. New York: Random House.

저/자/약/력

■ 박신희(교육학 박사, 교육심리)
조선대학교 대학원 졸업
현) 조선간호대학 강의전담교수
현) 조선대학교 외래 교수

■ 고 현(교육학 박사, 상담심리 및 유아교육)
조선대학교 대학원 졸업.
전) 한국유아교육학회 광주전남지회장
현) 조선대학교 사범대학 초빙교수, 교육대학원 겸임교수,
현) 한국예술심리치료학회 수련감독전문가, 광주예술심리치료상담연구소장

〈표/지/작/가〉
■ 신철호 작가
Art Students League of New York 수학
조선대학교미술대학 회화과, 동교육대학원 (교육학 석사)
조선대학교 미술대학과 교육대학원, 전남대학교 정보디자인학과, 신라대학교 미술학과, 동아대학교 출강
국전 비구상 분과심사위원장역임, 광주광역시전 심사위원역임, 한국미술협회 서양화 분과이사 역임

인간심리의 이해

저자 박신희 · 고 현
발행 2020년 8월 25일

발행인 한은택
발행처 학이당

주소 서울특별시 송파구 송이로 12길 17
전화 02) 420-6228
팩스 02) 424-9036
e-mail book7h@hanmail.net

ISBN 978-89-8420-228-3(93370)
정가 20,000원